中国城市信用蓝皮书

国家发展和改革委员会财政金融司 指导

中国城市信用状况
监测评价报告

ZHONGGUO CHENGSHI XINYONG ZHUANGKUANG
JIANCE PINGJIA BAOGAO

2017

国家信息中心中国经济信息网 编著

中国经济出版社
CHINA ECONOMIC PUBLISHING HOUSE
·北京·

图书在版编目（CIP）数据

中国城市信用状况监测评价报告 . 2017 / 国家信息中心中国经济信息网编著 .
北京：中国经济出版社，2017. 7
ISBN 978 - 7 - 5136 - 4778 - 6

Ⅰ. ①中… Ⅱ. ①国… Ⅲ. ①城市—信用—体系—金融监管—研究报告—中国—2017
Ⅳ. ①F832. 4

中国版本图书馆 CIP 数据核字（2017）第 159570 号

责任编辑　姜　静
责任印制　马小宾
封面设计　华子图文

出版发行　中国经济出版社
印 刷 者　北京科信印刷有限公司
经 销 者　各地新华书店
开　　本　710mm × 1000mm　1/16
印　　张　21. 25
字　　数　411 千字
版　　次　2017 年 7 月第 1 版
印　　次　2017 年 7 月第 1 次
定　　价　98. 00 元
广告经营许可证　京西工商广字第 8179 号

中国经济出版社 **网址** www. economyph. com **社址** 北京市西城区百万庄北街 3 号 **邮编** 100037

本版图书如存在印装质量问题，请与本社发行中心联系调换（联系电话：010 - 68330607）

版权所有　盗版必究（举报电话：010 - 68355416　010 - 68319282）

国家版权局反盗版举报中心（举报电话：12390）　　服务热线：010 - 88386794

《中国城市信用状况监测评价报告（2017）》
编委会

主　　任　程晓波

副 主 任　周　民　李　凯

主　　编　李润亮

副 主 编　满　岩

编写顾问　张荣刚　白仁子　李红梅
朱幼平　王　彤　孙　乐
闫　鹏　孙小丽

编　　委　侯　楠　高　献　武　鑫
芮坎妹　李　坤　陈　曦
王　智　王静静　刘艳飞
陈袁艺　李　盛　范思宁
庞　阔　胡端洋　裴文杨

序言

以城市信用建设为引领　携手共筑信用中国

国家发展改革委副主任　连维良

党中央、国务院高度重视社会信用体系建设。习近平总书记强调，对突出的诚信缺失问题，既要抓紧建立覆盖全社会的征信系统，又要完善守法诚信褒奖机制和违法失信惩戒机制，使人不敢失信、不能失信。李克强总理指出，要建立健全市场主体诚信档案、行业“黑名单”制度和市场退出机制，使“守信者一路绿灯，失信者处处受限”。党的十八大和十八届三中、四中、五中、六中全会都对社会信用体系建设提出明确要求，信用体系建设已经上升到治国理政的新高度，成为推进国家治理体系和治理能力现代化的重要途径。

城市是社会信用体系建设的重要载体和关键支撑。城市信用建设，有利于改善城市治理和营商环境，增强聚集产业、人口和经济的能力，提升城市的发展活力、人文魅力和综合竞争力。以城市为引领推进信用体系建设，能够发挥城市在微观层面管理市场主体、规范个人行为、服务群众生活的优势，实现“自上而下”统筹协调与“自下而上”探索创新的结合，更广泛调动社会力量的参与，实现共建共享，营造诚实守信的社会氛围，促进和带动全社会信用体系建设。

城市政府是信用体系建设最关键、最核心、最有效的推进主体，在信用体系建设和城市示范创建中，各地政府积极谋划，大胆创新，亮点纷呈。有的城市率先开展信用立法工作，为信用体系建设奠定法制基础。有的城市从提升政务信用入手，树立了率先垂范、守信践诺的良好形象。有的城市探索推出了覆盖全市常住人口的个人信用产品和专业化的企业金融征信产品，形成了奖惩联动的制度环境。有的城市以信用惠民为重点，显著提升了群众的获得感。在一批优秀城市的示范带动下，诚信立市蔚然成风。

为持续推进城市信用建设，激发城市政府在信用建设中的积极性、主动性和创造性，2015年6月，国家发展改革委委托国家信息中心启动城市信用状况监测预警，通过汇集互联网上诚实守信和违法失信大数据，建立评价指标和监测模型，实现对全国659个城市信用状况动态监测，定期形成城市信用状况监测评价月报，即时反映城市信用动态。为帮助城市政府掌握信用建设的客观情况，关注信用建设中的优秀案例、标杆城市和薄弱环节，国家信息中心将2016年城市信用监测成果汇集成册，目的就是向全社会展现不同维度、不同侧面的城市信用情况，同时也提醒各城市主动对标，见贤思齐，引导形成关注信用工作、重视信用建设、崇尚诚信文化的良好氛围。

社会信用体系建设是一项长期的系统工程，关乎人民安居乐业、城市健康发展、国家长治久安。我们期待社会各界齐心协力，加强联动，为城市信用体系建设探索新思路、新途径，以城市信用建设为引领，携手共筑信用中国，让诚信之风吹遍中华大地每一个角落。

前言

为加快推进城市社会信用体系建设，营造诚实守信的良好社会氛围，2015年6月，受国家发展改革委委托，国家信息中心中国经济信息网（简称中经网）启动建设“全国城市信用状况监测平台”，利用大数据分析技术，以事件和案例为核心，建立评价指标和监测模型，对城市总体信用状况进行动态监测。

城市信用监测对象包括36个省会和副省级以上城市、261个地级城市和362个县级城市三个层级。对每个层级的城市信用状况，以12个月为周期，进行滚动监测。每月对城市信用状况进行排名，形成监测月报。截至2017年6月，已形成15期省会及副省级以上城市的监测月报、8期地级市监测月报和6期县级市监测月报（试刊），供社会信用体系建设部际联席会议成员单位和各级政府参考。

城市信用状况评价指数模型，从政务诚信、商务诚信、社会诚信和司法公信4个方面，从信用事件、信用制度、信用工作落实、信用信息透明度、信用市场、重大失信事件、重大失信事件的政府反馈、重大诚信事件、联合奖惩、信用创新10个维度，及时监测、预警和评价与政策落实、经济运行、社会生活息息相关的社会信用变化态势，科学、客观、公正、有效地反映城市总体信用状况。

本书主要汇集2016年全国城市信用监测情况，是对“全国城市信用状况监测平台”数据的首次发布，是我国社会信用体系建设特别是城市信用体系建设的重要成果。希望为政府、企业及社会各界了解城市信用状况提供参考，汇聚各方智慧和力量，为推进城市信用建设提供助力。城市信用监测评价是一项基础性、探索性的工作，对促进城市信用建设，带动全社会的诚信意识和文明水平，促进经济社会发展意义重大。我们将在现有基础上不断完善指标体系，改进监测模型，丰富数据资源，扩大覆盖范围，使我们的工作更上新台阶。欢迎社会各界提出宝贵建议，帮助我们进一步做好城市信用监测评价工作，为“信用中国”建设贡献力量。

值此《中国城市信用状况监测评价报告（2017）》出版之际，全国城市信用监测评价课题组特别感谢国家发展改革委财金司在业务上的指导，国家信息中心公共技术部和蚂蚁金服在数据上的支持，以及各个城市在工作上的配合。

本书为城市信用杭州峰会资料之一，时间仓促，能力所限，如有遗漏和不当之处，恳请社会各界批评指正。

国家信息中心中经网

全国城市信用监测评价课题组

2017 年 6 月

目录

理论篇
城市信用状况监测评价的理论依据与评价方法

监测篇

城市信用状况的监测与评价

案例篇

全国城市和重点领域信用体系建设的经验和问题

第一章　城市信用体系建设的先进经验

第二章　城市信用体系建设的突出问题

创新篇
全国典型城市信用体系建设的创新做法

理论篇

城市信用状况监测评价的理论依据与评价方法

城市信用监测评价的核心目的是协助地方政府加快城市信用体系建设，贯彻和落实党中央和国务院关于信用体系建设的大政方针和顶层设计，督促和监测以《社会信用体系建设规划纲要（2014—2020年）》为基础的系列文件的实施情况，检查和评价近期中央政府关于社会信用体系建设工作重点的实际成效。因此，城市信用监测评价从现实的工作需要出发，重点要求以实用性和公正性为前提，兼顾科学性、准确性和及时性。

立足于城市信用监测评价的背景，从政治导向依据、基础度量依据和工作效果依据三个层次阐释该项工作的理论依据，并详细介绍评价方法。

第一章　城市信用状况监测评价的背景

人而无信，不知其可；企业无信，则难求发展；社会无信，则人人自危；政府无信，则权威不立。信用是社会和谐发展与市场经济可持续发展的基石，加快推进社会信用体系建设，具有鲜明的时代特征和重大的现实意义。

一、党中央、国务院重大决策部署要求加快社会信用体系建设步伐

我国社会信用体系建设始于改革开放，随着市场经济体制的建立，信用服务应运而生。社会信用体系建设经历了20世纪90年代的市场萌芽阶段，21世纪初的政府层面推动探索发展阶段，到如今的快速推进、规范发展阶段。特别是党的十八大以来，党中央、国务院高度重视社会信用体系建设，信用建设稳步推进，效果显著。

习近平总书记在中央全面深化改革领导小组第25次会议上指出：要构建“一处失信，处处受限”的信用惩戒大格局，让失信者寸步难行。在中央政治局第37次集体学习时又强调，要运用法治手段解决道德领域的诚信问题，对于突出的诚信缺失，既要抓紧建立覆盖全社会的征信系统，也要完善守信激励和失信惩戒机制，使人不敢失信，不能失信。对见利忘义、制假售假的违法行为，要加大执法力度，让败德违法者受到惩治、付出代价。李克强总理连续两年在全国推进简政放权、放管结合、优化服务

改革电视电话会议上强调，要加快建立联合激励和联合惩戒机制，使“守信者一路绿灯，失信者处处受限”，让违法失信者付出高昂的代价。

仅2016年，习近平总书记主持中央深改组会议4次研究信用建设相关工作，审议通过6个有关诚信建设的改革性文件，建立守信联合激励和失信联合惩戒制度以及失信被执行人惩戒机制，系统推进政务诚信、个人诚信、电子商务诚信、实名制等重大内容，进一步健全了社会信用体系建设的顶层设计。与此同时，社会信用体系建设部级联席会议成员单位加快信用建设步伐，截至目前，出台了23个联合惩戒和联合激励备忘录，政策出台密集度前所未有。党中央、国务院的高度重视，为加快社会信用体系建设奠定了良好的政治基础，形成了强大的政府推动力。

二、社会信用体系建设是实现国家治理体系现代化的基础性工程

社会信用体系建设是一项复杂的、长期的社会系统性工作，是加快“放改服”经济和行政体制改革的重要要求，是实现国家治理体系现代化的基础性工程。

（一）加快信用体系建设是发展社会主义市场经济的必然要求

我国正处于深化经济体制改革、完善社会主义市场经济体制的攻坚期，而现代市场经济是信用经济。建立健全社会信用体系，可以充分发挥市场在资源配置中的决定性作用，改善市场信用环境，降低交易成本，激发市场活力和创新动力。通过社会信用体系的建设，整顿和规范市场经济秩序、防范经济风险，减少政府对经济的行政干预，是完善社会主义市场经济体制的迫切要求。

（二）加快信用体系建设是转变政府职能、加强事中事后监管的重要手段

随着国家“放管服”改革的深入，转变政府职能成为一场从观念到体

制机制的深刻革命。“放管服”改革，既要进一步做好简政放权的“减法”，打造权力瘦身的“紧身衣”，又要善于做加强监管的“加法”和优化服务的“乘法”，啃政府职能转变的“硬骨头”，真正做到审批更简、监管更强、服务更优。要完成这一艰巨复杂的任务，必然要求建立以信用为核心的新型社会监管体系，加快建立社会信用体系，加强以信用为核心的事中事后监管，确保市场规范有序运行。

（三）加快信用体系建设是促进供给侧结构性改革的迫切要求

我国正处于加快转变发展方式、实现科学发展的战略机遇期。加快推进社会信用体系建设，是促进资源优化配置、扩大内需、实现产业结构优化升级的重要前提。供给侧结构性改革的核心是一场深刻的、系统的创新实践，既涉及制度的变革、结构的优化，也包括要素的升级。从制度层面来说，供给侧的改革离不开促进科技成果快速转化和知识产权有效保护的机制；从结构优化层面来说，需要运用新技术来改造提升传统产业；从要素升级层面来说，需要通过技术、管理、工艺、知识等的创新，来提升全要素生产率，创新是供给侧结构性改革的灵魂所在。

但是目前，诚信缺失、“山寨”盛行导致社会成员的创新、创造、创业的活力难以被充分激发，人才、技术、资金等要素也无法有效集聚和优化配置。要加快供给侧结构性改革，必须加快社会信用体系建设，解决经济发展中突出的诚信缺失问题。

（四）加快信用体系建设是树立国际品牌、提升国家软实力和国际影响力的必要条件

我国正处于在更大范围、更宽领域、更深层次上提高开放型经济水平的拓展期。经济全球化使我国对外开放程度不断提高，与其他国家和地区的经济社会交流更加密切。完善社会信用体系，是深化国际合作与交往、树立国际品牌和声誉、降低对外交易成本、提升国家软实力和国际影响力的必要条件，是推动建立客观、公正、合理、平衡的国际信用评级体系，

适应全球化新形势，驾驭全球化新格局的迫切要求。

（五）加快信用体系建设是构建社会主义和谐社会的迫切要求

我国正处于经济社会转型的关键期，利益主体更加多元化，各种社会矛盾凸显，社会组织形式及管理方式也在发生深刻变化。全面推进社会信用体系建设，是增强社会诚信、促进社会互信、减少社会矛盾的有效手段，是加强和创新社会治理、构建社会主义和谐社会的迫切要求。

（六）加快社会信用体系建设是培育和践行社会主义核心价值观的重要内容

诚信是社会主义核心价值观的精神要求。对个人而言，诚信是高尚品德；对企业而言，诚信是黄金资产；对社会而言，诚信是公序良俗；对国家而言，诚信是重要软实力。

三、城市信用是社会信用体系建设的关键环节

社会信用体系是通过信用手段对政府、企业和个人等社会各类行为主体的行为进行规范的社会、经济管理机制，它以道德、产权和法律为基础，以信用制度为核心，通过对市场主体信用记录的采集、分析、传播、预警等功能，化解经济和社会生活中信用信息不对称的矛盾，从而惩戒失信行为、褒扬诚实守信，维护经济活动和社会生活的正常秩序，促进经济和社会的健康发展。

当前，我国正处于信用体系建设快速发展阶段，城市政府是社会信用体系的主要推动者，其作用至关重要。具体体现在以下四个方面：

（一）城市政府是推动社会信用体系建设的最佳执行者

城市作为社会信用体系建设的最小单元，比其他基层组织更有能力协调和调动各方面的资源，在工作中最有抓手，不仅可以直接深入社区、街道、园区和企业，而且可以直接影响基层最广大的人民群众。

相对于省级政府，城市是社会信用体系建设最前沿的实践者，更了解社会信用现状和存在的问题，也更能够制定出符合实际情况且行之有效的措施。城市政府能够将信用工作的宏观政策和微观方法有机地结合起来，是推动社会信用体系建设最有条件、最有手段、最能有所作为的执行者。

（二）城市政府是构建以信用为核心的社会监管体系的枢纽

随着以“放管服”为核心的经济体制和行政体制改革的深入，如何建立“明规矩于前、寓严管于中、实重惩于后”的政府监管体系，创造公平的营商环境，是城市政府面临的重要问题。按照转变政府职能改革的要求，城市政府对须放给市场和社会的权利，要彻底放、不截留；对上级下放的审批事项，要接得住、管得好，加强事中事后监管。

要做到这点，传统的行政手段已经难以实现有效监管，只有通过完善城市信用体系，建立良好的市场秩序，营造公平的经营环境，才能构建起以信用为核心的新型社会监管机制，创新社会治理方式，提高城市治理能力的现代化水平，营造健康和谐的社会环境。

（三）城市政府是最有意愿推动社会信用体系建设的社会主体

市场经济就是信用经济。城市建立健全社会信用体系，有利于整顿和规范市场秩序，降低经济运行成本。通过培育良好的消费、投资和金融信用环境，为金融服务实体经济和小微企业营造良好的氛围，提高市场效率，促进城市供给侧结构性改革。通过完善城市信用体系，增强城市综合服务功能，优化城市的治理结构，激发城市的经济发展活力，提高城市经济实力和综合竞争力。

（四）城市政府具有推动社会信用体系建设的内在动力

“人无信不立，业无信难兴，政无信必衰。”信用是城市发展的无形资本和特殊资源，是一个城市软实力的体现。打造良好的城市信用品牌，不仅有助于城市自身国际、国内地位的提高，而且有助于城市行为主体间的业务交流与合作。通过推动信用体系建设，提升城市形象，营造诚实守信的社会氛围，也是增强城市综合竞争力的有效方式。

四、城市信用状况监测评价是促进城市信用体系建设的重要抓手之一

城市信用体系建设的一个核心功能就是解决由信用主体间的信息不对称而导致的信用风险，全方位地监测评价城市各类行为主体的信用行为，达到惩戒失信行为、褒扬诚实守信的目的。这既是促进城市加快社会信用体系建设的主要手段，也是维护经济活动和社会生活的正常秩序、促进经济和社会健康发展的有效途径。

（一）开展城市信用状况监测评价，为地方政府推进社会信用体系建设工作指明方向

通过城市信用状况监测评价，对城市信用制度完善程度，信用信息归集、共享和使用状况，以及信用市场发育状况等进行多维度监测，有助于及时反映城市信用动态，发现城市在政务诚信、商务诚信、社会诚信和司法公信四个领域存在的问题，指出城市在信用体系建设中的薄弱环节，协助地方政府关注信用建设中的问题领域，便于城市全面掌握城市信用建设的客观情况，统一思想，为进一步推进社会信用体系建设指明工作方向。

（二）开展城市信用状况监测评价，为中央和城市层面搭建一个及时沟通的桥梁

通过城市信用状况监测评价，可以实现中央与地方、城市与城市之间的信用交换和共享，促进城市间制度对标参考，实现数据交换共享，建立和完善工作经验互学的共享机制。建立制度化的月度信用排名沟通机制，有助于及时提醒信用问题较多的城市改进工作方法，加大工作力度；建立常态化的季度信用情况座谈机制，学习和借鉴先进城市的经验，有利于帮助落后城市对标、对表寻找差距，为其出谋划策，找措施、想办法；建立日常微信交流工作机制，形成微信处长群、微信科长群，

及时与各城市沟通城市信用监测中存在的问题及工作要求，有利于保持信用工作自上而下的督促力。

（三）开展城市信用状况监测评价，为激发城市发展活力增加外部硬性约束力

城市信用状况监测评价结果应得到广泛运用。在政府层面，可以将其纳入社会信用体系建设示范城市评选的前提条件，还可以将其作为社会信用体系建设部际联席会议参考文件，督促城市政府重视城市信用领域出现的问题；在社会层面，可以通过公布监测评价结果，形成社会舆论压力，逼迫政府加强社会信用体系建设。

因此，为了督促城市政府加快社会信用体系建设步伐，运用互联网文本挖掘与数据分析技术，通过互联网对城市信用状况进行实时监测评价，有其客观必要性和重要性。

第二章　城市信用状况监测评价的依据

城市信用状况监测评价的核心目的是协助地方政府加快城市社会信用体系建设，贯彻和落实党中央和国务院关于信用体系建设的大政方针和顶层设计，督促和监测以《社会信用体系建设规划纲要（2014—2020年）》为基础的系列文件的实施，检查和评价近期中央政府关于社会信用体系建设重点工作的实际成效。监测评价的依据主要有以下三个方面：

一、党中央、国务院的重大决策部署和顶层设计是监测评价的政治导向依据

加快推进信用建设对现阶段我国经济社会发展具有极其重要的现实意义。党的十八大以来，我国高度重视社会信用体系建设，党的十八大以及十八届三中、四中、五中全会都对社会信用体系建设做出了明确要求。党的十八大提出，"加强政务诚信、商务诚信、社会诚信和司法公信建设"。十八届三中全会明确提出，"建立健全社会征信体系，褒扬诚信，惩戒失信"。十八届四中全会提出，要"加强社会诚信建设，健全公民和组织守法信用记录，完善守法诚信褒奖机制和违法失信行为惩戒机制"。十八届五中全会将社会信用体系建设定为未来五年的重点发展方向，并作为独立章节被写入"十三五"规划纲要。该纲要明确提出，"加快推进政务诚信、商务诚信、社会诚信和司法公信等重点领域信用建设，推进信用信息共享，健全激励惩戒机制，提高全社会诚信水平"。

与此同时，党中央、国务院出台了一系列信用体系建设顶层设计文件。例如，《国务院关于批转发展改革委等部门法人和其他组织统一社会信用代码制度建设总体方案的通知》（国发〔2015〕33号）、《国务院办公厅关于运用大数据加强对市场主体服务和监管的若干意见》（国办发〔2015〕51号）、《国务院关于建立完善守信联合激励和失信联合惩戒制度加快推进社会诚信建设的指导意见》（国发〔2016〕33号）、《国务院关于加强政务诚信建设的指导意见》（国发〔2016〕76号）、《中国中央办公厅国务院办公厅关于加快推进失信被执行人信用监督、警示和惩戒机制建设的意见》（中办发〔2016〕64号）、《国务院办公厅关于加强个人信用体系建设的指导意见》（国办发〔2016〕98号）、国家发展改革委等九部门发布的《关于全面加强电子商务领域诚信建设的指导意见》等，社会信用体系建设至此已经上升到了国家治理的高度，这些政策成为城市信用状况监测评价的根本性政策依据。

二、中央部委出台的国家级规划和备忘录等文件是监测评价的基础度量依据

2014年6月，国务院印发了《社会信用体系建设规划纲要（2014—2020年）》，部署加快建设社会信用体系，构筑诚实守信的经济社会环境。作为我国首部国家级社会信用体系建设专项规划，该纲要的发布是我国社会信用体系建设中的一个重要里程碑，对做好当前和今后一个时期内信用体系的建设工作具有重要指导意义。该纲要指出，要推进政务诚信、商务诚信、社会诚信和司法公信四个重点领域的诚信建设。

2015年以来，为贯彻社会信用体系建设的决策部署，建立健全守信联合激励和失信联合惩戒机制，国家发展改革委与中国人民银行先后会同50多个部门，联合签署了20个领域的联合惩戒合作备忘录和3个领域的联合激励备忘录，这些政策文件构建了城市信用状况监测评价的基础性度量内容。

表 1－1　2015 年以来国家出台的联合惩戒合作备忘录和联合激励备忘录

时间	名称
2015 年 9 月	关于失信企业协同监管和联合惩戒合作备忘录的通知（发改财金〔2015〕2045 号）
2015 年 12 月	关于对违法失信上市公司相关责任主体实施联合惩戒措施合作备忘录的通知（发改财金〔2015〕3062 号）
2016 年 1 月	关于对失信被执行人实施联合惩戒措施合作备忘录的通知（发改财金〔2016〕141 号）
2016 年 5 月	关于对安全生产领域失信生产经营单位及有关人员开展联合惩戒的合作备忘录的通知（发改财金〔2016〕1001 号）
2016 年 7 月	关于印发《关于对纳税信用 A 级纳税人实施联合激励措施的合作备忘录》的通知（发改财金〔2016〕1467 号）
2016 年 7 月	关于对环境保护领域失信生产经营单位及其有关人员开展联合惩戒的合作备忘录的通知（发改财金〔2016〕1580 号）
2016 年 9 月	关于对食品药品生产经营严重失信者开展联合惩戒的合作备忘录的通知（发改财金〔2016〕1962 号）
2016 年 9 月	关于实施优秀青年志愿者守信联合激励加快推进青年信用体系建设的行动计划（发改财金〔2016〕2012 号）
2016 年 10 月	关于对海关高级认证企业实施联合激励的合作备忘录（发改财金〔2016〕2190 号）
2016 年 10 月	关于对严重质量违法行为当事人实施联合惩戒的合作备忘录的通知（发改财金〔2016〕2202 号）
2016 年 11 月	关于对电子商务及分享经济领域炒信行为相关失信主体实施联合惩戒的行动计划的通知（发改财金〔2016〕2370 号）
2016 年 12 月	关于对财政性资金管理使用领域相关失信责任主体实施联合惩戒的合作备忘录的通知（发改财金〔2016〕2641 号）
2016 年 12 月	关于对统计领域严重失信企业及其有关人员开展联合惩戒的合作备忘录的通知（发改财金〔2016〕2796 号）

续表

时间	名称
2016 年 12 月	关于对重大税收违法案件当事人实施联合惩戒措施的合作备忘录（2016 版）的通知（发改财金〔2016〕2798 号）
2017 年 2 月	关于对严重违法失信超限超载运输车辆相关责任主体实施联合惩戒的合作备忘录的通知（发改财金〔2017〕274 号）
2017 年 2 月	关于对农资领域严重失信生产经营单位及其有关人员开展联合惩戒的合作备忘录的通知（发改财金〔2017〕346 号）
2017 年 3 月	关于对海关失信企业实施联合惩戒的合作备忘录的通知（发改财金〔2017〕427 号）
2017 年 3 月	关于对涉金融严重失信人实施联合惩戒的合作备忘录的通知（发改财金〔2017〕454 号）
2017 年 5 月	关于在电子认证服务行业实施守信联合激励和失信联合惩戒的合作备忘录（发改财金〔2017〕844 号）
2017 年 5 月	关于对电力行业严重违法失信市场主体及其有关人员实施联合惩戒的合作备忘录（发改运行〔2017〕946 号）
已完成会签，暂未印发	关于对故意侵犯知识产权严重失信主体开展联合惩戒的合作备忘录
2017 年 6 月	关于对盐行业生产经营严重失信者开展联合惩戒的合作备忘录（发改经体〔2017〕1164 号）
2017 年 6 月	关于对房地产领域相关失信责任主体实施联合惩戒的合作备忘录（发改财金〔2017〕1206 号）

三、国家社会信用体系建设近期工作重点是监测评价的工作效果依据

社会信用体系建设近期的工作重点主要包括：加快社会信用法律法规和标准建设，推进《公共信用信息管理条例》《统一社会信用代码管理办法》，以及地方社会信用的立法进程；完善统一社会信用代码制度，全面推进个体工商户换证赋码工作；建立覆盖全社会的信用信息系统，实现全

国、部门和省级信用信息共享平台的互通互联和信息共享；完善守法诚信褒奖和违法失信惩戒机制，实现重点行业、重要领域联合奖惩全覆盖；加快推进重点领域诚信建设，在政务诚信、商务诚信、社会诚信领域实行重点突破；推动地方社会信用体系建设，组织开展社会信用体系加速建设示范区域、示范省市、示范城市创建活动；建立健全诚信道德文化体系，将诚信教育纳入中小学和高等院校学生思想品德教育；引导社会力量参与信用建设，激发信用服务市场需求，培育和提升信用信息行业服务水平；健全完善工作保障机制，加强社会信用体系专业人才队伍建设。

这些国家重点信用体系建设的工作内容，构成了监测评价城市政府工作落实情况和实施效果的主要依据。

第三章　城市信用状况监测评价的方法

城市信用状况监测评价方法源于社会信用体系原理和城市信用理论体系，遵循科学、实用、导向、适应性原则而设计。科学原则，即是以社会信用体系原理和城市信用理论体系为基础，遵循城市发展的规律；实用原则，即是从城市的信用实际情况出发，不超越历史发展阶段，能够切实解决城市信用建设中出现的问题；导向原则，即是确立明确的价值导向，指明鼓励什么、惩戒什么，有效地推动城市政府改善营商环境；适应性原则，即是根据国家信用工作重点的变化和社会环境的变化，与时俱进，不断调整评价体系，采取在发展中完善、在完善中发展的迭代优化思路。

一、城市信用状况监测评价的范围和对象

根据国家统计局公布的数据，截至2015年12月31日，全国城市信用状况监测评价的范围涵盖全国656个城市，包括4个直辖市、15个副省级城市、276个地级市和361个县级市。为了使监测城市之间具有可比性，将656个城市分为三个层次进行监测：第一层次是省会城市及副省级以上城市，共计36个，包括4个直辖市、15个副省级城市和17个省会城市；第二层次是其他地级市，共计259个；第三层次是县级市，共计361个。

监测对象主要为各城市的四类行为主体，包括政府部门、企业、社会组织、司法机构等。监测重点为这些主体与信用有关的活动和行为，涵盖制度建设、失信事件、守信行为等方面。

表 1－2　全国 656[①] 个城市省（区、市）分布

省（区、市）	省会以及副省级以上城市	地级市	县级市
北京市	1	0	0
天津市	1	0	0
上海市	1	0	0
重庆市	1	0	0
河北省	1	10	20
山西省	1	10	11
内蒙古自治区	1	8	11
辽宁省	2	12	16
吉林省	1	7	20
黑龙江省	1	11	18
江苏省	1	12	21
浙江省	2	9	20
安徽省	1	15	6
福建省	2	7	13
江西省	1	10	10
山东省	2	15	28
河南省	1	16	21
湖北省	1	11	24
湖南省	1	12	16
广东省	2	19	20
广西壮族自治区	1	13	8
海南省	1	3	5
四川省	1	17	16
贵州省	1	5	7
云南省	1	7	14

① 截至 2015 年 12 月 31 日，全国除省会、副省级城市外的地级市数量为 259 个，县级市数量为 361 个。

续表

省（区、市）	省会以及副省级以上城市	地级市	县级市
西藏自治区	1	3	0
陕西省	1	9	3
甘肃省	1	11	4
青海省	1	1	3
宁夏回族自治区	1	4	2
新疆维吾尔自治区	1	2	24
总计	36	259	361

二、城市信用状况监测评价的价值导向

城市信用状况监测评价主要是通过收集权威媒体公开发布的诚信和失信典型案例，以及城市政府对失信行为的反馈处理情况，结合政府信用信息共享平台数据和第三方信用机构信息，进行大数据分析评估。通过对城市信用状况的监测评价，可协助城市政府提高信用体系建设的积极性和主动性。城市信用状况监测具体价值导向包括以下九个方面：

一是鼓励地方尽量发现和披露失信事件，对失信事件做出相应的整治和处置。一个城市发生不良事件很正常，有时也不可避免，关键要看政府是否作为，能否依法处置。

二是督促地方政府针对失信事件完善信用制度，提升城市信用治理水平。如果某类失信事件频繁发生，要么是制度缺失，要么是制度执行出现了问题。

三是鼓励政府做好信用信息公开，增加政府的透明度，提升政府的公信力。

四是督促政府做好信用信息归集、共享、公示和“黑名单”惩戒等工作，净化信用环境。信用信息工作是信用建设的基础，开展失信联合惩戒和守信联合激励，依靠的就是准确、及时的信用信息。

五是鼓励政府积极培育信用市场，充分发挥社会监督的作用。开展信用体系建设可以采取三种模式：第一种是市场主导型的美国模式，主要发挥市场主体的力量，约束和规范信用行为；第二种是政府主导型的欧洲模式，主要以政府力量为主，以市场力量为辅；第三种是会员型的日本模式，主要发挥行业组织的力量，规范和发展市场主体行为。据世界银行对125个国家征信机构的分析，53个国家采取政府主导型模式，52个国家采取市场主导型模式，约20个国家采取的模式介于政府主导型和市场主导型之间。我国采取的是“政府+市场”的建设模式，因此，培育信用市场、发展第三方信用机构的作用至关重要。

六是督促地方政府做好社会治理，杜绝重大失信事件的发生。做好重大失信事件的预案，及时化解矛盾，疏导民意。

七是鼓励地方政府开展信用创新。我国幅员辽阔，各地经济发展水平不同、历史风俗习惯和道德水平差异较大，鼓励地方政府先行先试，是探索符合我国国情的信用体系建设的有效途径。

八是督促政府加大联合惩戒。联合惩戒是整个社会信用体系建设成败的关键，只有形成让人不敢失信、不能失信、不愿失信的社会诚实守信氛围，才能建立德治和法治相结合的社会信用体系。

九是鼓励倡导积极的诚信文化，弘扬正义，树立信用典型和模范，营造诚实守信的社会氛围。

三、城市信用状况监测评价的内容和领域

根据《社会信用体系建设规划纲要（2014—2020年）》的要求，信用建设包括政务诚信建设、商务诚信建设、社会诚信建设和司法公信建设四大内容。其中，政务诚信建设是关键，商务诚信建设是重点，社会诚信建设是基础，司法公信建设是保障。

（一）政务诚信建设

一是坚持依法行政。建设法治政府，加快转变政府职能。健全权力运

行制约和监督体系，完善政府决策机制和程序，进一步推广重大决策事项公示和听证制度，拓宽公众参与政府决策的渠道，加强对权力运行的社会监督和约束，提升政府公信力。大力促进政府信息公开，推动有关部门的全面政务公开。当前特别要全面实施行政许可、行政处罚结果“7 天双公示”制度。

二是发挥政府诚信建设示范作用。各级政府要加强自身诚信建设，以政府的诚信施政，带动全社会诚信意识和诚信水平的提高。

三是加快政府守信践诺机制建设。政府要信守承诺、履行合约，统计数据不造假、不掺水，把政务履约和守诺服务纳入政府绩效评价体系。

四是加强公务员诚信管理和教育。推动建立公务员诚信档案，在录取、考核、晋升等环节参考使用，加强对公务员队伍的信用分类管理。

（二）商务诚信建设

一是生产领域信用建设。建立安全生产信用公告制度，完善安全生产承诺、安全生产不良信用记录及安全生产失信行为惩戒制度。推动建立质量信用征信系统，加快完善 12365 产品质量投诉举报咨询服务平台，建立质量诚信报告、失信“黑名单”披露、市场禁入和退出制度。

二是流通领域信用建设。研究制定商贸流通领域企业信用信息征集共享制度，完善商贸流通企业信用评价基本规则和指标体系。

三是金融领域信用建设。创新金融信用产品，改善金融服务，维护金融消费者个人信息安全，保护金融消费者合法权益。

四是税务领域信用建设。建立跨部门信用信息共享机制，开展纳税人基础信息、各类交易信息、财产保有和转让信息以及纳税记录等涉税信息的交换、比对和应用工作。

五是价格领域信用建设。指导企业和经营者加强价格自律，规范和引导经营者的价格行为，实行经营者明码标价和收费公示制度，着力推行“明码实价”。

六是工程建设领域信用建设。推进工程建设市场信用体系建设，加快工程建设市场信用法规制度建设，制定工程建设市场主体和从业人员信用标准。

七是政府采购领域信用建设。加强政府采购信用管理，强化联动惩戒，保护政府采购当事人的合法权益。

八是招投标领域信用建设。扩大招投标信用信息公开和共享范围，建立涵盖招投标情况的信用评价指标和评价标准体系，健全招投标信用信息公开和共享制度。

九是交通运输领域信用建设。形成部门规章制度和地方性法规、地方政府规章制度相结合的交通运输信用法规体系。

十是电子商务领域信用建设。建立健全电子商务企业客户信用管理和交易信用评估制度，加强对电子商务企业自身开发和销售信用产品的质量监督。

十一是统计领域信用建设。开展企业诚信统计承诺活动，营造诚实报数光荣、失信造假可耻的良好风气，完善统计诚信评价标准体系。

十二是中介服务业信用建设。建立完善中介服务机构及其从业人员的信用记录和披露制度，并将其作为市场行政执法部门实施信用分类管理的重要依据。

十三是会展、广告领域信用建设。推动展会主办机构诚信办展，践行诚信服务公约，建立信用档案和违法违规单位信息披露制度，推广信用服务和产品的应用。

十四是企业诚信管理制度建设。开展各行业企业诚信承诺活动，加大诚信企业示范宣传和典型失信案件曝光力度，引导企业增强社会责任感，在生产经营、财务管理和劳动用工管理等各环节中强化信用自律，改善商务信用生态环境。

（三）社会诚信建设

一是医药卫生和计划生育领域信用建设。加强医疗卫生机构信用管理和行业诚信作风建设，树立大医精诚的价值理念，坚持仁心仁术的执业操守。

二是社会保障领域信用建设。在救灾、救助、养老、社会保险、慈善、彩票等方面建立全面的诚信制度，打击各类诈捐骗捐等失信行为。

三是劳动用工领域信用建设。进一步落实完善企业劳动保障守法诚信制度，制定重大劳动保障违法行为社会公示办法。

四是教育、科研领域信用建设。加强对教师和科研人员的诚信教育，开展教师诚信承诺活动，使其自觉接受广大学生、家长和社会各界监督。

五是文化、体育、旅游领域信用建设。依托全国文化市场技术监管与公共服务平台，建立健全文化企业主体、从业人员以及文化产品的信用信息数据库，建立职业体育从业人员、职业体育俱乐部和中介企业信用等级的第三方评估制度，制定旅游从业人员诚信服务准则，建立旅游业消费者意见反馈和投诉记录与公开制度。

六是知识产权领域信用建设。建立健全知识产权诚信管理制度，出台知识产权保护信用评价办法。

七是环境保护和能源节约领域信用建设。推进国家环境监测、信息与统计能力建设，加强环保信用数据的采集和整理，实现环境保护工作业务协同和信息共享，完善环境信息公开目录。

八是自然人信用建设。突出自然人信用建设在社会信用体系建设中的基础性作用，依托国家人口信息资源库，建立完善自然人在经济社会活动中的信用记录，实现全国范围内自然人信用记录全覆盖。

九是社会组织诚信建设。依托法人单位信息资源库，加快完善社会组织登记管理信息。

十是互联网应用及服务领域信用建设。大力推进网络诚信建设，培育依法办网、诚信用网理念，逐步落实网络实名制，完善网络信用建设的法律保障，大力推进网络信用监管机制建设。

(四)司法公信建设

一是法院公信建设。提升司法审判信息化水平，实现覆盖审判工作全过程的全国四级法院审判信息互联互通，推进强制执行案件信息公开，完善执行联动机制，提高生效法律文书执行率。

二是检察公信建设。进一步深化检务公开，创新检务公开手段和途径，广泛听取群众意见，保障人民群众对检察工作的知情权、参与权、表达权和监督权，继续推行“阳光办案”，严格管理制度，强化内外部监督，建立健全专项检查、同步监督和责任追究机制。

三是公共安全领域公信建设。全面推行“阳光执法”，依法及时公开执法办案的制度规范、程序时限等信息，对于办案进展等不宜向社会公开，但涉及特定权利义务、需要特定对象知悉的信息，应当告知特定对象，或者为特定对象提供查询服务。

四是司法行政系统公信建设。进一步提高监狱、戒毒场所、社区矫正机构管理的规范化、制度化水平，维护服刑人员、戒毒人员、社区矫正人员的合法权益。

五是司法执法和从业人员信用建设。建立各级公安、司法行政等部门的工作人员信用档案，依法依规将徇私枉法以及不作为等不良记录纳入档案，并作为考核评价和奖惩依据。

六是健全促进司法公信的制度基础。深化司法体制和工作机制改革，推进执法规范化建设，严格执法程序，坚持有法必依、违法必究和法律面前人人平等，提高司法工作的科学化、制度化和规范化水平。

城市信用状况监测评价主要就是对以上四大内容、34 个方面进行监测。考虑数据可获得性和操作性，我们将 34 个方面归并为 21 个方面进行评价，具体包括依法行政、守信践诺、诚信体系建设、生产、流通、金融、交通运输、电子商务、工程建设、价格、旅游、政府采购与招投标、税务、中介会展广告统计、医药卫生、社会保障、文化体育教育科研、知识产权、环境保护和能源节约、法院检察院公信、公共安全公信等。

四、城市信用状况监测评价的维度和标准

按照当前社会信用体系建设的重点任务要求，城市信用状况监测评价维度主要包括10个方面：信用制度完善程度、信用事件发生情况、信用信息透明度、信用工作绩效、信用市场发育状况、重大失信事件、重大失信事件的政府反馈、重大诚信事件、联合惩戒进展、信用创新实践。

针对这10个维度，现阶段的评价标准遵循三个原则：一是要有利于推动城市社会信用体系建设工作，形成助力和合力，发挥参谋助手的作用，协助地方政府做好信用体系建设；二是要有利于落实国家重点信用工作任务，具有操作性和实用性，不好高骛远，实事求是，不超越发展阶段；三是要有利于城市建立以信用为核心的社会监管体系，鼓励先进，提醒落后，协助地方优化营商环境，提升城市的综合实力和竞争力。其中，信用制度完善程度、信用事件发生情况、重大失信事件、重大失信事件的政府反馈和重大诚信事件的评价标准如下：

（一）信用制度完善程度的评价标准

信用制度主要是指城市政府机构出台的、对某一类主体（政府部门、企业、社会组织、司法机构、某一行业或领域的从业人员）与诚信相关行为进行规范、约束的文件。依据《社会信用体系建设规划纲要（2014—2020年）》的规定，针对政务诚信、商务诚信、社会诚信和司法公信4个方面设置了153个细项的制度标准。考察一个城市的信用制度完善程度，主要是对标被监测城市是否具有这些制度。

（二）信用事件发生情况的评价标准

信用事件主要包括正面的事件和负面的事件，主要依据监测对象（政府、企业、社会组织、司法机构）的行为性质以及行为导致的结果来判别，而不是以媒体曝光或政府公布等信息渠道为判别依据。为了发挥政府

部门在信用体系建设中的主导推动作用，事前和事中的政府主动行为均被定性为正面信息，政府在出现问题后积极处罚的事件也被列为正面信息；相反地，政府部门未对失信事件进行积极处理，或是被举报后才处置，或是被上级政府处罚的事件，均被定性为负面信息。但是，为了鼓励政府信息公开，对于政府主动披露的信用信息，无论是正面信息还是负面信息，均在政府透明度中予以加分。

（三）重大失信事件的评价标准

重大失信事件主要监测重大安全生产事故、重大食品安全事故、诈骗案件和造成重大影响的信用事件。具体标准如下：

对于社会影响恶劣、网民关注度高的重大失信事件，通过表 1 – 3 中的 15 个监测网站进行监测。如果某一失信事件进入中央新闻媒体网站（网站1 ~ 11）的首页，同时进入主流社会媒体网站（网站 12 ~ 15）新闻排行榜的前 10 位或在其中 3 个网站的首页都出现，即被列为重大失信事件。

表 1 – 3　重大失信事件监测网站列表

序号	网站	序号	网站	序号	网站
1	人民网	6	中国日报网	11	中国经济网
2	新华网	7	央广网	12	新浪网
3	中国网	8	国际在线	13	网易网
4	央视网	9	中青在线	14	搜狐网
5	求是网	10	光明网	15	腾讯网

按照国家的有关规定，人员伤亡和财产损失达到一定程度的为重大失信事件，其标准如表 1 – 4 所示。

表 1 – 4　重大失信事件标准

序号	事件	标准
1	**安全生产事故**（依据 2007 年国务院《生产安全事故报告和调查处理条例》）	
1.1	特别重大事故	造成 30 人以上死亡，或者 100 人以上重伤（包括急性工业中毒，下同），或者 1 亿元以上直接经济损失的事故

续表

序号	事件	标准
1.2	重大事故	造成10人以上30人以下死亡，或者50人以上100人以下重伤，或者5000万元以上1亿元以下直接经济损失的事故
2	**食品安全事故**（依据《北京市食品安全突发事件应急预案（2011年修订）》）	
2.1	特别重大食品安全突发事件	（1）对2个以上省（区、市）造成严重威胁，并有进一步扩散趋势的 （2）超出本市处置能力的 （3）发生跨境（中国香港地区、中国澳门地区、中国台湾地区）、跨国食品安全突发事件且涉及本市，造成特别严重社会影响的 （4）国务院认为需要由国务院或国务院授权有关部门负责处置的
2.2	重大食品安全突发事件	（1）病患人数100人以上并且出现死亡病例的 （2）出现10人以上死亡病例的 （3）涉及2个以上区县范围，超出区县政府处置能力的 （4）市政府认定的其他重大食品安全突发事件
3	**诈骗案件**	
3.1	数额巨大	诈骗公私财物价值1亿元以上

（四）重大失信事件政府反馈的评价标准

重大失信事件的政府反馈主要监测发生重大失信事件后政府的应急处理和惩处情况，具体包括三项内容：一是响应时间是否及时，二是是否采取了处理措施，三是信息披露是否完整。

（五）重大诚信事件的评价标准

重大诚信事件主要是指树立诚信文化理念，弘扬诚信传统美德，对社会诚信体系建设具有示范效应的重大信用事件。例如，被评为全国或省级以上的道德模范、信用标兵和中央主流媒体先进典型等。

五、城市信用状况监测评价的模型和应用

城市信用状况监测评价方法的选择需要考虑五个步骤：一是评价目标和价值点；二是指标体系的确定；三是数据的采集；四是模型综合评价；五是结果分析和发布。

（一）评价目标和价值点

方法的选择与评价的目标密切相关。城市信用状况监测的目标是利用大数据技术，以城市的信用事件和案例为核心，综合其他因素进行评价。因此，评价时应考虑以下四方面的问题：

首先，相关城市数据是否能够支撑这样的评价？是否能够完成这项工作？随着互联网的快速发展，按照国家政务信息公开的要求，所有的县级以上政府部门均需要设立政府网站，政府部门的信息公开程度有了巨大的提升。同时，据互联网中心统计，2016 年企业互联网的使用率达到 95.6%，在线销售率为 45.3%，在线采购率为 46.6%，企业绝大部分信息都可以从互联网上获取。网民规模达到 7.31 亿人，网民渗透率为 53.1%。因此，通过互联网大数据进行监测评价，无论是从政府的角度，还是从企业和个人的角度来说，都具有收集实际数据的现实可能。

其次，评价的价值点在哪里？随着大数据采集、挖掘和分析技术的发展，基于大数据的分析决策应用已成为社会经济政策分析的重要手段。因此，从第三方的角度，利用大数据手段监测和评价整个城市的信用状况，帮助城市政府从纷繁复杂的信用事件中提炼出问题的所在，便于改进各项政策和措施，是非常有价值的一项工作。

再次，评价的时间维度和空间广度如何确定？城市信用体系建设是一项长期的系统工程，监测评价指标的时间序列跨度应该是相对长期的。但是，评价的结果却具有短期效果。因此，需要将长期和短期科学地搭配在一起。

最后，评价的内容跨度既有政策层面的宏观指标，也有城市层面的中观指标，还有具体信用工作层面的微观指标，是宏观、中观和微观的综合。因此，在权重的设计上应充分考虑指标的结构特性。

（二）指标体系的确定

围绕评价目标进行多角度的结构性分析，围绕各种评价因素与目标的关联性分析，是指标确定的基本方法。按照城市监测评价目标，监测评价指标需从评价维度和内容维度构建。评价维度主要包括信用制度完善程度、信用事件发生情况、信用信息透明度、信用工作绩效、信用市场发育状况、重大失信事件、重大失信事件的政府反馈、重大诚信事件、联合惩戒进展、信用创新实践10个方面，内容维度主要包括政务诚信、商务诚信、社会诚信、司法公信4个方面，这两个维度涵盖了监测评价模型的各类评价指标。通过综合评价方法将这些评价指标进行合成，即可形成城市信用状况综合指数和各种分类指数。

（三）数据的采集

数据采集取决于指标体系和数据来源，在这方面，我们考虑了数据的可得性和可用性。

可得性主要考虑数据来源，目前主要有四个渠道：一是城市政府官网、与信用相关的政府相关部门网站、全国主流媒体、各地方媒体以及各类门户网站等共8000多个站点；二是国家信用信息共享平台；三是第三方信用机构；四是包括城市在内的政府发布的各类统计数据。

可用性主要考虑数据的质量，包括其完整性、准确性和可比性。完整性表示将城市信用评价作为一个完整的系统，数据须尽可能全面反映城市的信用状况；准确性表示数据须准确反映监测主体的状态，同时必须是模型研究中所需要的数据；可比性表示数据的口径须一致，时间跨度和内容含义均可比。

（四）模型综合评价

模型评价过程分为四个步骤：一是指标数据的无量纲化处理；二是模型算法的确定；三是权重的确定；四是模型测算和调试。

指标数据的无量纲化处理采用功效系数法。借助功效系数，在确定单项指标上下限值的基础上，把各个单项指标转化成可度量的评判分值，形成单项评价值。这种方法的优点是：评价值数值大小可反映各评价对象之间的差距，能够限定单项评价值的取值范围，控制单项指标评价值的差距。

模型算法主要采取线性加权法。通过模型将各个无量纲化指标进行合成，形成综合指数和各种分类指数。具体算法如下：设 *CCI* 为城市信用状况综合指数，W_i为各个指标的权重，V_i为无量纲化后指标的评价值，理论公式为：

$$CCI = \frac{\sum_{i=1}^{n} W_i \times V_i}{\sum_{i=1}^{n} W_i}$$

权重的确定采取主观赋权法。权重确定方法主要有客观赋权法和主观赋权法。客观赋权法主要从定量分析的角度，根据指标数值信息量的大小来确定相应的指标权重；主观赋权法主要是从定性的角度，根据指标在评价中的重要程度和作用大小，人为确定权重。主观赋权法的优点在于可以根据客观实际情况确定指标权重，导向性明确，对于城市信用监测这种实用型模型，更具有现实意义。

模型测算和调试是一个去粗取精、去伪存真、由此及彼、由表及里的过程。城市信用监测评价以 12 个月为周期进行滚动测算，从时间维度测算各个城市信用状况的变动情况，从城市维度比较各个城市信用状况排名的变动情况，研究其变化规律，密切与实际情况对照，不断调整模型变量，力求科学、公正和实用。

（五）结果分析和发布

按照监测模型输出的结果，结合各种数据进行分析，得到多方面的研究成果。按照实际需要和政府要求，研究成果通过以下三种方式发布：

一是通过全国城市信用状况监测系统提供信用信息浏览服务。目前，在国家电子政府外网[①]和国家信用信息共享平台[②]上可以浏览相关研究成果。

二是定期出版《城市信用状况监测月报》和不定期的专题监测报告。

三是开展城市信用状况排名，分阶段、分批次向社会公开发布。

---

① 国家电子政务外网，网址为 http：//citycredit. cegn. cn/。

② 全国信用信息共享平台，网址为 http：//xypt. cegn. cn/GJXYXX/Web/index. html。

监测篇

城市信用状况的监测与评价

城市信用状况监测评价是基于“全国城市信用状况监测平台”汇集的信息，结合全国信用信息共享平台数据和第三方机构数据，进行的实时动态监测。

监测样本区间为2016年1月1日至12月31日，分三个维度监测全国656个城市的信用状况。第一维度是重点监测全国36个省会及副省级以上城市、259个地级市及361个县级市的信用状况，第二维度是重点监测不同经济规模和发展水平的城市信用状况，第三维度是重点监测不同区域的城市信用状况。通过监测分析和比较研究，总结和提炼各类城市好的做法和经验，梳理和找出各类城市存在的共性问题，以便起到相互借鉴和及时提醒的作用。

第一章　不同行政级别的城市信用状况监测与评价

在对全国 36 个省会及副省级以上城市、259 个地级市和 361 个县级市进行分析之前，我们首先对全国城市信用整体状况进行宏观扫描与全面分析，以期了解全国信用体系建设推进较好的方面和存在的共性问题。

一、全国城市总体信用状况监测与评价

（一）全国城市信用信息数量发展趋势

对全国 295 个地级以上城市信用信息数量的分析发现，城市信用状况呈现三个主要特征。

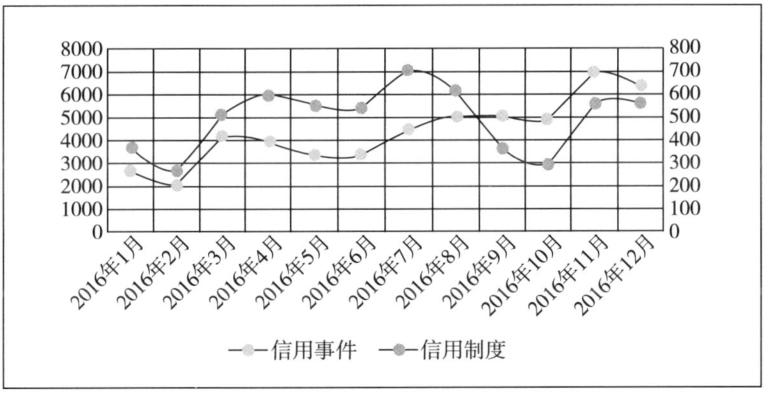

图 2－1　2016 年全国地级以上城市信用信息月走势（单位：条）

1. 全国城市信用体系建设成效显著，不良信用事件数量呈下降趋势

2016 年 1 月至 12 月，全国城市信用信息数量呈波动上升趋势。其

中，3 月是信用信息数量变化的转折点，全国城市的信用事件和信用制度发生量均从此月开始快速上升，全年除 8 月和 9 月外，信用事件和信用制度发生量均保持了较快增长趋势。在城市信用事件发生总量呈波动上升趋势的同时，不良信用事件发生量从 3 月开始呈缓慢下降趋势。这反映出全国各城市有关部门逐渐加强各领域信用监管，信用建设取得明显成效。

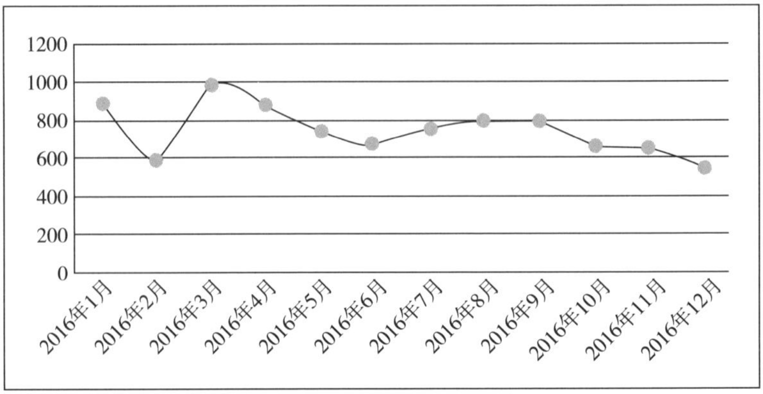

图 2－2　2016 年全国地级以上城市不良信用事件月走势（单位：条）

2. 各城市积极落实党中央、国务院重大部署，制度建设步伐逐步加快

通过互联网监测发现，2016 年城市信用制度发生量从 3 月到 8 月处于高热态势，是信用领域最热的高频词。利用大数据技术对全年城市信用制度进行词频分析，可以看出，“人民政府”“印发”“信用建设”等关键词成为 2016 年全国城市信用制度建设的主要热词。

同时，通过全国城市信用监测平台监测发现，各地政府部门特别注重信用建设，以政府名义发布的信用制度很多。2016 年，各级政府出台的各类政策性文件包括“社会信用体系建设规划和方案”“信用管理办法”“信用评价细则”“信用行为联合奖惩办法”“推进行政许可和行政处罚等信用信息公示工作实施方案”等一系列有关信用建设的规划或措施。可见，2016 年，各地方政府认真落实党中央、国务院重大部署，信用制度建设成绩斐然，为城市开展信用体系建设提供了坚实的制度保障。

图2－3　2016年全国地级以上城市相关信用制度词云图①

3. **商务诚信仍然是社会最为关注的领域**

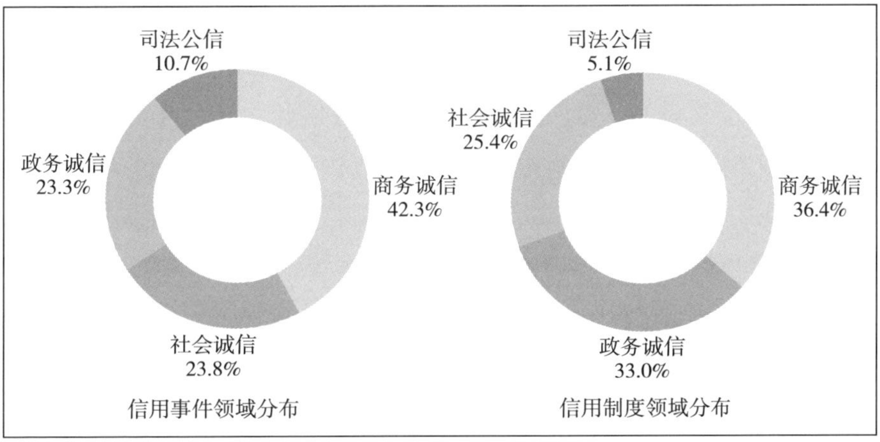

图2－4　2016年全国地级以上城市信用事件和信用制度信息量领域分布

从政务诚信、商务诚信、社会诚信、司法公信四大领域的信用信息量分布情况来看，2016年1月1日至12月31日，商务诚信领域的信用事件和信用制度信息量占比均最高，分别为42.3%和36.4%；司法公信领域的信用事件和信用制度信息量占比均最低，分别为10.7%和5.1%；而社会

① 词云图根据监测到的2016年城市信用制度名称生成，字号越大表示该词组出现频率越高；反之，则越低。

诚信事件和制度信息量的占比分别为23.8%、25.4%；政务诚信领域的信用事件和信用制度信息量的占比分别为23.3%和33.0%。商务诚信领域仍然是社会最为关注的领域。

与此同时，政务诚信领域的制度建设步伐明显快于社会诚信和司法公信领域，这表明中央加快政府诚信建设的政策在各个城市正在得到有效落实。

（二）全国城市信用状况变化情况

1. 政务诚信和商务诚信领域信用制度完善程度相对较高

截至2016年12月31日，通过互联网监测，全国地级以上城市在政务诚信和商务诚信领域的信用制度建设方面的进程明显加快，制度完善程度明显提高。特别是在政务诚信领域，随着国家加快政务诚信领域指导意见的出台，各地加快政务诚信的建设步伐，制度数量明显增加，2016年政务诚信领域的制度建设则多于商务诚信、社会诚信和司法公信领域。社会诚信和司法公信领域的信用制度建设则相对较少，还有待进一步完善和提高。

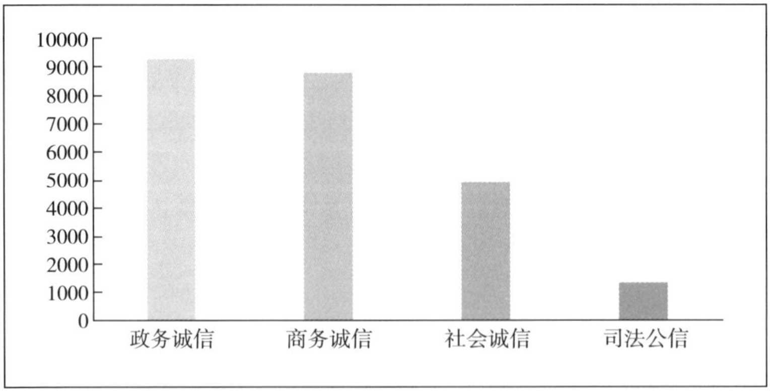

图2-5　全国地级以上城市信用制度完善情况（单位：条）

从城市信用监测的21个领域分布来看，各城市信用制度主要分布在依法行政、生产、环境保护和能源节约、诚信体系建设四个领域，涉及这些领域的信用制度数量占比约63.2%。具体表现在以下四个方面：

一是全国共有292个城市大力加强依法行政建设，重点围绕安全生产和食品药品质量监督等方面制定出台相关管理意见、方案或办法。

二是多数城市针对多领域建立并实施“黑名单”制度，加大对失信行为的惩戒力度。

三是大部分城市重点针对节能减排和污染防治，完善制度保障和监管机制，以提升环境保护与监管成效。

四是各城市认真贯彻落实国务院社会信用体系建设规划纲要，通过出台社会信用体系建设规划或方案，加快统一社会信用代码转换步伐，完善“双公示”制度，推进信用信息共建、共享和共用进程，深化商事制度改革，加强党风廉政建设，进一步做好政务诚信的制度保障和统筹工作。

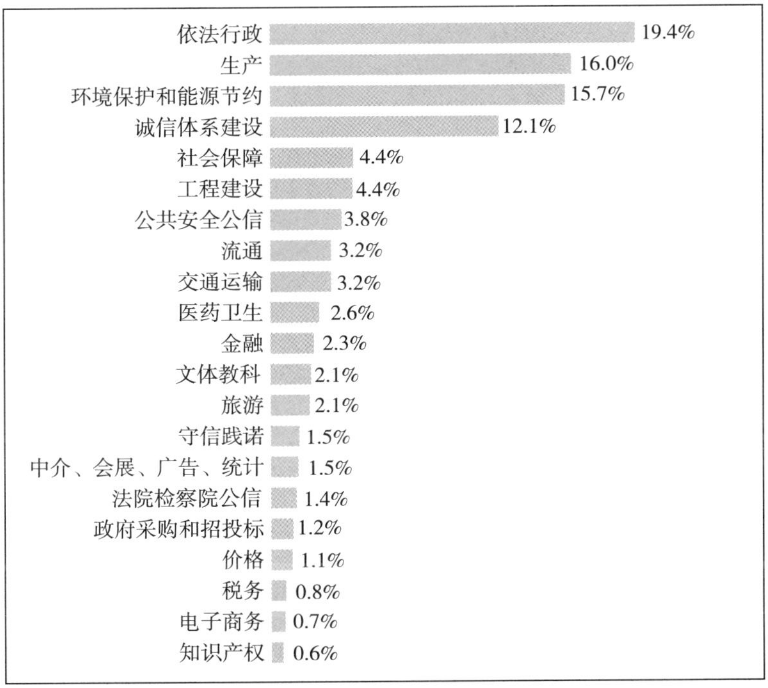

图2－6　2016年全国地级以上城市信用制度信息量领域分布

2. 信用事件的优良率远高于不良率

2016 年，全国地级以上城市信用事件中的优良事件和不良事件占比分别为 83.1% 和 16.9%，信用事件的优良率远远高于不良率。从政务诚信、商务诚信、社会诚信和司法公信四大领域来看，各领域的优良信用事件占比均超过八成，其中司法公信领域的优良率最高，为 87.8%，而商务诚信领域的不良率最高，为 18.8%。

可见，全国各城市相关部门注重司法建设以及公共安全领域的监管与保障力度，而商务诚信领域的失信问题仍然比较突出，需要着力完善和加强各项惩戒制度，以保障各类经济活动能够高效有序开展。

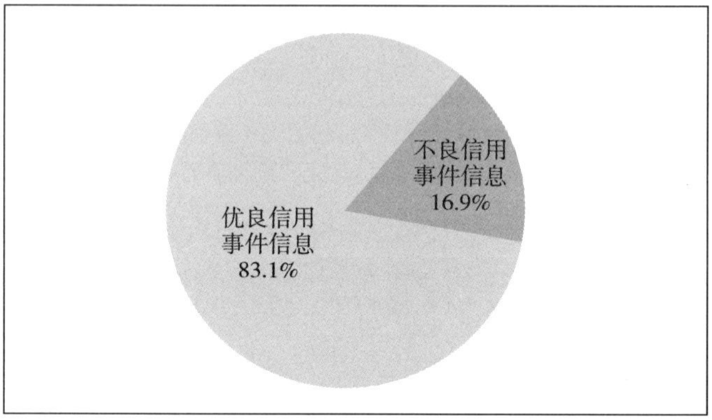

图 2-7　2016 年全国地级以上城市信用事件信息量分布

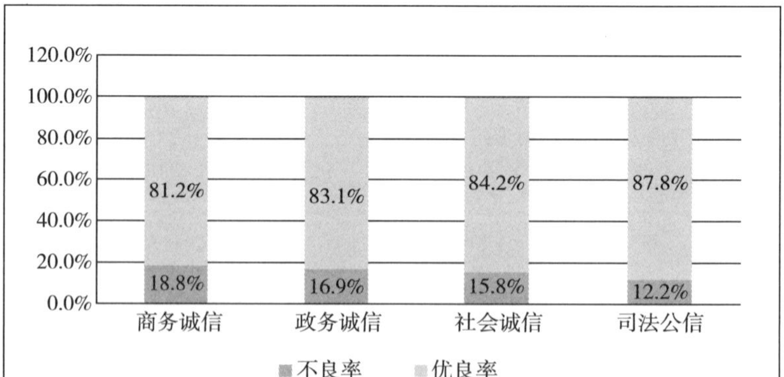

图 2-8　2016 年全国地级以上城市四大领域信用事件信息量分布

（1）优良信用事件主要集中在公检法公信、依法行政和税务等领域

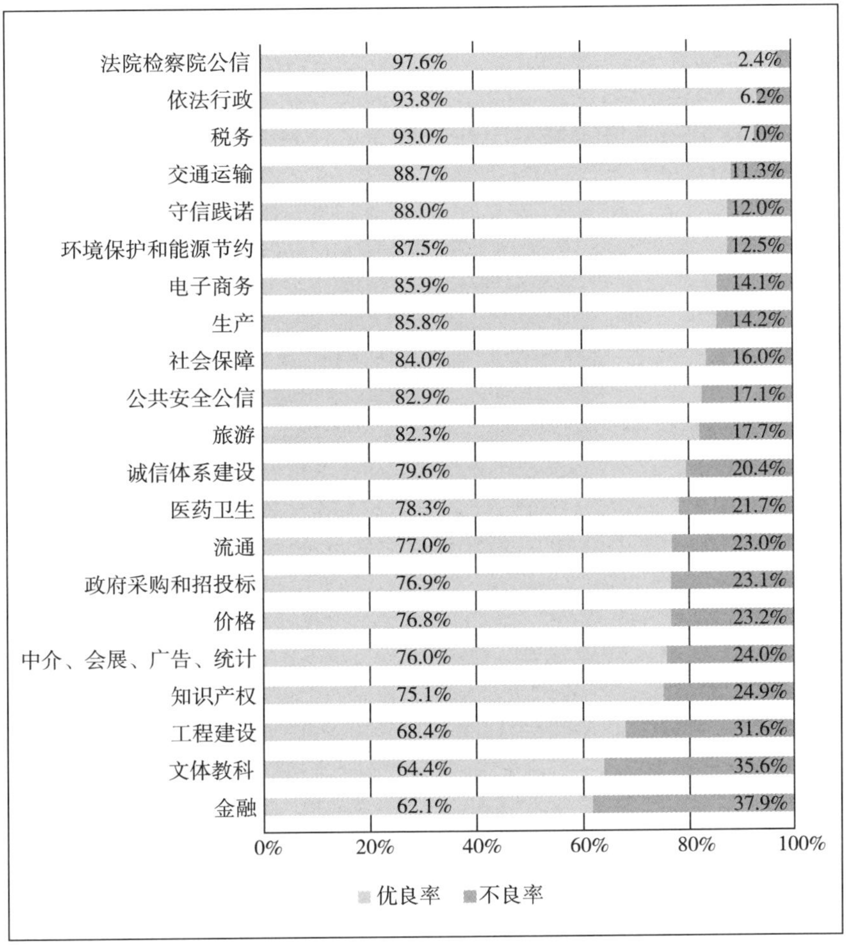

图 2 -9　2016 年全国地级以上城市各领域信用事件信息量分布

通过互联网监测 21 个领域的信用事件，法院检察院公信、依法行政和税务 3 个领域的优良率均超过九成，分别为 97. 6%、93. 8% 和 93. 0%。

在法院检察院公信领域，司法部门加大失信被执行人“黑名单”制度执法力度，加快推进联合惩戒，进一步完善司法工作机制，细化司法责任落实规程，加大案件信息公开力度，强化司法作风建设。

在依法行政领域，城市政府部门注重决策、执行、监督和服务全过程的依法行政，推动政府工作法治化，及时公开行政执法信息，以推进政府

公信力建设。

在税务领域，各城市税务部门重视诚信建设，多措并举推行守信激励机制，扎实推进纳税信用等级评价工作，建立纳税信用体系。

（2）不良信用事件主要集中在金融、文体科教和工程建设领域

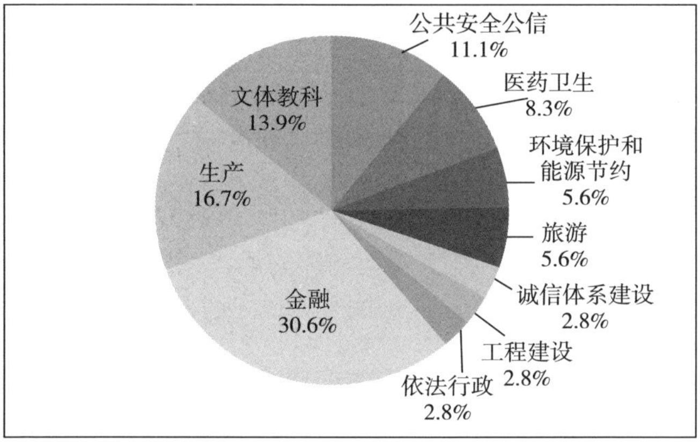

图2－10　2016年全国地级以上城市重大失信事件领域分布

2016年1月1日至12月31日，金融、文体教科和工程建设3个领域的信用事件不良率较高，占比分别为37.9%、35.6%和31.6%。其中，在金融领域，非法集资、信用卡诈骗、电信诈骗、骗保、违规放贷等违法案件高发，造成了较为广泛的不良社会影响，金融诚信建设亟待加强。在文体教科领域，失信事件主要涉及教育部门官员贪腐、学术造假、违规办学、教师排队怀孕、老师性侵幼女、恶性体罚学生等方面，导致我国文教领域诚信状况受到社会的广泛质疑。在工程建设领域，失信行为主要涉及工程安全事故、强拆、工程建设项目欠薪、违章搭建、违规施工等方面，工程建设领域失信事件高发严重威胁人民群众的生命和财产安全。

与此同时，2016年1月1日至12月31日，全国城市发生的重大失信事件主要涉及金融、生产、文体教科、公共安全公信、医药卫生、环境保护和能源节约、旅游、诚信体系建设、工程建设、依法行政10个领域。其中，金融领域重大失信事件主要涉及非法集资、电信诈骗、骗贷等，涉

案金额巨大，具有较大的社会危害性；生产领域重大失信事件主要涉及突发的生产安全事故以及制假售假大案，其中生产安全事故较为集中，造成了较为严重的生命和财产损失，不仅给伤亡者及家庭带来巨大痛苦和灾难，也给国家造成了不良影响。

3. 省会和副省级以上城市信用信息透明度好于其他地级市

2016 年，全国 295 个地级以上城市信用信息透明度呈现副省级以上城市好于地级市的特点。从城市信用制度公开情况来看，信用制度公开较好的前 20 名城市中，18 个为副省级以上城市。

此外，省会和副省级以上城市的行政许可和行政审批信用信息公开程度也好于其他城市。其中，北京、上海、南京、厦门、重庆等 18 个城市均在信用中国网站开通了“双公示”栏目；而在 259 个地级市中，仅有黄石、宿迁、苏州、淮北等 16 个城市在信用中国网站进行了信息“双公示”。

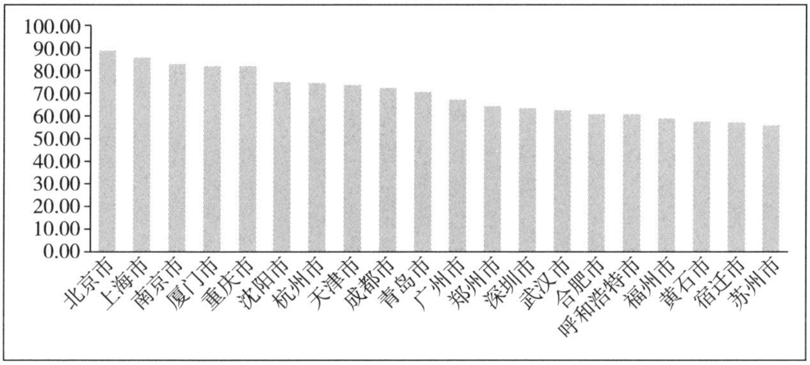

图 2 –11　2016 年全国地级以上城市信用制度公开程度较高的前 20 名城市（单位：条）

4. 各城市信用工作绩效状况良莠不齐

全国信用信息共享平台资料显示，全国信用工作绩效较好的省（区、市）主要有广东省、江苏省、浙江省、安徽省、北京市等省市。其中，广东省信用工作绩效居全国首位。在信用工作绩效前 50 名的城市中，广东省下辖的城市占 40.4%，江苏省占 25.0%、浙江省占 21.2%。此外，截至2016年12月31日，全国地级以上城市仅北京市、重庆市、广州市、南京市、成都市、温州市、黄石市、威海市等42个城市已完成统一社会信用代码转换工作，并通过互联网予以公布。

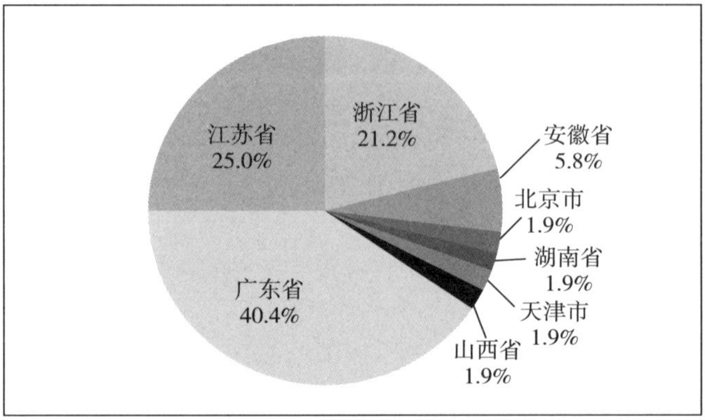

图2－12　2016年信用工作绩效TOP50城市省（区、市）归属分布

5. 省会和副省级以上城市的商业机构用信好于地级市

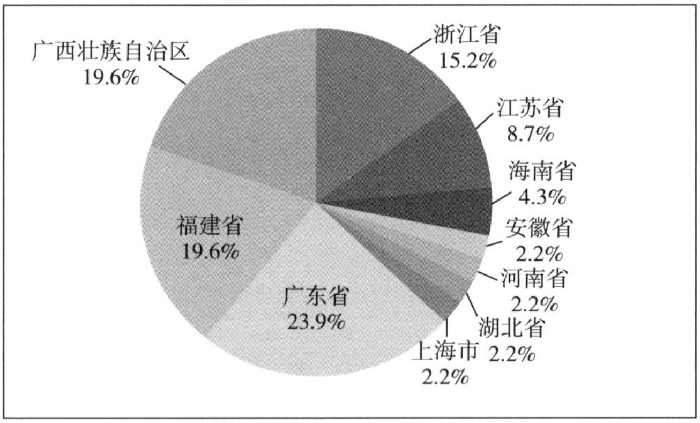

图2－13　2016年信用市场TOP50城市省（区、市）归属分布

蚂蚁金服提供的数据显示，省会和副省级以上城市的信用市场整体要好于地级市，特别是二者在商业机构用信方面的差距较为明显。省会和副省级以上城市的商业机构平均信用得分为91.17，地级市为85.85；而从城市的省（区、市）归属情况来看，广东、福建、广西、浙江的信用市场较

好，在信用市场排名前50的城市中，隶属这四省的城市共有36个，其余分属江苏省、海南省、安徽省、河南省、湖北省和上海市。

二、36个省会及副省级以上城市的信用状况监测与评价

（一）36个省会及副省级以上城市信用状况排名

2016年1月1日至12月31日，全国36个省会及副省级以上城市的信用排名如表2－1所示。其中，综合信用指数排名前十位的城市分别为北京市、上海市、重庆市、杭州市、广州市、南京市、深圳市、沈阳市、成都市、厦门市。

表2－1　36个省会及副省级以上城市综合信用指数前10名

（2016年1月1日至12月31日）

信用排名	城市名称	综合信用指数
1	北京市	91.20
2	上海市	89.40
3	重庆市	87.32
4	杭州市	87.00
5	广州市	86.20
6	南京市	85.89
7	深圳市	85.81
8	沈阳市	85.40
9	成都市	84.89
10	厦门市	84.49

（二）36个省会及副省级以上城市在信用体系建设中推进较好的方面

1. 法院检察院公信、依法行政和税务领域信用工作推进良好

2016年1月1日至12月31日，在36个城市的信用事件信息中，优良信

息占比排名前三位的领域分别为法院检察院公信、依法行政和税务领域。

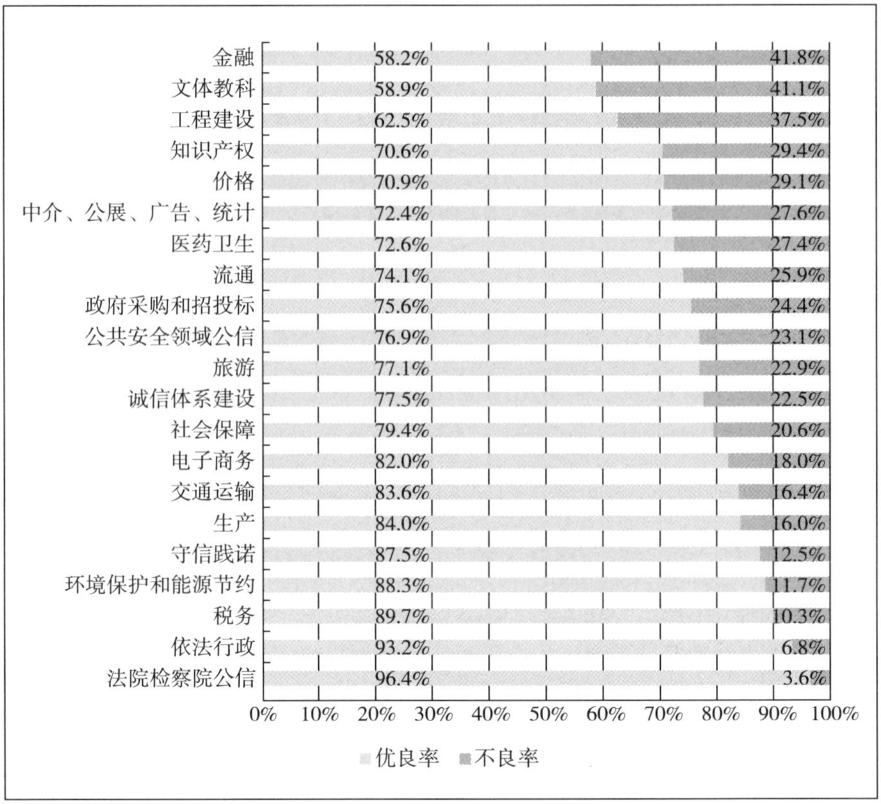

图 2－14　2016 年 36 个省会及副省级以上城市各领域信用事件信息分布

（1）着力提升司法公信力

2016 年 1 月 1 日至 12 月 31 日，36 个省会及副省级以上城市在法院、检察院公信领域的信用体系建设工作推进较好，其中优良信用事件数量排名前三位的城市为重庆市、北京市和海口市。该领域城市优良做法主要表现为以下三方面：

一是利用“互联网＋”推进司法公开。城市的法院、检察院通过门户网站、微博、微信等平台发布诉讼指南、工作动态、审判执行案例等信息，利用微博互动平台积极化解舆情危机，实现让老百姓“看得见”的司法公正。

二是全面推进法院执行信息公开平台建设。多个城市实现了失信被执行人名单信息公开与查询、被执行人信息查询、执行案件流程信息公开、执行裁判文书公开等，让司法权力在阳光下运行。

三是做好司法廉洁工作，以廉洁促公信。部分城市通过开展廉政谈话、司法廉洁教育等活动，推进廉政文化建设，筑牢拒腐防变的思想防线。

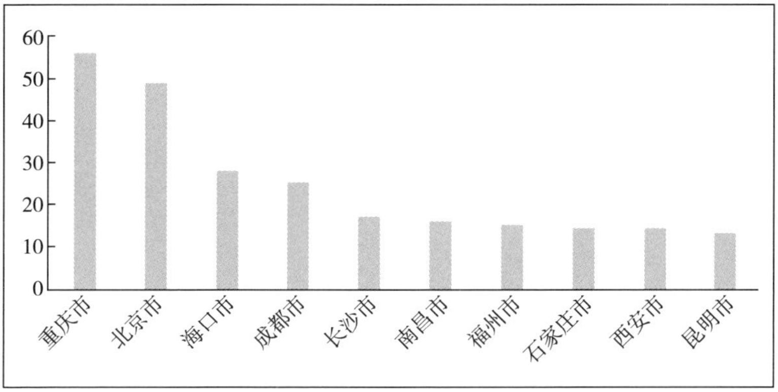

图 2－15　2016 年 36 个省会及副省级以上城市法院检察院公信领域优良信用事件信息量 TOP10（单位：条）

（2）加快依法行政工作进程

2016 年 1 月 1 日至 12 月 31 日，多个城市在依法行政领域的信用建设工作取得明显进展，依法行政领域优良信用事件数量排名前三位的城市依次为北京市、长沙市和重庆市。该领域城市优良做法具体表现为以下三方面：

一是扎实推进行政许可和行政处罚等信用信息公示工作。多数城市认真贯彻落实国家有关“双公示”的部署文件精神，明确“双公示”牵头部门和工作负责人，做到责任到人、具体到事，确保“双公示”工作长效、有序实施。

二是部分城市通过定期举办依法行政工作培训会，提高各行政机关工作人员的业务素质和水平，提升工作人员依法行政的意识和能力。

三是推进法治政府建设。一些城市完善行政决策制度和程序，稳步提高制度建设质量，全面落实监督和问责机制，加快建设职能科学、执法严明、公开公正、守法诚信的法治政府。

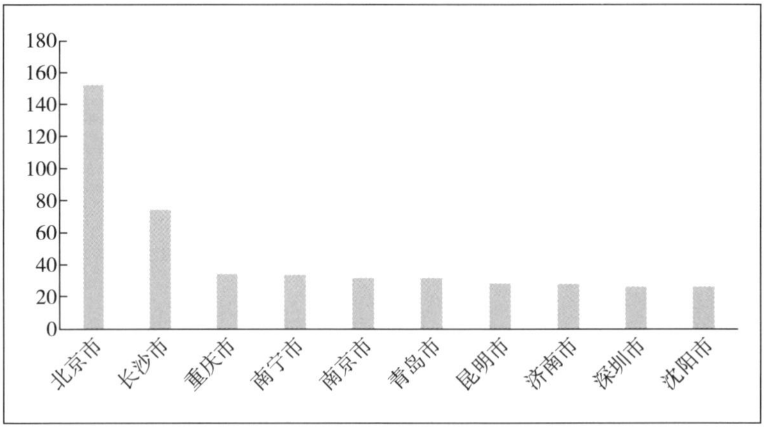

图2-16　2016年36个省会及副省级以上城市依法行政领域优良信用事件信息量TOP10（单位：条）

（3）建立健全税收“红黑名单”制度

2016年1月1日至12月31日，36个城市持续加强税务领域诚信体系建设，优良信用事件数量排名前三位的城市依次为北京市、南京市和深圳市。该领域城市优良做法主要表现在以下两方面：

一方面，一些城市为了提升纳税人诚信守法意识，引导纳税人诚信经营，建立健全“红黑名单”制度，推动各部门对纳税人采取守信激励和失信惩戒措施。例如，进入“红名单”的守信纳税人可以通过多个部门联合提供的多项守信激励措施，在企业融资、信用担保、财政贴息等方面享受多重便利；进入“黑名单”的税收违法当事人会被全部列入纳税信用D级范围，并将面临限制出境、停供所有发票、金融机构停止授信、出入境检验检疫信用降级、海关降级等诸多惩罚。税收“红黑名单”制度的建立，在提升纳税人诚信守法意识，引导纳税人诚信经营方面起到了积极作用。

另一方面，通过税银合作，将诚信纳税与信用贷款挂钩，以税促贷，实现“互联网+税务+金融”的深度融合和协同创新，有效化解中小微企业贷款难问题，降低银行风险，促进依法诚信纳税。

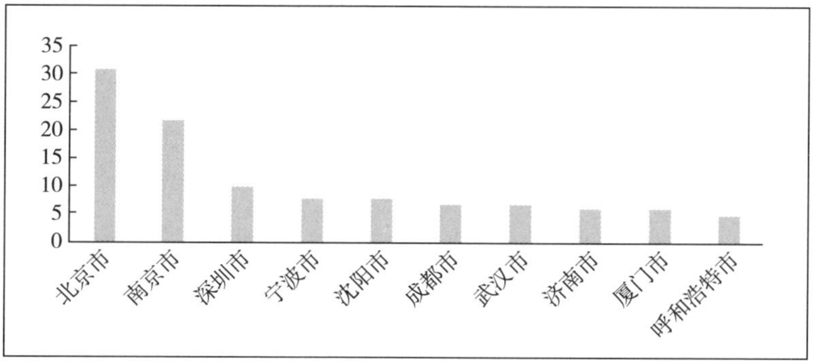

图2－17 2016年36个省会及副省级以上城市税务领域优良信用事件信息量TOP10（单位：条）

2. 环境保护和能源节约、依法行政和诚信体系建设等领域的信用制度建设较为完善

截至2016年12月31日，在36个省会及副省级以上城市中，信用制度信息数量排名前三位的领域依次为环境保护和能源节约领域、依法行政领域和诚信体系建设领域。

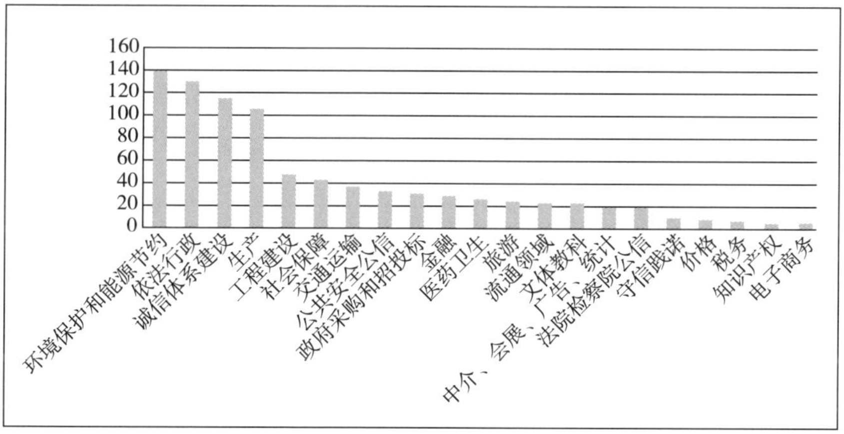

图2－18 36个省会及副省级以上城市各领域信用制度信息数量（单位：条）

（1）完善环境保护和能源节约信用制度体系建设

截至2016年12月31日，多个城市针对环境保护和能源节约领域的信用制度建设开展了大量卓有成效的工作，信用制度信息数量排名前三位的城市依次为北京市、上海市和天津市。该领域城市优良做法主要表现为以下四方面：

一是加强环境领域的制度建设。针对大气污染、水污染、固体废弃物污染等，城市结合自身情况，从制度建设入手，加强锅炉污染防治、工业污染防治、黑臭水体治理、餐厨垃圾管理等，为改善环境质量奠定坚实的制度基础。

二是健全完善环境监管网格化管理制度。通过出台制度规范、健全监管体制、完成网格划分和实施网格管理等，全面推进环境监管网格化管理工作取得实效。

三是加强环境违法信息公开和部门“联惩联治”，将环境违法行为纳入社会征信体系。部分城市建立了环境违法“黑名单”制度，被列入“黑名单”的企业将受到多个部门的联合惩戒，在行政审批、融资授信、资质评定、政府采购等方面受到限制。

四是完善环境违法有奖举报制度。市民可通过规定的有奖举报途径向环保局举报环境污染、违法情况，一定程度上鼓励了公众参与环境保护监督管理的积极性，加强了社会对环境违法行为的监督。

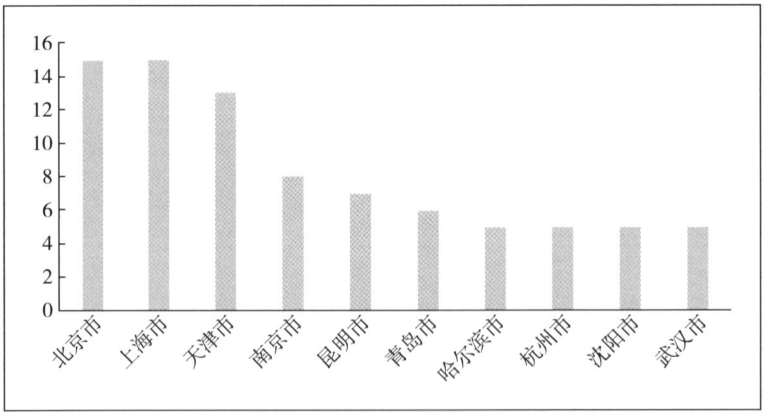

图2－19　36个省会及副省级以上城市环境保护和能源节约领域信用制度信息量TOP10（单位：条）

（2）全面推进政务公开工作

截至2016年12月31日，许多城市加强依法行政领域的信用制度建设，信用制度信息量排名前三位的城市依次为昆明市、重庆市和济南市。该领域城市优良做法主要表现为以下两方面：

一是加大政务公开力度。通过出台系列相关实施意见，从推进决策公开、执行公开、管理公开、服务公开和结果公开等方面入手，切实加强政务公开制度化、标准化建设，进一步提升政府透明度和公信力。

二是加强行政执法程序建设。通过完善行政执法机关执法程序，细化具体操作流程，有效规范行政许可、行政处罚、行政强制、行政收费等执法行为，深入推进依法行政，加强法治政府建设，提升政府的公信力。

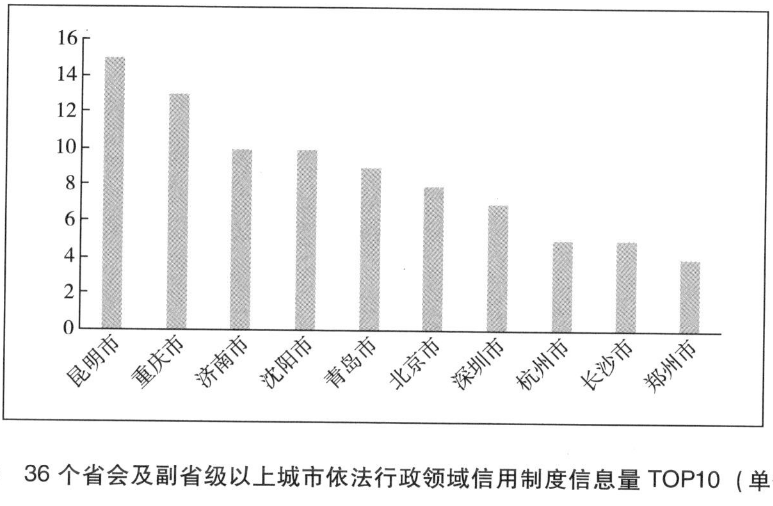

图2－20 36个省会及副省级以上城市依法行政领域信用制度信息量TOP10（单位：条）

（3）全方位推进诚信体系建设工作

2016年1月1日至12月31日，诚信体系建设工作取得全方位进展，信用制度信息量排名前三位的城市依次为南京市、厦门市和上海市。该领域城市优良做法主要表现为以下两方面：

一是为营造诚实、守信、自律、互信的社会信用环境，各城市均建立覆盖全社会的信用信息系统，完善信用体系建设相关制度，促进诚信建设的制度化和常态化。

二是积极贯彻落实国务院印发的《关于建立完善守信联合激励和失信联合惩戒制度加快推进社会诚信建设的指导意见》，结合城市实际情况，研究探索综合性的守信激励和失信惩戒办法，编制联合惩戒和联合激励的范围清单、目录清单、对象清单、措施清单，推动守信联合激励和失信联合惩戒机制规范化。

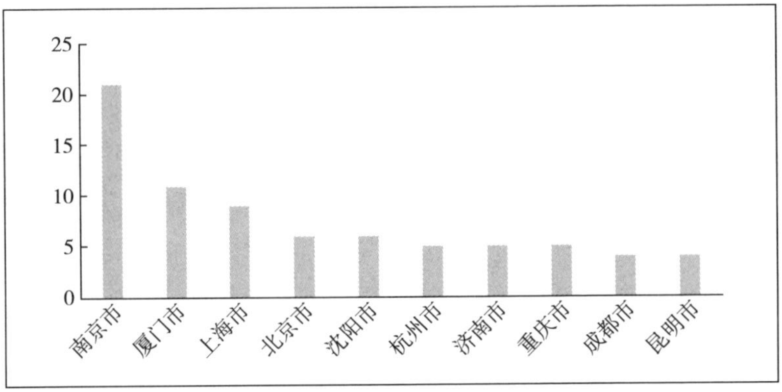

图2－21　36个省会及副省级以上城市诚信体系建设领域信用制度信息量TOP10（单位：条）

3. **环境保护和能源节约、诚信体系建设及生产等领域信用信息透明度较高**

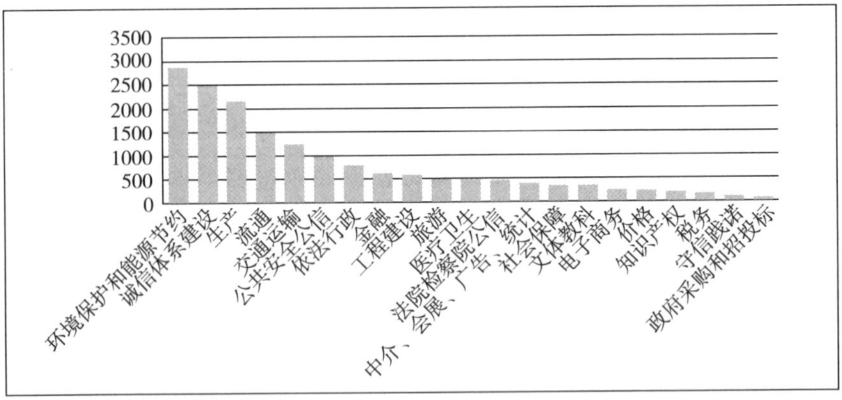

图2－22　36个省会及副省级以上城市各领域信用信息公开量（单位：条）

2016年1月1日至12月31日，在36个省会及副省级以上城市中，信用信息量排名前三位的领域依次为环境保护和能源节约领域、诚信体系建设领域和生产领域。

（1）加大环境保护的宣传力度

2016 年 1 月 1 日至 12 月 31 日，环境保护和能源节约领域信用信息公开量较高，表明多数城市加大了主动公开环境保护信息的力度，扩大了信息公开范围，注重通过互联网做好环保信用制度的对外宣传与知识普及，并加大对环境领域失信事件的曝光力度，以提高全社会环保意识。该领域信用信息公开程度较好的城市有重庆市、北京市、青岛市、天津市、南京市等。

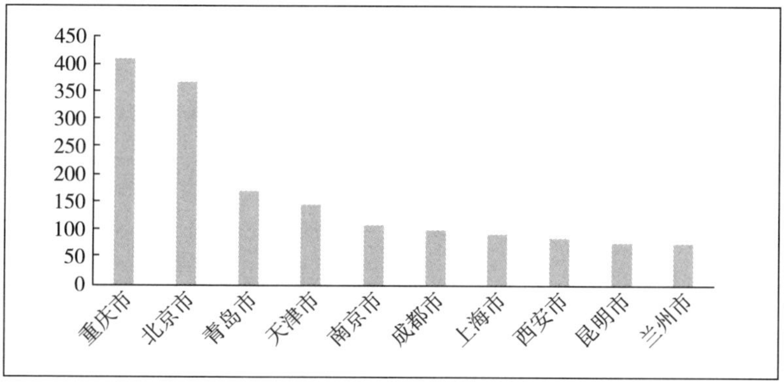

图 2－23　2016 年 36 个省会及副省级以上城市环境保护和能源节约领域信用信息公开量 TOP10（单位：条）

（2）推进政府守信践诺机制和党风廉政建设

2016 年 1 月 1 日至 12 月 31 日，36 个省会及副省级以上城市有关诚信体系建设领域的信用信息公开程度较高，主要体现在两个方面：一方面，加快政府守信践诺机制建设，建立公务员诚信档案，逐渐完善相关政府诚信制度体系，并加大这些领域的互联网宣传力度；另一方面，严抓党风廉政建设，形成正确的舆论导向，使领导干部不敢腐、不能腐、不愿腐。该领域信用信息公开程度较好的城市有北京市、南京市、成都市、重庆市、沈阳市等。

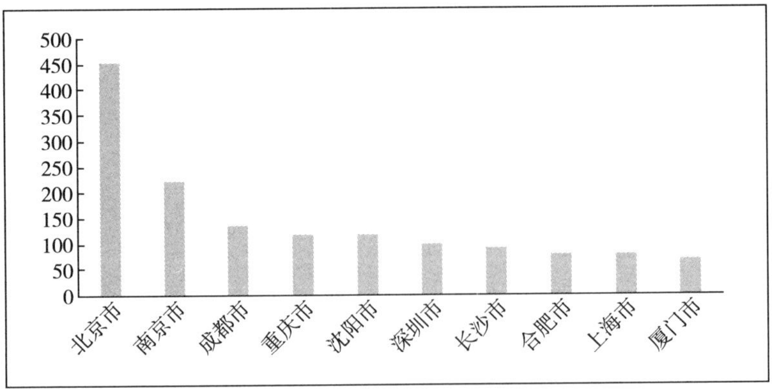

图2-24　2016年36个省会及副省级以上城市
诚信体系建设领域信用信息公开量TOP10（单位：条）

（3）及时公开生产领域信用信息

2016年1月1日至12月31日，36个省会及副省级以上城市中，安全生产和食品安全方面的信用信息公开比较及时。各城市加大这些领域失信事件的披露力度，完善相关安全生产监管制度，做到发生一起查处一起，让失信者付出高昂代价。与此同时，积极开展守信事件的宣传和报道，让守信者得到褒奖，生产经营一路绿灯。该领域信用信息公开程度较好的城市有北京市、重庆市、呼和浩特市等。

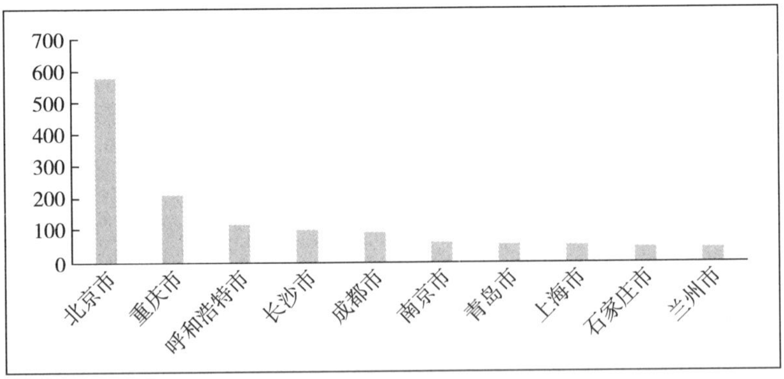

图2-25　2016年36个省会及副省级以上城市生产领域信用信息公开量TOP10（单位：条）

（4）“双公示”工作推进较好

截至2016年12月31日，在36个省会及副省级以上城市中，除拉萨市和太原市尚未在城市信用网站或政府门户网站上进行“双公示”栏目建设外，其他城市均已在“信用中国”网站、政府门户网站或城市信用网站对行政许可和行政处罚信息进行了公示。

4. **信用信息共享平台和“黑名单”记录建设工作取得明显进展**

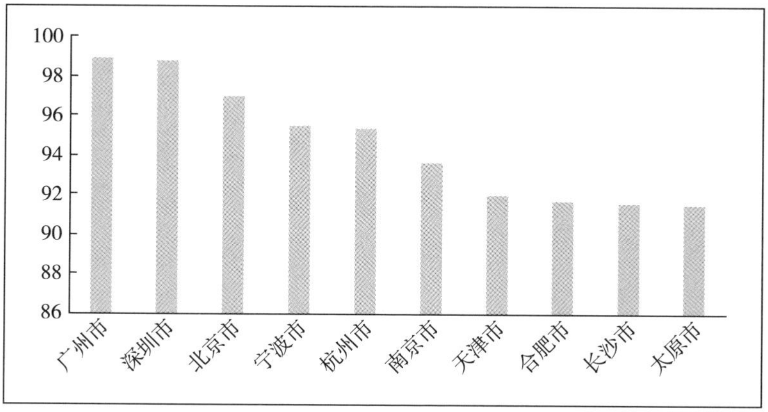

图2-26　2016年36个省会及副省级以上城市信用信息共享平台得分TOP10

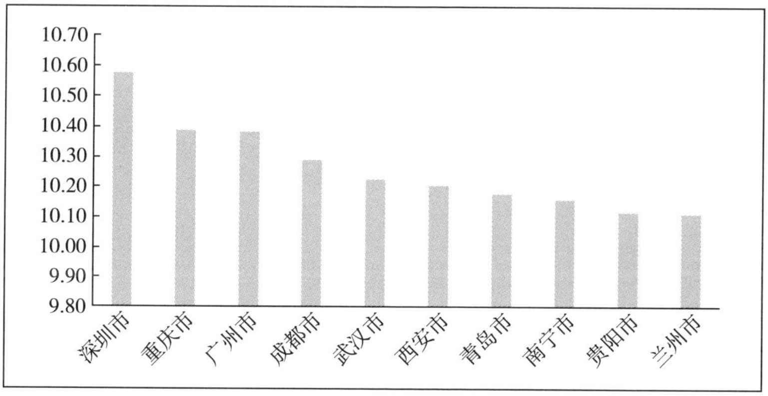

图2-27　2016年36个省会及副省级以上城市“黑名单”记录得分TOP10

各城市在信用工作任务落实方面做了大量工作，信用信息共享平台和“黑名单”记录建设水平显著提高。

一方面，各城市进一步推进信用信息的归集与共享，加快建设信用信息共享平台，加强信用信息归集公开的广度和深度，提高信用信息公示效率与及时性，努力实现各信息系统平台数据对接，有效消除信用信息孤岛。

另一方面，各城市积极推进各领域“黑名单”记录建设与信息共享，扩大“黑名单”信用记录范围，完善“黑名单”数据归集机制，既为对失信企业和自然人施行信用惩戒提供了依据，也为跨部门、跨领域、跨地区联合惩戒机制的建立完善提供了有力保障，有利于在社会上营造守信者处处受益、失信者寸步难行的良好氛围。

5. 个人信用意识增强，机构用信水平有所提高

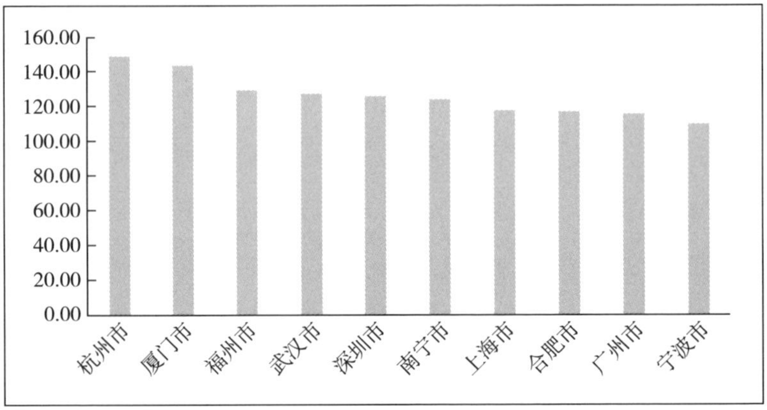

图 2－28　2016 年 36 个省会及副省级以上城市个人信用意识得分 TOP10

2016 年 1 月 1 日至 12 月 31 日，各城市逐步完善个人信用管理建设，提高个人征信服务水平，公民信用意识显著提高。

一方面，各城市政府努力推动个人征信体系建设，为公民进行信用评分并生成信用报告，鼓励个人、企业、银行等查询个人信用评分和信用报告，帮助个人、企业和金融机构了解市民资信状况，便于达成经济金融交易，降低失信所带来的交易成本。

另一方面，各城市面向市民多渠道开展诚信知识宣传教育活动，为市民提供各种形式的信用宣传、咨询服务，向市民发放宣传资料，普及信用知识，培养市民知法守信的意识和习惯，不仅惠及人民群众，更为筑牢社会的“诚信大厦”添砖加瓦。

个人信用意识比较高的城市为杭州市、厦门市和福州市。

与此同时，商业机构用信状况明显好转。

一方面，金融机构用信意识明显增强，对企业信用信息基础数据库和个人信用信息基础数据库的利用效率逐步提高，企业和个人贷款信用制约机制逐步确立，有利于培养企业和个人广泛而深化的信用意识和用信习惯。

另一方面，生活服务行业和公共服务行业用信意识显著提高，在生活服务和公共服务流程中增加“查询用户信用”环节，通过信用服务创新快速提升信用市场环境，用信服务深度和广度进一步提高。

商业机构用信意识前三名的城市依次为北京市、上海市、深圳市。

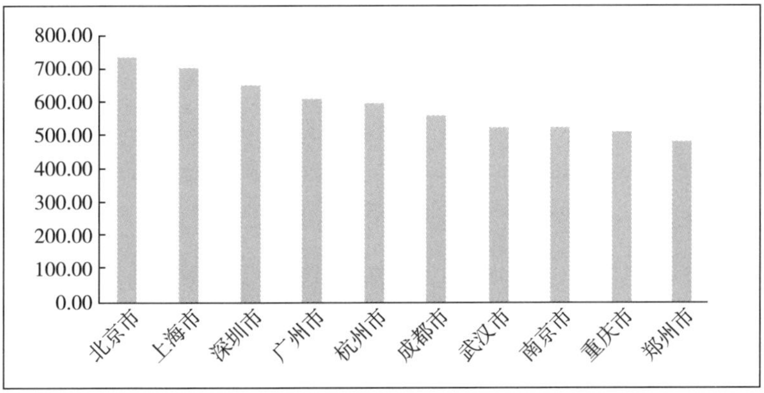

图 2－29　2016 年 36 个省会及副省级以上城市商业机构用信意识得分 TOP10

（三）36 个省会及副省级以上城市在信用体系建设中存在的问题

1. 金融、文体教科、工程建设领域信用问题较多

2016 年 1 月 1 日至 12 月 31 日，在 36 个省会及副省级以上城市的信用信息中，不良信用信息占比排名前三位的领域为金融领域、文体科教领域和工程建设领域。

（1）金融领域失信事件屡屡发生

2016 年 1 月 1 日至 12 月 31 日，金融领域的失信事件发生较为频繁，北京市、上海市和深圳市的不良信用信息数量居前三位。该领域失信事件主要集中在以下四方面：

一是城市非法集资案件高发。不法分子假借网络借贷、网上理财等名义，以高息回报为诱饵，大肆进行非法吸收公众存款等违法犯罪活动，不仅给人民群众造成巨大经济损失，也扰乱了正常的经济秩序。

二是信用卡诈骗事件屡禁不止。多表现为持卡人以非法占有为目的，短时间内持信用卡在特约商户和网点频繁使用、取现，形成大量透支，对银行催收置之不理，导致银行不能追回透支款；也有部分持卡人和商户串通，倒付现金，通过假消费等方式，套取银行资金。

三是一些城市发生了债券违约事件，严重损害投资者合法权益。

四是部分城市的金融机构存在违规经营、违规操作、内部控制不到位以及风险管理薄弱等问题。

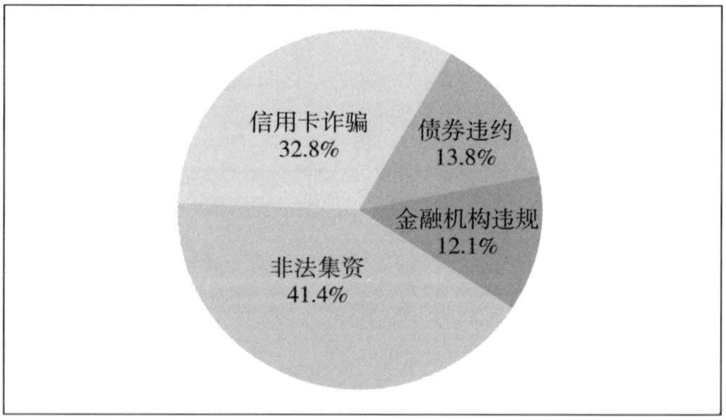

图 2－30　2016 年 36 个省会及副省级以上城市金融领域不良信用事件类型分布

（2）教育领域失信现象较为严重

2016 年 1 月 1 日至 12 月 31 日，文化、体育、教育、科研领域发生的失信事件较多。其中，北京市、武汉市和济南市的不良信用信息数量居 36

个城市前三位。该领域不良信用信息主要集中在教育领域，具体表现在以下四方面：

一是部分城市出现教育培训机构突然关停，拖欠大量员工工资和学员学费无法追回现象，严重侵害受害者的合法权益。

二是教育培训机构违规违法办学，发布虚假招生简章或广告，夸大培训效果，以骗取钱财。

三是部分城市屡次发生教师失德事件，体罚学生、殴打学生、拿学生撒气等，对学生身体和心理造成严重伤害，社会影响极为恶劣。

四是一些高校出现买卖论文、抄袭剽窃等学术造假事件，给我国学术环境带来不良影响。

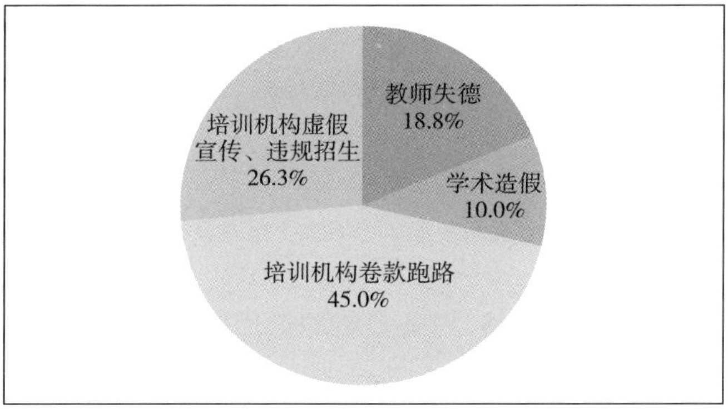

图2－31　2016年36个省会及副省级以上城市文体教科领域不良信用事件类型分布

（3）工程建设领域失信问题突出

2016年1月1日至12月31日，工程建设领域发生了较多的不良信用事件。北京市、海口市、西安市相关不良信用信息量居前三名。该领域失信行为主要表现在以下四方面：

一是某些城市违章搭建屡禁不止，不仅破坏了城市规划，而且影响市容环境，还存在严重安全隐患，给周边居民生活带来很大危害，如侵占公园绿地、堵塞消防通道、占压地下管线、侵占农田等。

二是部分城市建筑工程质量问题依然突出。如楼体不稳定、房顶或墙面渗漏、墙皮脱落、墙体或楼板裂缝等，严重威胁房屋居住者生命财产安全质量问题依然存在。

三是部分城市工程安全责任事故呈现频发趋势，由建筑施工环节管理不到位和违规作业等非法行为引起的责任事故屡禁不止。

四是部分城市不良企业主和包工头恶意拖欠农民工工资现象时有发生，严重损害了农民工的合法权益。

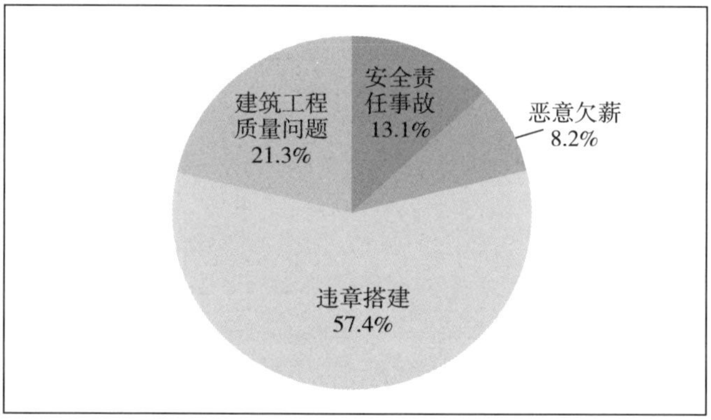

图 2－32　2016 年 36 个省会及副省级以上城市工程建设领域不良信用事件类型分布

2. **电子商务、知识产权和税务领域的信用制度建设不够完善**

2016 年 1 月 1 日至 12 月 31 日，在 36 个省会及副省级以上城市中，信用制度信息量排名后三位的领域为电子商务领域、知识产权领域和税务领域。

在电子商务领域，36 个城市中仅有北京市、昆明市、天津市和重庆市在互联网上公布了该领域的信用制度，其余大部分城市的相关制度建设情况均未在互联网上监测到。

在知识产权领域，只有厦门市、北京市、哈尔滨市、昆明市和南京市在互联网上公布了相关信用制度。

在税务领域，只有厦门市、成都市、宁波市、深圳市和重庆市在互联网上公布了涉及税收“红黑名单”、失信惩戒和纳税信用等级评定等方面的制度。

可见，多数城市以上三个领域的信用制度建设均不够完善。

3. 政府采购与招投标、守信践诺和税务领域信用信息透明度较低

2016年1月1日至12月31日，在36个省会和副省级以上城市中，信用信息数量排名后三位的领域为政府采购与招投标领域、守信践诺领域和税务领域，这说明36个城市在这三个领域的信用信息公开量较少，相关信用制度不透明、公开不及时，信用信息透明度较差，不利于营造诚实守信的社会环境以及打造诚实守信的信用氛围。

4. 统一社会信用代码转换工作需要推进

2016年1月1日至12月31日，36个省会及副省级以上城市中，有15个城市在各城市信用网站上对统一社会信用代码转换工作进行了公示，其余的21个城市尚未开展此项工作。部分城市还需要加快推进统一社会信用代码转换工作，实现增量及时公开、存量转换到位。

5. 部分城市的商业机构用信意识尚待提高

截至2016年12月31日，在36个省会及副省级以上城市中，部分城市商业机构用信意识比较淡薄，商业欺诈、制假售假等现象屡禁不止。各城市还需要加强对商业机构用信知识的普及，通过开展“诚信经营示范创建”等主题实践活动，弘扬重信践诺的传统美德和诚实守信的价值准则，引导商业机构树立用信意识。

6. 金融诈骗、安全生产事故等重大失信事件发生较多

2016年1月1日至12月31日，36个省会及副省级以上城市发生了多起重大失信事件，主要集中在以下两方面：

一是金融诈骗事件，以非法集资案件为主。此类事件往往涉案金额巨大，作案方式花样翻新，给投资人造成严重损失，同时也对我国金融管理秩序带来不良影响。

二是发生多起重大安全生产责任事故，造成了严重的人员伤亡和财产损失。

表 2－2　2016 年省会及副省级以上城市重大失信事件

城市名称	事件内容	发生时间
济南市	母女售将过期疫苗涉案 5.7 亿元，有疾控部门人员涉案	2016 年 2 月 3 日
杭州市	父子俩向 1800 多人非法集资 3.6 亿元	2016 年 2 月 16 日
上海市	中晋资产涉嫌非法集资百亿元被查	2016 年 4 月 7 日
南京市	南京一公司非法集资 20 亿元跑路，投资者用拉杆箱送钱	2016 年 4 月 26 日
长沙市	长沙和一大酒店遭百名债主上门逼债，拖欠近 2 亿元	2016 年 5 月 17 日
深圳市	深圳 P2P 平台“在线贷”非法集资 7 亿多	2016 年 6 月 23 日
大连市	大连庄河一废弃钢瓶泄漏氨气致 104 人住院	2016 年 6 月 25 日
广州市	广州检方依法对陈维聪提起公诉，涉嫌诈骗 2.2 亿多元	2016 年 7 月 5 日
广州市	嫌疑人伪造公司印章，骗取 7 家银行 4.1 亿元贷款	2016 年 7 月 7 日
深圳市	深圳融资城非法集资 49 亿元	2016 年 8 月 12 日
重庆市	重庆永川区煤矿瓦斯爆炸已致 15 人遇难，18 人下落不明	2016 年 10 月 31 日

三、259 个地级市的信用状况监测与评价

（一）259 个地级市的信用状况排名

2016 年 1 月 1 日至 12 月 31 日，全国 259 个地级市的信用排名如表 2－3所示。其中，综合信用指数排在前十位的城市为苏州市、烟台市、温州市、衢州市、潍坊市、东莞市、扬州市、无锡市、济宁市、台州市。

表 2－3　259 个地级市综合信用指数前十名（2016 年 1 月 1 日至 12 月 31 日）

信用排名	城市名称	综合信用指数	省份
1	苏州市	84.74	江苏
2	烟台市	84.14	山东
3	温州市	83.76	浙江
4	衢州市	83.71	浙江

续表

信用排名	城市名称	综合信用指数	省份
5	潍坊市	83.68	山东
6	东莞市	83.61	广东
7	扬州市	83.53	江苏
8	无锡市	83.46	江苏
9	济宁市	83.18	山东
10	台州市	82.97	浙江

（二）259 个地级市在信用体系建设中推进较好的方面

1. 法院检察院公信、税务、依法行政领域信用工作推进较好

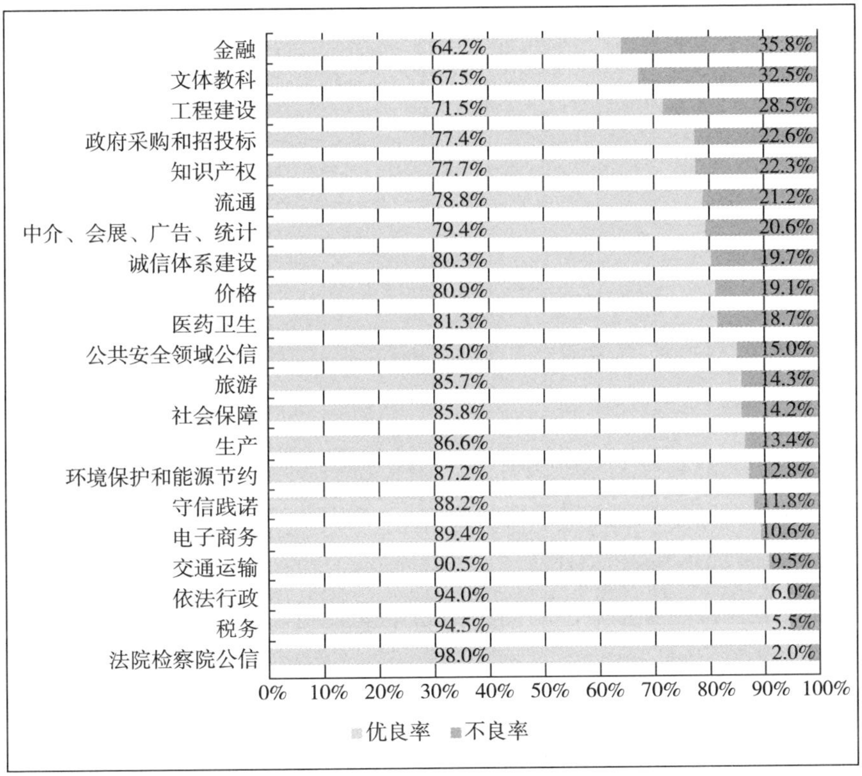

图 2－33 2016 年 259 个地级市各领域信用事件信息分布

2016 年 1 月 1 日至 12 月 31 日，在 259 个地级市的信用信息中，优良

信用信息量占比排在前三位的领域为法院检察院公信、依法行政、税务领域。

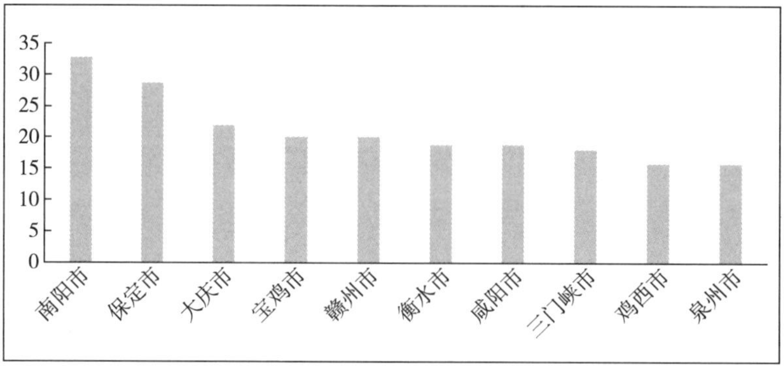

图2-34 2016年259个地级市法院检察院公信领域优良信用事件信息量TOP10（单位：条）

（1）全面深化司法行为规范化建设，加强司法信用信息公开

2016年1月1日至12月31日，绝大部分地级市加强法院检察院公信领域诚信建设工作，优良信用事件数量排在前三位的城市为南阳市、保定市和大庆市。

一方面，多个地级市司法机关不断加强司法行为规范化建设，着力提升群众满意度和执法公信力。目前，司法行为不规范是造成司法资源浪费和司法效率不高的重要原因，因此，多地司法机关结合自身实际情况，重点整治执行办案规范和纪律规定不严格、司法作风简单粗暴、不依法听取当事人和律师意见、违法采取强制措施、弄虚作假、利益驱动办案、司法工作人员泄露案情等突出问题，以规范促公正，以公正赢公信。

另一方面，大多数地级市司法机关不断推进司法信用信息公开，自觉接受社会舆论监督，切实提高司法工作透明度。司法信用信息公开是保障人民群众对司法工作的知情权、参与权和监督权的有效手段，能有效地预防司法腐败的发生，加快推进司法廉洁建设。多地司法机关创新司法信用信息公开模式，引进“互联网+”，依托信息公开平台，及时发布司法工作动态信息，并坚持开展司法开放日、宣传周等活动，最大限度地向社会公众公开司法信用信息，提高司法公信力。

（2）积极推进“银税互动”工作，建立健全纳税信用体系

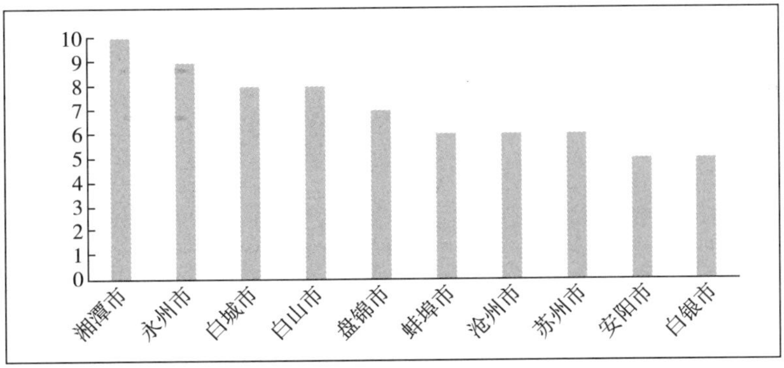

图2－35　2016年259个地级市税务领域优良信用事件信息量TOP10（单位：条）

2016年1月1日至12月31日，多数地级市持续加强税务领域诚信体系建设，优良信用事件信息量排在前三位的城市为湘潭市、永州市和白城市。

一方面，一些地级市税务机关积极推广使用“税易贷”“税融贷”等“银税互动”产品。“银税互动”在一定程度上可解决企业信贷融资中信息不对称的问题，促进企业融资的可获得性，降低融资成本，还可实现小微企业、税务、金融三方共赢，提高税收效率。

另一方面，部分地级市税务机关加快推进纳税信用等级评定工作，纳税信用“黑名单”建设取得较大成效。纳税信用等级评定和“黑名单”制度的建立和运行有助于形成良好的体制激励，树立守信激励和失信惩戒的纳税信用价值导向；有利于税务机关提高税收检查效率，节省税收成本。多地税务机关把纳税信用等级评定和纳税信用“黑名单”建设工作作为重点工作内容开展，专门成立纳税信用等级评定领导小组，把评定工作落到实处。同时，广泛宣传纳税信用等级评定和纳税信用“黑名单”相关知识，积极引导纳税人重视自身纳税信用，自觉依法诚信纳税。

（3）多举措强化阳光政务，深入推进政务服务体系建设

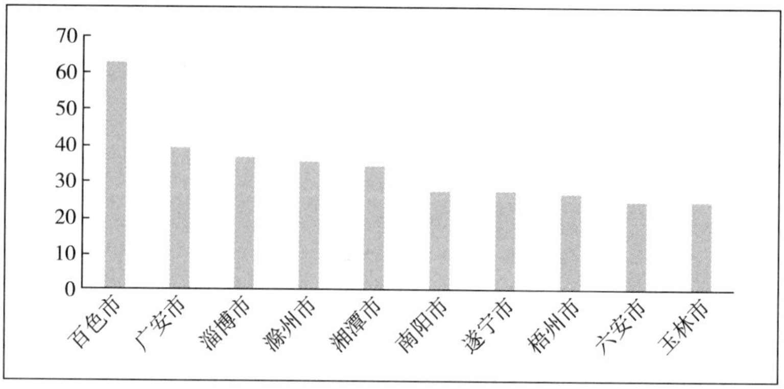

图2－36　2016年259个地级市依法行政领域优良信用事件信息量TOP10（单位：条）

2016年1月1日至12月31日，多数地级市在依法行政领域的信用建设工作取得积极进展，优良信用事件数量排在前三位的城市为百色市、广安市和淄博市。

一方面，多地政府以建立健全政务信用信息公开共享机制为契机，从完善政务公开制度入手，推进政务公开工作有序开展。这样既能保障人民群众的知情权、参与权和监督权，也可制约公共行政权力，从源头上预防和治理腐败。多地政府还细化公开工作任务，持续推行决策公开、执行公开、管理公开、服务公开、结果公开和重点领域信息公开，加大公开工作力度，不断增强公开实效，打造阳光政府。

另一方面，部分地级市政府不断创新政务服务模式，加快推进“互联网＋政务服务”工作，不断提高政务服务水平。特别是加快构建互联网政务服务平台，并逐步规范网上服务事项，优化简化网上服务流程，大力推进服务事项网上办理，切实提高政务服务质量与实效。

2. **依法行政、生产、环境保护和能源节约领域信用制度建设较为完善**

截至2016年12月31日，在259个地级市中，信用制度信息量排在前三位的领域为依法行政、生产、环境保护和能源节约。

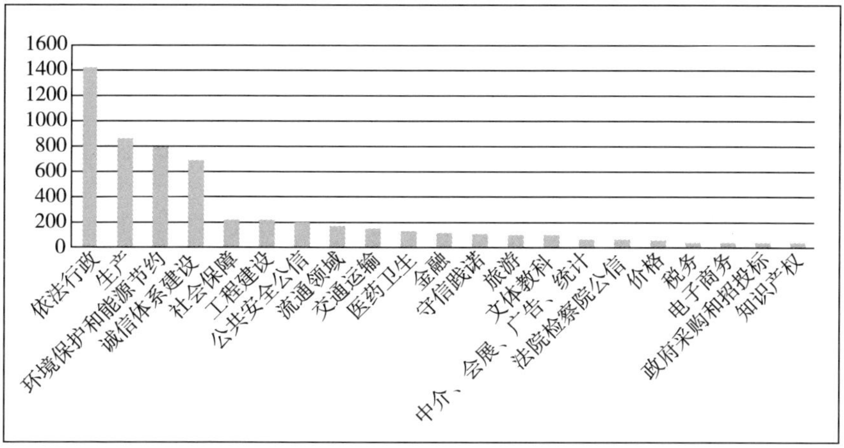

图 2－37　259 个地级市各领域信用制度信息量（单位：条）

（1）加快推进政务信息公开工作

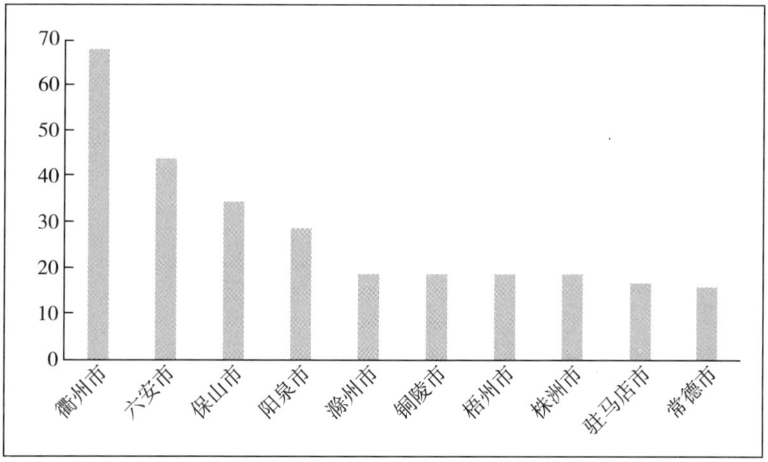

图 2－38　259 个地级市依法行政领域信用制度信息量 TOP10（单位：条）

截至 2016 年 12 月 31 日，大多数地级市持续加强依法行政领域信用制度建设工作，信用制度信息量排在前三位的城市为衢州市、六安市和保山市。多数地级市政府注重建立健全推行政务信息公开制度的管理机制，有力地提高了政务信息公开工作的质量和水平，具体表现在以下两方面：

一方面，多地政府加快建立健全政务信息公开基础性制度。结合工作实际，先后制定出台本地政务信息公开暂行办法、政务信息公开指南、政务信息公开目录等规章制度，为政务信息公开工作提供重要依据，确保政务信息公开工作的顺利实施。

另一方面，多地政府纷纷加快建立健全行政执法责任制。明确机关单位及工作人员工作职责并加以公示，规范行政执法行为，强化行政执法监督，不断提升行政执法单位履行工作职责的质量和水平，促进依法行政。

（2）强化生产安全和食品药品安全监管

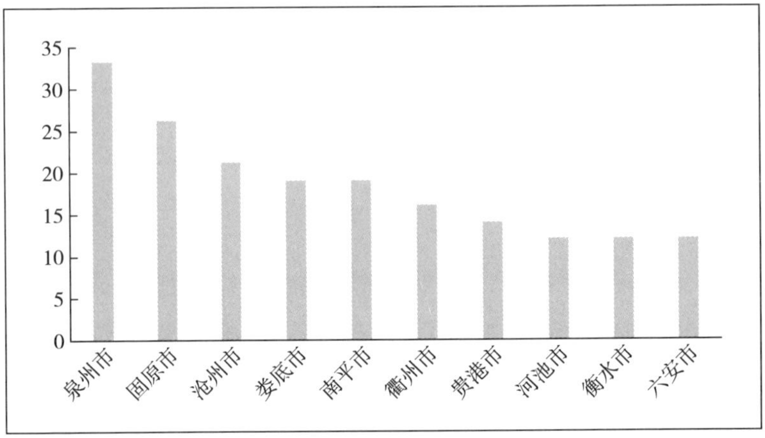

图 2－39　259 个地级市生产领域信用制度信息量 TOP10（单位：条）

2016 年 1 月 1 日至 12 月 31 日，绝大多数地级市重视生产领域信用制度建设工作，信用制度信息量排在前三位的城市为泉州市、固原市和沧州市。

一方面，多地政府持续出台安全生产管理制度，规范企业生产行为和安监部门监管行为，推出生产安全事故应急预案，有力推进企业安全生产管理体系建设。通过安全生产管理制度及应急预案的制定，明确了企业安全生产职责，规范了安全生产行为，建立和维护了安全生产秩序，在很大程度上避免了安全生产事故的发生。

另一方面，多地政府积极打造食品药品安全信用制度体系，以提升食品药品安全监管水平，保障食品药品安全。同时，探索出台食品药品行业信用分级管理和“红黑名单”制度，加快培育食品药品安全诚信经营的行业氛围。

（3）完善环境保护和能源节约信用制度体系建设

2016 年 1 月 1 日至 12 月 31 日，大部分地级市在环境保护和能源节约领域信用制度建设方面做了大量工作，信用制度信息量排在前三位的城市为衢州市、泉州市和驻马店市。

一方面，多地环保机关出台环保信用分级管理制度和“红黑名单”制度，将环保信用纳入企业信用评价体系中，以推动环境管理转型，并为环境政策法规提供保障和支撑。

另一方面，多地环保机关通过完善制度建设，强调能源节约的重要性，大力倡导使用清洁能源。在一定程度上保障了能源供应安全，成为减轻污染、保护环境，推动城市经济社会绿色发展的有效手段。

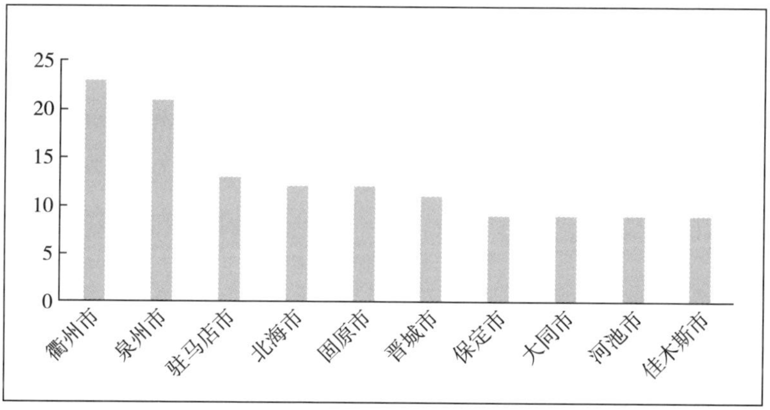

图 2－40　259 个地级市环境保护和能源节约领域信用制度信息量 TOP10（单位：条）

3. 诚信体系建设、环境保护和能源节约以及生产领域信用信息透明度较高

2016 年 1 月 1 日至 12 月 31 日，在 259 个地级市中，信用信息公开量排在前三位的领域为诚信体系建设领域、环境保护和能源节约领域以及生产领域。

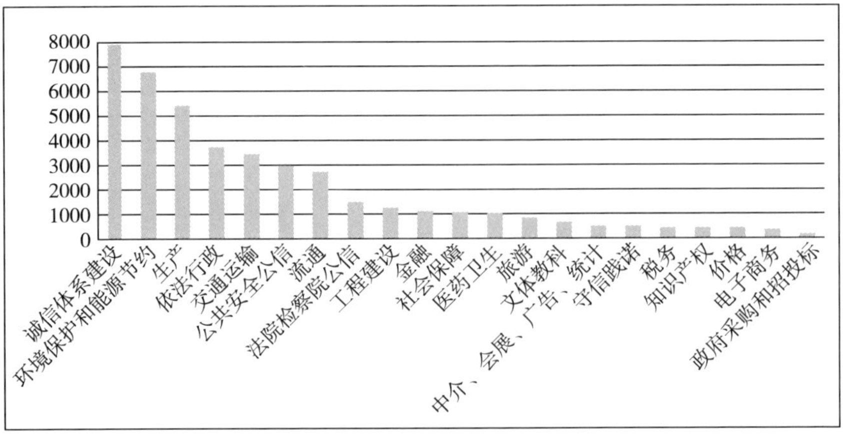

图2－41　259个地级市各领域信用信息公开量（单位：条）

（1）诚信体系建设领域信用信息公开量最高

2016年1月1日至12月31日，诚信体系建设在所有领域中信用信息公开量最高，主要体现在大多数城市重视对社会信用体系建设和廉洁政府建设类信息的网络公开；在互联网上对政府工作人员违法违纪行为进行充分披露，对诚信体系建设制度的宣传及时、到位。该领域信用信息透明度排在前三位的城市为苏州市、宿迁市和莆田市。

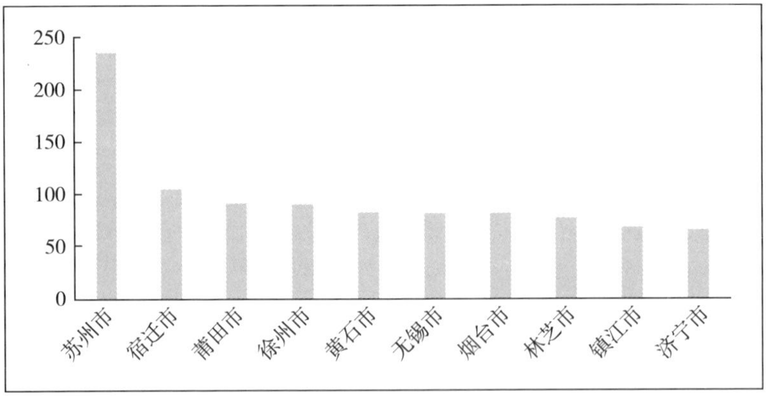

图2－42　2016年259个地级市诚信体系建设领域信用信息公开量TOP10（单位：条）

（2）环境保护和能源节约领域信用信息公开工作推进较好

2016 年 1 月 1 日至 12 月 31 日，环境保护和能源节约领域信用信息公开量较高，主要体现在大部分城市积极促进环保监管类信息的网络公开，加大对违规排污、环评造假等失信行为的网络曝光力度，并在网上对相关信用制度建设情况进行大力宣传与普及。该领域信用信息透明度排在前三位的城市为德州市、邯郸市和淄博市。

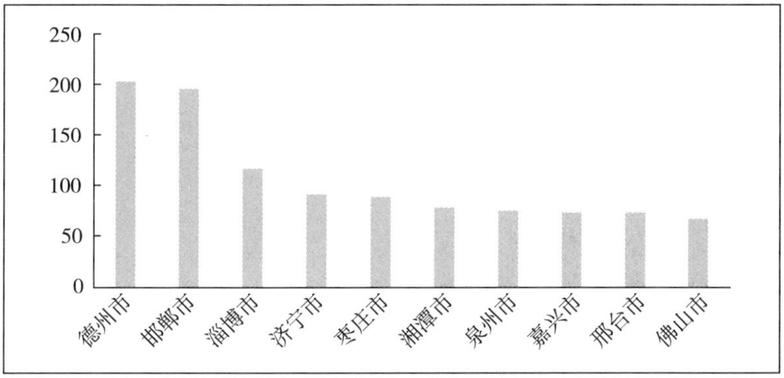

图 2－43　2016 年 259 个地级市环境保护和能源节约领域信用信息公开量 TOP10（单位：条）

（3）全方位公开生产领域信用建设成效与问题

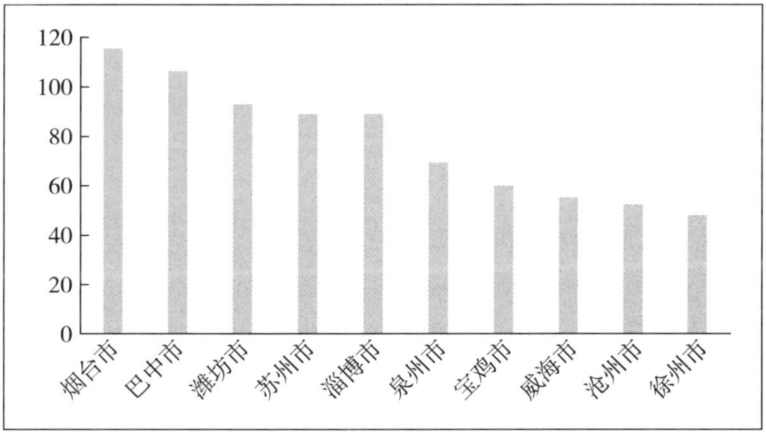

图 2－44　2016 年 259 个地级市生产领域信用信息公开量 TOP10（单位：条）

2016年1月1日至12月31日，多个城市大力提高生产领域信用信息的公开程度，不仅在互联网上积极公布生产领域信用体系建设工作取得的进展，而且及时公开生产安全隐患、安全责任事故和食品安全问题，以及信用制度的制定和出台等方面的信息。该领域信用信息透明度排在前三位的城市为烟台市、巴中市和潍坊市。

（4）“双公示”栏目建设情况较好

截至2016年12月31日，地级市中已有16个城市在“信用中国”网站对行政许可和行政处罚信息进行了公示，175个城市在政府官网或城市信用网站开通了“双公示”栏目。可以看出，大部分地级市致力于加大政府信息公开和数据开放力度，加强信用信息资源整合和社会监督，提高行政管理透明度和政府公信力。

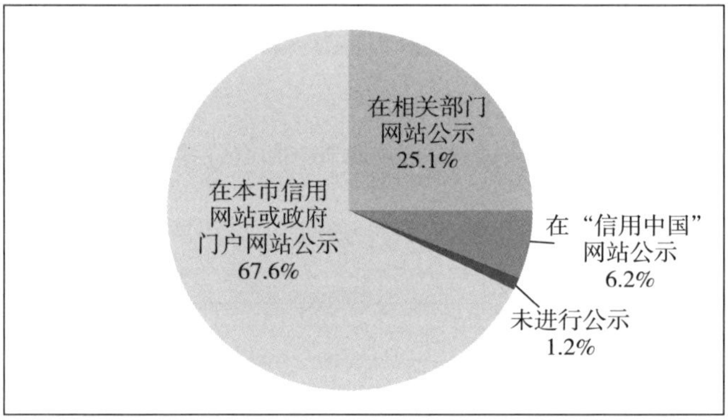

图2－45　259个地级市“双公示”情况分布

4. 信用信息共享平台和“黑名单”制度建设工作推进较快

绝大多数城市对信用工作任务落实的重视程度较高，信用信息共享平台和“黑名单”记录建设工作取得积极进展。

一方面，各城市加快推进信用信息共享平台建设，完善信用信息的记录、整合和应用，促进各部门、各地区间信用信息系统整合，推动信用信息互联互通和交换共享，有效消除了信用信息壁垒。其中，惠州市、珠海市、佛山市信用信息平台的建设步伐较快。

另一方面，各城市将信用体系建设与每个社会主体的切身利益和发展相结合，在全社会范围内开展企业和个人“黑名单”建设，加大“黑名单”数据的归集共享力度。对进入“黑名单”的失信主体给予行政监管性、市场化、行业性以及社会性的约束和惩戒，为联合惩戒机制的实行打下良好基础，也为推进城市信用体系建设创造良好环境。

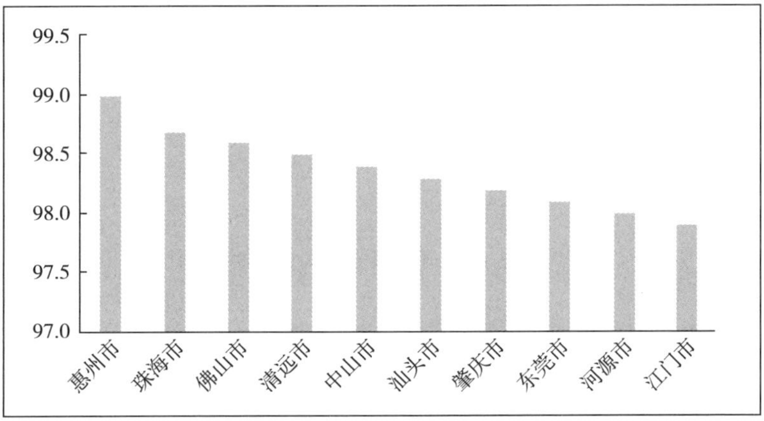

图 2－46　2016 年 259 个地级市信用信息共享平台得分 TOP10

5. 个人和商业机构信用意识普遍有所提高

为了加深人民群众对征信知识的了解，提高个人信用意识，各城市主动开展信用建设宣传教育活动，多个地级市启用了个人信用报告自助查询机，少数地级市还进行了个人信用报告查询系统建设，方便市民查询个人信用报告，更好地了解自身信用状况。

各城市在培养个人信用意识方面做出了许多努力。一方面，各城市全方位推进个人征信体系建设，更好地发挥个人信用报告作为公民“经济身份证”的作用，进一步拓展个人信用报告的应用领域，倡导市民更加重视自身的信用状况，在生活的各个领域诚实守信、遵纪守法。另一方面，为加深人民群众对信用知识的了解，提高市民参与信用建设的积极性，各城市主动开展各种形式的信用建设宣传教育活动，通过发放宣传材料、广播短剧展播、基层巡讲活动等方式鼓励市民积极参与到诚信社会建设当中，构筑以诚信为核心的社会文化，培育讲诚信、不失信的社会环境。

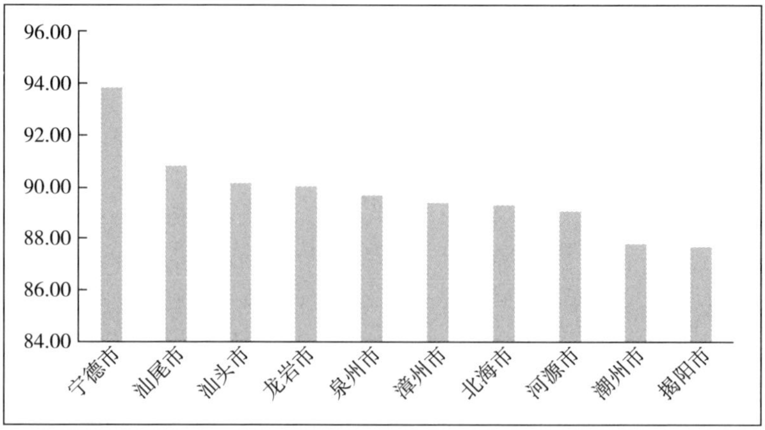

图2-47　2016年259个地级市个人信用意识得分TOP10

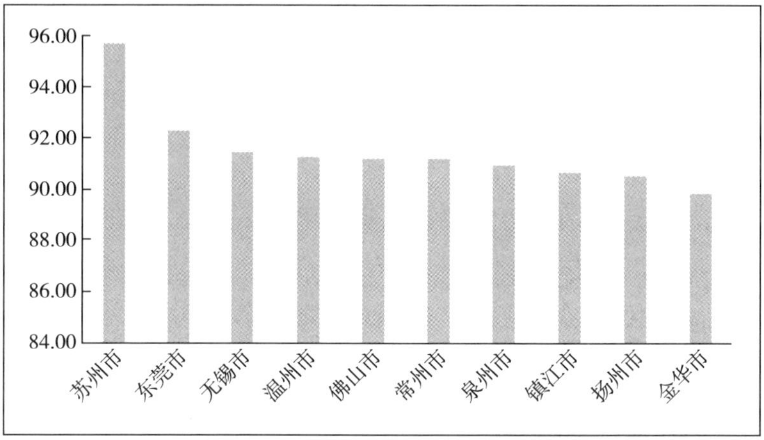

图2-48　2016年259个地级市商业机构用信意识得分TOP10

与此同时，各城市致力于提高商业机构用信意识，对于改善商业机构用信状况起到重大推动作用。一方面，金融机构用信体系建设积极性显著提高，企业信用信息基础数据库和个人信用信息基础数据库信息的归集共享机制进一步完善，企业和个人信用信息在贷款授信方面起到关键性作用。另一方面，各城市政府在提高生活服务行业和公共服务行业用信意识方面取得积极进展，在生活服务和公共服务流程中创新使用“查询用户信用”等功能，信用创新服务普及程度不断提高。

（三）259 个地级市在信用体系建设中存在的问题

1. 金融、文体科教、工程建设领域信用问题较多

2016 年 1 月 1 日至 12 月 31 日，在 259 个地级市的信用信息中，不良信用信息占比排在前三位的领域为金融领域、文体教科领域和工程建设领域。

（1）金融领域失信事件频发

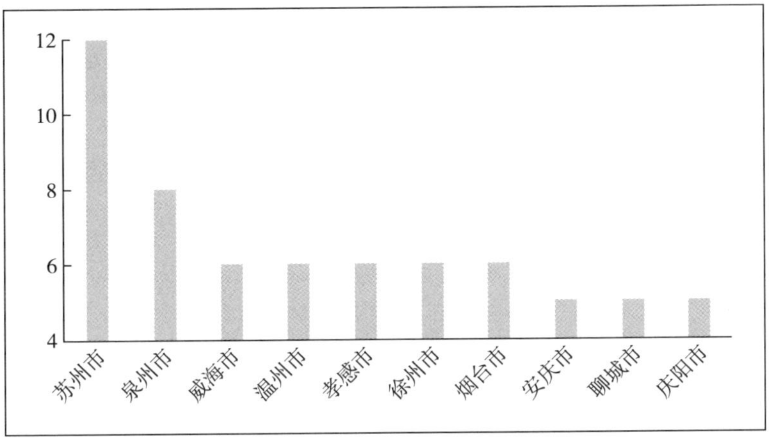

图 2－49　2016 年 259 个地级市金融领域不良信用事件信息量 TOP10（单位：条）

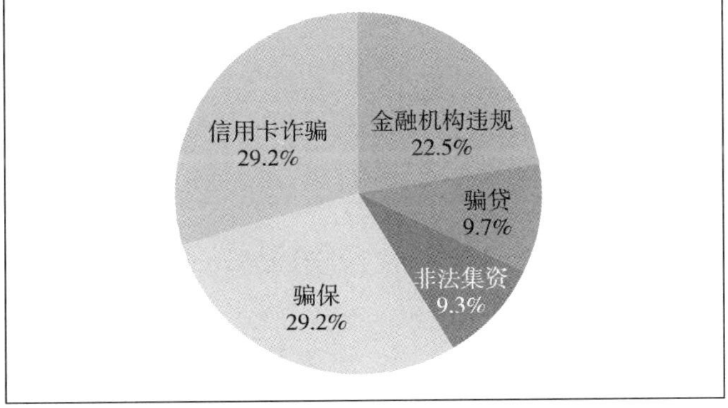

图 2－50　2016 年 259 个地级市金融领域不良信用事件类型分布

2016 年 1 月 1 日至 12 月 31 日，金融领域失信事件发生较多，失信事件信息量排在前三位的城市是苏州市、泉州市和威海市。金融领域的失信事件主要集中在以下五方面：

一是信用卡诈骗类失信事件，占比为 29.2%。主要表现为诈骗团伙非法获取用户卡片信息及密码，制作伪卡盗刷；恶意透支信用卡，逾期不还。

二是保险诈骗类失信事件，占比为 29.2%。具体表现为团伙或个人伪造理赔材料向保险公司骗取保险金，其中车险骗赔现象最为严重。

三是金融机构违规类失信事件，占比为 22.5%。金融机构及其从业人员违法编制虚假材料获取利益、违规发放贷款、违规担保等失信事件屡见不鲜。

四是贷款诈骗类失信事件，占比为 9.7%。主要涉及借贷公司非法放贷、企业或个人编制虚假信息向金融机构骗取贷款等行为。

五是非法集资类失信事件，占比为 9.3%。团伙或个人利用非法手段吸收公众资金进行集资诈骗现象时有发生。

（2）教育领域失信现象较为严重

2016 年 1 月 1 日至 12 月 31 日，一些地级市文体教科领域信用建设推进不力，失信事件信息量排在前三位的城市是蚌埠市、泰州市和徐州市。文体教科领域的不良信用事件主要集中在以下五方面：

一是违规办学类失信事件，占比为 29.4%。主要表现为教育培训机构无证办学或超经营范围违规招生，教师违规开办辅导班。

二是教育官员贪腐类失信事件，占比为 27.3%。主要是因教育系统党风廉政建设推进力度不够，存在较多滥用职权、贪污腐败等领导干部违规违纪行为。

三是文化市场不规范类失信事件，占比为 23.8%。主要涉及文化娱乐场所管理不规范、无证经营现象屡屡发生。

四是学术造假类失信事件，占比为11.9%。主要表现为团伙或个人组织考试作弊等到失信事件。

五是恶性体罚学生类失信事件，占比为7.7%。具体表现为教师变相体罚犯错学生。

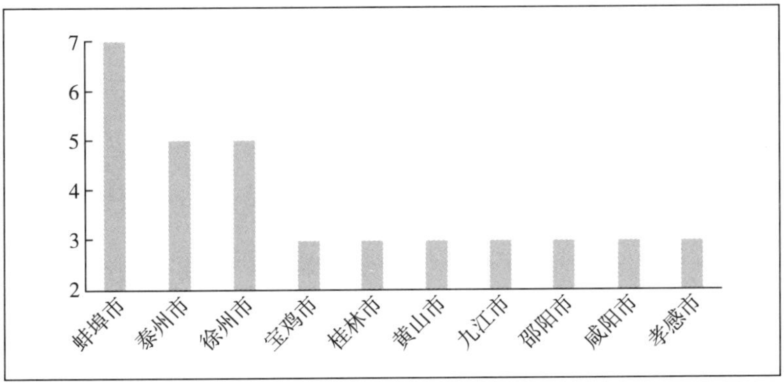

图2－51　2016年259个地级市文体教科领域不良信用事件信息量TOP10（单位：条）

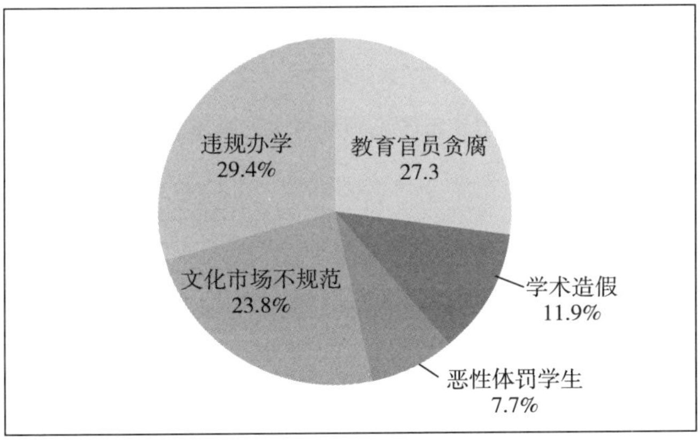

图2－52　2016年259个地级市文体教科领域不良信用事件类型分布

（3）工程建设领域失信行为需引起关注

2016年1月1日至12月31日，工程建设领域不良信用信息量在21个领域中位居第三，沧州市、临沂市、徐州市在该领域居前三名。该领域不良信用事件主要集中体现在以下三方面：

一是拖欠工程款类失信事件，占比为40.1%。主要表现为部分地级市企业或政府机关恶意拖欠员工工资。

二是违章建设类失信事件，占比为36.5%。具体表现为一些城市违规建设厂房、道路、管线等。

三是工程事故类失信事件，占比为23.4%。具体表现为由于工程安全监管不到位、施工单位偷工减料，工程事故频发，严重损害人民群众生命财产安全。

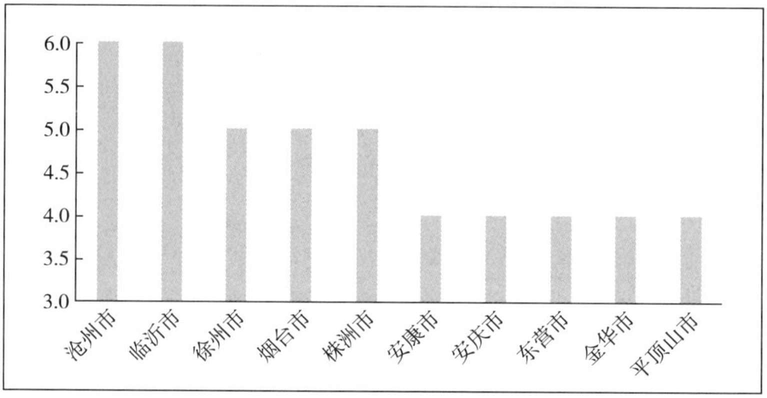

图2－53　2016年259个地级市工程建设领域不良信用事件信息量TOP10（单位：条）

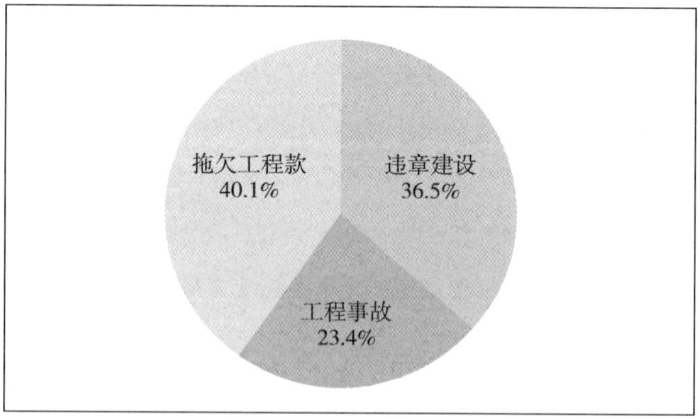

图2－54　2016年259个地级市工程建设领域不良信用事件类型分布

2. 知识产权、政府采购与招投标、电子商务领域信用制度建设有待加强

2016年1月1日至12月31日，在259个地级市中，信用制度信息量排在后三位的领域为知识产权领域、政府采购与招投标领域和电子商务领域。

（1）知识产权领域信用制度建设滞后

2016年1月1日至12月31日，仅有21个地级市在互联网上公布了知识产权领域相关信用制度，绝大部分地级市未在互联网上公开知识产权领域的信用制度建设情况。

另外，公布的信用制度仅停留在打击知识产权侵权行为层面，未将知识产权失信行为与企业信用水平评价和分类监管有机结合起来。

（2）政府采购与招投标领域信用制度建设不够完善

2016年1月1日至12月31日，部分地级市在政府采购与招投标领域信用制度建设方面取得一定进展，有22个地级市在互联网上公布了规范政府采购招标行为、加强投标人信用信息采集管理、完善“黑名单”建设等相关信用制度，但大部分地级市还未在网上公布相应信用制度。

（3）电子商务领域信用制度建设有待推进

2016年1月1日至12月31日，电子商务领域信用制度体系建设水平较低，仅有24个地级市在互联网上公布了电子商务领域相关信用制度，其他地级市未在互联网上公开电子商务领域的信用制度建设情况。

3. 政府采购与招投标、电子商务、价格领域信用信息透明度较低

2016年1月1日至12月31日，在259个地级市中，信用制度信息量排在后三位的领域为政府采购与招投标领域、电子商务领域和价格领域。

（1）政府采购与招投标领域信用信息透明度较低

2016年1月1日至12月31日，政府采购与招投标领域信用信息透明度在21个领域中最低，反映了大部分地级市对该领域信用建设进展的宣传工作未给予足够重视，对失信事件的公开与披露力度不够。

（2）电子商务领域信用信息网络公开力度不够

2016年1月1日至12月31日，电子商务领域信用信息量较低。一方面是因为电子商务作为新兴行业，信用制度建设进程落后于其他行业；另一方面是由于政府部门对电商领域的信用事件和信用制度信息公开落实不够。

（3）价格领域信用信息公开程度有待提高

2016年1月1日至12月31日，价格领域在互联网上公开的信用事件和信用制度信息量较低。反映了大部分城市政府对该领域发生的信用事件关注度不高，对相关信用制度建设情况公开不充分、不及时。

4. 统一社会信用代码转换、公示栏目建设和信用联合惩戒工作推进较慢

多个城市在信用体系建设工作落实方面还有许多不足之处。一方面，在259个地级市中，仅有鞍山市、德州市、鄂州市、佛山市、黄冈市、黄石市、荆门市、荆州市、莱芜市、临汾市、南通市、濮阳市、衢州市、十堰市、苏州市、威海市、潍坊市、温州市、乌海市、无锡市、芜湖市、咸宁市、襄阳市、徐州市、烟台市、阳江市、宜昌市、云浮市和珠海市29个城市在城市信用网站上开通了统一社会信用代码转换情况公示栏目，绝大部分地级市的栏目建设滞后，一些地级市仍未进行城市信用网站建设。

另一方面，大多数地级市对“黑名单”企业和自然人的信用联合惩戒工作重视程度不够，尚未建立健全约束和惩戒失信行为的机制，未能通过信用信息和“黑名单”信息共享来推动政府各部门和社会组织对严重失信行为的联合惩戒。

5. 商业机构用信意识仍需提高

地级市商业机构用信意识普遍不强，这既与我国信用市场刚刚起步、信用信息归集共享机制不健全、征信市场发育不完善等客观情况有关，也与各城市政府重视不够有关。一些城市政府在政府管理中未积极应用信用产品，在社会上对征信业务的宣传普及力度不够，导致商业机构用信意识不强。

6. 生产安全事故、诈骗、环境污染等重大失信事件发生较多

2016 年 1 月 1 日至 12 月 31 日，259 个地级市发生了多起重大失信事件，主要分布在以下方面：

（1）重大生产安全事故发生频繁

由于相关执法部门安全生产监管职责落实不到位，部分企业安全生产体系不完备，事故应急机制不健全，生产人员安全意识淡薄，多次发生严重的生产安全事故，造成重大生命财产损失。主要集中在能源生产企业，涉及能源爆炸、能源生产厂房坍塌等。例如，发生在宜昌市的“湖北当阳爆炸事故已致 21 死 5 人伤，多部门领导亲临现场指挥”；又如，“赤峰 12·3瓦斯爆炸事故 32 人遇难，149 人安全升井”；再如，宜春市媒体报道的“江西电厂坍塌死亡人数升至 74 人，68 人身份已经确认”，等等。

（2）电信诈骗和金融诈骗案件多发

作为近年来兴起的新型犯罪，电信诈骗和金融诈骗呈现易发多发态势。电信诈骗往往通过电话、网络和短信方式，编造虚假信息，设置骗局，对受害人实施远程、非接触式诈骗，诱使受害人给犯罪分子打款或转账，给受害人带来较大经济损失。而金融诈骗多以高息作为诱饵进行非法集资，给投资人造成较大经济损失。

此外，电信诈骗和金融诈骗还危害受害者的心理健康，甚至导致受害人死亡，给社会造成极其恶劣的影响。例如，“山东临沂发生 3 起电信诈骗学生案件，疑导致两人猝死”；“浙江金华：破获一起特大电信诈骗案，检察机关提前介入引导侦查取证”；宝鸡市的“陕西振华培训学院非法吸收公众存款 4 亿多，一审开庭”；等等。

（3）环境污染行为屡禁不绝

由于相关执法部门没有充分发挥监督检查职能，执法力度不大，违法处罚不严，督促整改不彻底，部分企业和个人利用监管漏洞违法违规排污，严重污染生态环境，危害当地居民身体健康。2016 年 1 月 1 日至 12 月 31 日，地级市发生的重大环境污染违法行为多发生在化工企业，主要涉及水生态环境破坏，污染地下水、河流水，严重危害居民饮水质量和卫生状况。例如，在濮阳市，“河南一宗跨省环境污染案 12 人获刑，违法倾倒 600 余吨废硫酸”；在吕梁市，“央视揭山西铝厂排污：农民吃水难，政府互踢皮球”；等等。

表 2-4　地级市重大失信事件（2016 年 1 月 1 日至 12 月 31 日）

城市名称	事件内容	发生时间
广元市	广元翻船事故：18 人名单确认，14 人失踪 1 人死亡	2016 年 6 月 5 日
保定市	“毒跑道”原料来自废轮胎废电缆，黑窝点藏身河北	2016 年 6 月 22 日
东莞市	广州镇委书记与副手“唱双簧”，设套骗政府 1.1 亿元	2016 年 7 月 4 日
本溪市	辽宁本溪煤矿火灾事故 11 人遇难	2016 年 7 月 9 日
宝鸡市	陕西振华培训学院非法吸收公众存款 4 亿多元，一审开庭	2016 年 7 月 11 日
唐山市	清东陵又发盗窃案，国家文物局约谈唐山市政府	2016 年 7 月 27 日
宜昌市	湖北当阳爆炸事故已致 21 死 5 人伤，多部门领导亲临现场指挥	2016 年 8 月 11 日
葫芦岛市	东戴河宰客乱象调查，东戴河景区也陷入旅游信任危机	2016 年 8 月 22 日
临沂市	山东临沂发生 3 起电信诈骗学生案件，疑导致两人猝死	2016 年 8 月 25 日
镇江市	镇江一公司资金链断裂，数百人亿元投资血本无归	2016 年 9 月 12 日
扬州市	江苏一医院 2 亿元债务 6000 多万元造假，系虚假诉讼猫腻	2016 年 9 月 12 日
石嘴山市	宁夏石嘴山市煤矿瓦斯爆炸事故已造成 18 人遇难	2016 年 9 月 28 日
濮阳市	河南一宗跨省环境污染案 12 人获刑，违法倾倒 600 余吨废硫酸	2016 年 10 月 11 日
温州市	温州致 22 死民房倒塌事故涉案房东等 4 人被拘	2016 年 10 月 12 日
临沂市	沪官之子触发山东 6 亿元土地纠纷，临沂多部门遭举报	2016 年 10 月 17 日
榆林市	陕西府谷爆炸事故造成 12 人遇难 147 人受伤	2016 年 10 月 25 日

续表

城市名称	事件内容	发生时间
金华市	浙江金华：破获一起特大电信诈骗案，检察机关提前介入引导侦查取证	2016 年 11 月 10 日
牡丹江市	黑龙江破获东宁制售假美容针剂亿元大案，部分流入市场	2016 年 11 月 14 日
宜春市	江西电厂坍塌死亡人数升至 74 人，68 人身份已经确认	2016 年 11 月 24 日
赤峰市	赤峰“12・3”瓦斯爆炸事故 32 人遇难，149 人安全升井	2016 年 12 月 4 日
鞍山市	辽宁岫岩瞒报洪灾死亡人数，通报 8 人实际 38 人	2016 年 12 月 13 日
吕梁市	央视揭山西铝厂排污：农民吃水难，政府互踢皮球	2016 年 12 月 17 日
安阳市	河南 400 余学生雾霾天操场考试，涉事校长被停职	2016 年 12 月 21 日

四、361 个县级市的信用状况监测与评价

（一）361 个县级市的信用排名

2016 年 1 月 1 日至 12 月 31 日，全国 361 个县级市中，综合信用指数排在前十位的城市为荣成市、义乌市、温岭市、瑞安市、曲阜市、青州市、绥芬河市、安宁市、石狮市、昆山市。

表 2－5　361 个县级市综合信用指数前 10 名（2016 年 1 月 1 日至 12 月 31 日）

信用排名	城市名称	综合信用指数	省份
1	荣成市	77.90	山东
2	义乌市	76.69	浙江
3	温岭市	71.17	浙江
4	瑞安市	70.71	浙江
5	曲阜市	70.54	山东
6	青州市	70.37	山东
7	绥芬河市	70.28	黑龙江
8	安宁市	69.88	云南

续表

信用排名	城市名称	综合信用指数	省份
9	石狮市	69.67	福建
10	昆山市	69.62	江苏

(二) 361 个县级市在信用体系建设中推进较好的方面

2016 年 1 月 1 日至 12 月 31 日，在 361 个县级市的信用信息中，优良信用信息量占比排在前三位的领域为法院检察院公信、税务及生产领域，主要表现如下：

1. 依法惩治失信“老赖”，推行司法公正公开

2016 年 1 月 1 日至 12 月 31 日，各县级市在法院、检察院公信领域加快了信用建设步伐。在 361 个县级市的信用信息中，法院、检察院公信领域优良信用信息占比最高。在法院、检察院公信优良信用信息排在前十位的县级市中，有 3 个城市属于河北省，2 个城市属于江苏省，反映了河北省与江苏省比较重视司法公信建设。其中，河北省于 2016 年在检察系统开展了司法公信建设年活动，把司法公信建设作为一项系统性工程来推进；江苏省全面深化检务信息公开，2016 年上半年举办了 254 场新闻发布会，回应群众关切问题，实现与社会公众的良性互动。

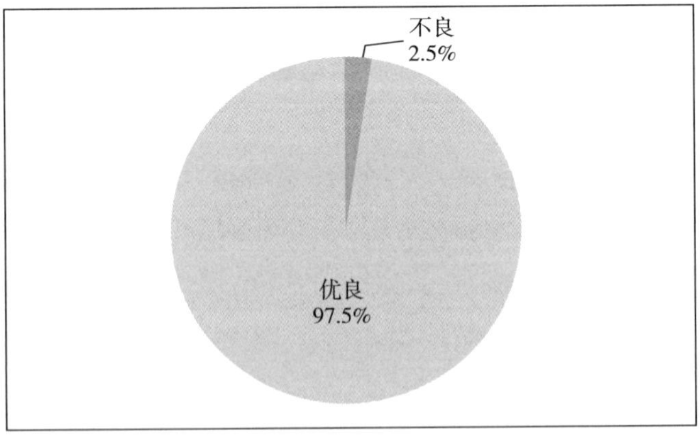

图 2－55　2016 年 361 个县级市法院检察院公信领域信用信息分布

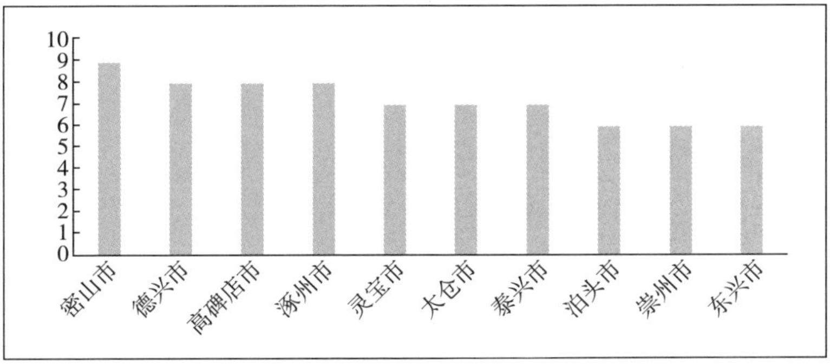

图2－56 2016年361个县级市法院检察院公信领域优良信用事件信息量TOP10（单位：条）

从整体来看，361个县级市在法院、检察院公信领域的优良信用信息主要涉及以下三方面：

一是加强廉政宣传教育力度，强化法院、检察院队伍的自我约束，全面落实党风廉政建设责任制，强化监督问责，促进廉洁诚信执法，提升执法公信力。

二是落实失信联合惩戒，制定联合惩戒失信被执行人相关制度，构建联合惩戒失信平台，曝光严惩失信“老赖”，让失信者“一处失信、处处受限”。

三是提升司法公开程度，举办法院、检察院“开放日”活动，进一步推进法院立案公开、审判透明，加强执行信息网络公开力度，以接受社会公众监督。

2. 以“银税互动”助力诚信企业发展

2016年1月1日至12月31日，税务领域的优良信用信息数量排名前十位的县级市中，有3个城市属于福建省，3个城市属于吉林省。两省在省级层面均按照国家要求积极开展纳税信用等级评定与管理工作，实施联合惩戒，其中福建省已持续在“信用福建”网站公布税收违法“黑名单”。在省级层面指导与带动下，县级市也不断加强税收信用体系建设。

在税务领域，361个县级市的优良信用信息主要分布在以下三个方面：

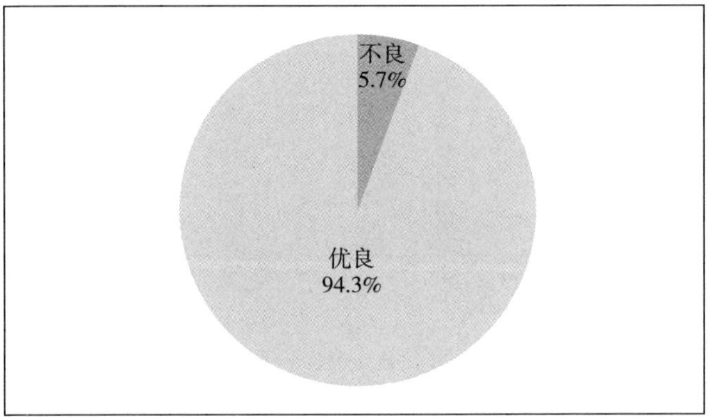

图 2-57　2016 年 361 个县级市税务领域信用信息分布

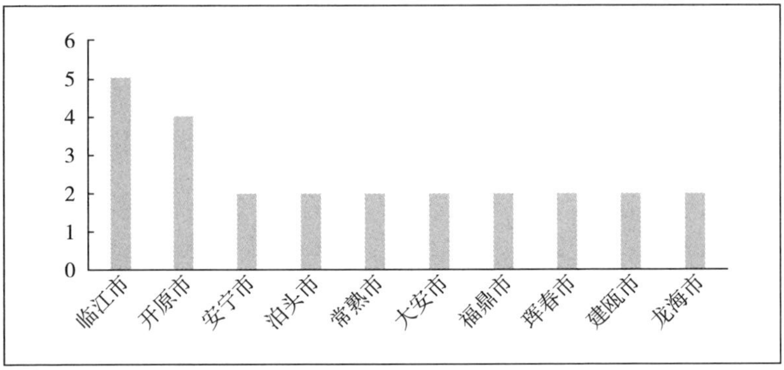

图 2-58　2016 年 361 个县级市税务领域优良信用事件信息量 TOP10（单位：条）

一是积极开展纳税信用评定工作，加强纳税信用级别分类服务和管理，实施税收“黑名单”联合惩戒机制，加大“诚信激励、失信惩戒”宣传力度，积极营造诚信纳税良好氛围。

二是将纳税信用与贷款信用相结合，以“银税互动”开辟企业融资新渠道，助力诚信企业发展，促进企业诚信纳税。

三是积极开展发票专项检查，严厉打击虚开增值税发票失信行为，并通过税务部门网站、新闻媒体，对违法违规现象进行公开曝光，加大社会舆论监督力度，促使企业提升纳税信用水平。

3. 推动安全生产与食品安全信用记录的完善及应用

2016 年 1 月 1 日至 12 月 31 日，在 361 个县级市的信用信息中，生产领域优良信用信息量占比居第三位。生产领域优良信用信息量排在前十位的县级市有 5 个城市均属于山东省，其他 5 个城市分属福建省、河北省、广东省、新疆维吾尔自治区等。其中，山东省作为制造业大省，较为重视安全生产监管。特别是，制造业是其发展县域经济的动力性产业，因此，把好生产安全质量关、促进企业生产水平提高，成为山东省县级市在生产领域优良率较高的主要原因。

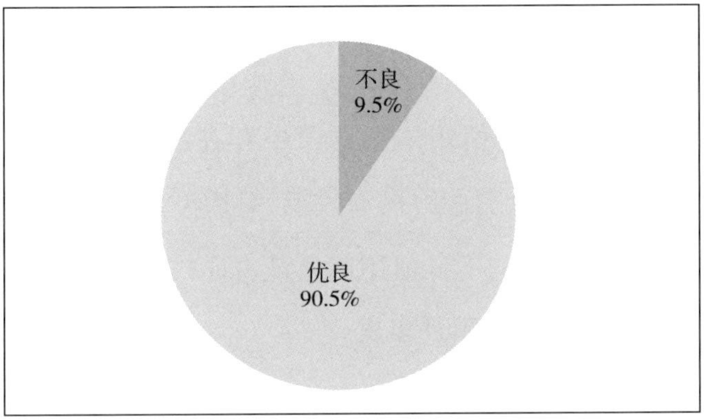

图 2－59　2016 年 361 个县级市生产领域信用信息分布

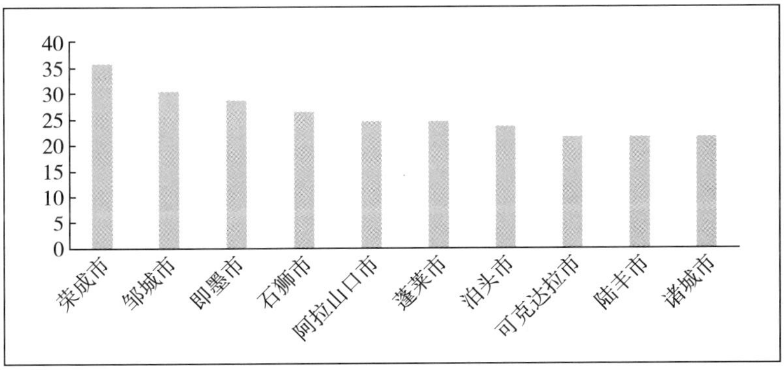

图 2－60　2016 年 361 个县级市生产领域优良信用事件信息量 TOP10（单位：条）

在生产领域，361 个县级市的优良信用信息主要涉及以下四个方面：

一是制订安全生产治理方案，进一步推进安全生产联合检查工作，积极开展安全生产宣传教育活动，强化企业安全生产意识，促进安全生产工作有序开展。

二是制订假冒伪劣商品专项治理方案，强力打击假冒伪劣非法生产行为，严把商品生产质量关。

三是建立食品生产经营主体信用档案，促进食品生产经营单位规范化管理。

四是制定生产领域“黑名单”管理制度，推行安全生产不良信用记录与失信惩戒机制，倒逼企业提升安全生产意识，落实安全生产规章制度。

（三）361 个县级市在信用体系建设中存在的问题

2016 年 1 月 1 日至 12 月 31 日，在 361 个县级市的信用信息中，金融、守信践诺和文体科教领域的不良信用信息量占比排在前三位。

1. 金融诈骗与非法集资事件多发

2016 年 1 月 1 日至 12 月 31 日，在 361 个县级市的信用信息中，金融领域不良信用信息量占比最高，失信事件以金融诈骗和非法集资案件为主。此外，金融领域不良信用信息数量较多的县级市 GDP 规模多在 100 亿元以上，表明金融诈骗、非法集资等案件多发生在经济发展水平较高的地区。从省份分布来看，江苏省、浙江省、山东省、广东省等经济较发达的东部沿海省份成为金融失信事件多发的地区。

从整体来看，金融领域不良信用信息主要涉及诈骗、非法集资、金融机构违规、骗保、骗贷等。首先，金融诈骗占比最高，主要表现为不法分子通过冒充手段实施诈骗以及信用卡诈骗等。其次，非法集资作案手法多样，影响范围广，严重危害群众财产安全与社会诚信氛围。再次，金融机构违规时有发生，主要包括违规放贷、职员收受贿赂、职员利用职务之便实施诈骗等失信行为。最后，骗取贷款、骗保等不良信用事件偶有发生。

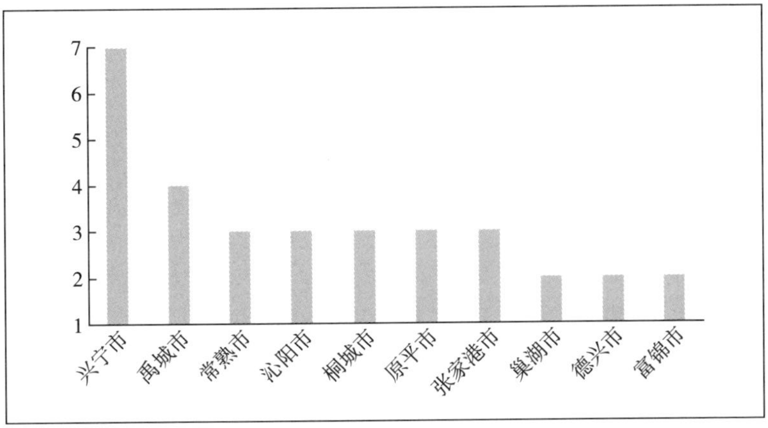

图 2－61 2016 年 361 个县级市金融领域不良信用事件信息量 TOP10（单位：条）

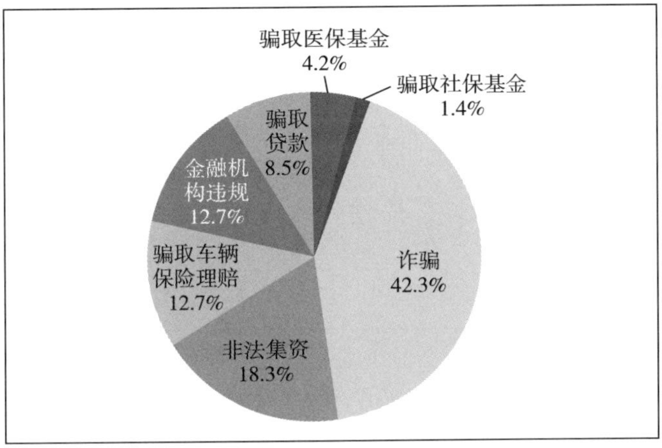

图 2－62 2016 年 361 个县级市金融领域不良信用事件类型分布

2. 政府“懒政怠政”现象较为突出

2016 年 1 月 1 日至 12 月 31 日，在 361 个县级市的信用信息中，守信践诺领域不良信用信息量占比居第二位，部分县级市出现了政府机关干部“懒政怠政”“为官不为”等突出问题。该领域不良信用事件信息数量较多的县级市多分布在辽宁省、河南省、吉林省、浙江省和江苏省。

具体来看，县级市守信践诺领域不良信用信息主要集中在国土局、环保局、审计局、交通局等部门，有关人员“懒政怠政”或履职不力，严重影响政府公信力，并导致人民群众合法权益遭受损害。

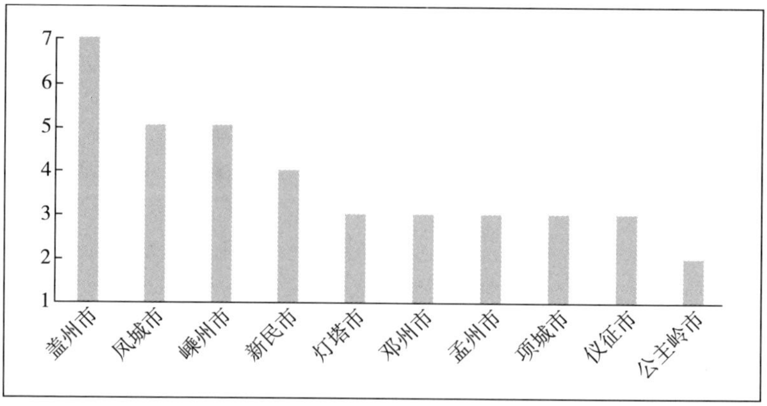

图 2-63　2016 年 361 个县级市守信践诺领域不良信用事件信息量 TOP10（单位：条）

3. 教育培训机构诚信缺失问题突出

2016 年 1 月 1 日至 12 月 31 日，在 361 个县级市的信用信息中，文体教科领域不良信用信息量占比居第三位。该领域不良信用信息数量排名靠前的县级市多分布于江苏省、福建省、海南省、湖北省、山东省、辽宁省、吉林省、河北省等。

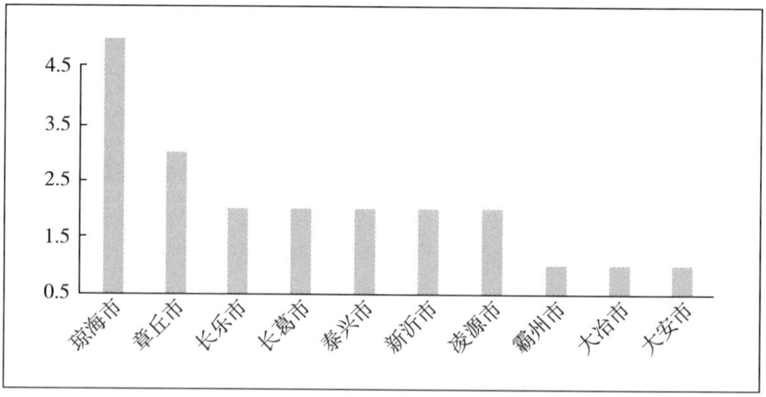

图 2-64　2016 年 361 个县级市文体教科领域不良信用事件信息量 TOP10（单位：条）

在文体教科领域，县级市不良信用信息集中在教育领域，相关失信事件主要涉及以下几方面：在校教师违规办班、补课收费，教育机构无照经

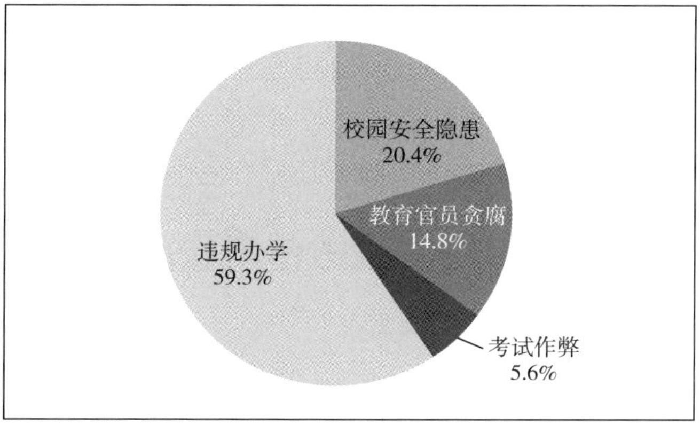

图 2－65 2016 年 361 个县级市文体教科领域不良信用事件类型分布

营、违规招生、违规收费、违规发放津补贴等，教育部门工作人员受贿、挪用公款，考试作弊，教师虐童、食堂饮食不达标等校园安全隐患多发。

4. 生产、教育和金融等领域发生多起重大失信事件

2016 年 1 月 1 日至 12 月 31 日，县级市重大失信事件主要集中在生产领域、教育领域、金融领域。生产领域主要涉及突发的生产安全事故，如爆炸、氨气泄漏、坍塌事故等；教育领域主要涉及学生集体性中毒事件；金融领域主要涉及涉案金额巨大的非法集资案件。

表 2－6 县级市重大失信事件（2016 年 1 月 1 日至 12 月 31 日）

城市名称	事件内容	发生时间
桐城市	桐城市原工商联主席非法集资 38 亿余元被公诉	2016 年 1 月 14 日
大安市	吉林大安一学校多名学生疑似甲醛中毒，团中央：管定了	2016 年 5 月 10 日
浏阳市	湖南烟花厂爆炸致 5 人死亡，负责人指使转移尸体	2016 年 6 月 18 日
庄河市	大连庄河一废弃钢瓶泄漏氨气致 104 人住院	2016 年 6 月 25 日
当阳市	湖北当阳爆炸事故已致 21 死 5 人伤，多部门领导亲临现场指挥	2016 年 8 月 11 日
启东市	江苏启东警方破获亿元网络诈骗案，120 余人受骗	2016 年 9 月 13 日
东宁市	黑龙江破获东宁制售假美容针剂亿元大案，部分流入市场	2016 年 11 月 14 日
丰城市	江西电厂坍塌死亡人数升至 74 人，68 人身份已经确认	2016 年 11 月 24 日

第二章　不同区域的城市信用状况监测与评价

按照区域划分，对东部地区、中部地区、西部地区、东北地区四大区域进行信用状况监测与评价，围绕信用事件监测状况、信用制度完善程度、信用信息透明度、信用工作绩效、信用市场、重大失信事件等六方面进行综合分析。

一、不同区域的信用排名

2016年1月1日至12月31日，东部地区综合信用指数前十名的城市为北京市、上海市、杭州市、广州市、南京市、深圳市、苏州市、厦门市、烟台市、温州市；中部地区综合信用指数前十名的城市为武汉市、合肥市、宜昌市、长沙市、黄石市、鄂州市、衡阳市、安庆市、六安市、郴州市；西部地区综合信息指数前十名的城市为重庆市、成都市、昆明市、西安市、张掖市、贵港市、贵阳市、固原市、渭南市、汉中市；东北地区综合信息指数前十名的城市为沈阳市、大连市、营口市、牡丹江市、大庆市、吉林市、鞍山市、抚顺市、盘锦市、辽阳市。

表2-7　各区域综合信用指数前十名（2016年1月1日至12月31日）

区域	信用排名	城市名称	综合信用指数
东部地区	1	北京市	91.20
	2	上海市	89.40
	3	杭州市	87.00
	4	广州市	86.20

续表

区域	信用排名	城市名称	综合信用指数
东部地区	5	南京市	85.89
	6	深圳市	85.81
	7	苏州市	84.74
	8	厦门市	84.49
	9	烟台市	84.14
	10	温州市	83.76
中部地区	1	武汉市	84.33
	2	合肥市	83.82
	3	宜昌市	82.79
	4	长沙市	82.62
	5	黄石市	82.37
	6	鄂州市	82.20
	7	衡阳市	81.60
	8	安庆市	81.54
	9	六安市	81.26
	10	郴州市	81.23
西部地区	1	重庆市	87.32
	2	成都市	84.89
	3	昆明市	81.32
	4	西安市	80.91
	5	张掖市	79.21
	6	贵港市	78.99
	7	贵阳市	78.67
	8	固原市	78.62
	9	渭南市	78.52
	10	汉中市	78.29

续表

区域	信用排名	城市名称	综合信用指数
东北地区	1	沈阳市	85.40
	2	大连市	80.61
	3	营口市	79.58
	4	牡丹江市	79.44
	5	大庆市	78.40
	6	吉林市	78.32
	7	鞍山市	77.75
	8	抚顺市	76.50
	9	盘锦市	76.09
	10	辽阳市	75.89

二、不同区域信用体系建设推进较好的方面

(一) 各地区信用工作的突出亮点各具特色

2016 年 1 月 1 日至 12 月 31 日，在四大区域中，东部地区信用事件监测状况明显好于其他三个地区。

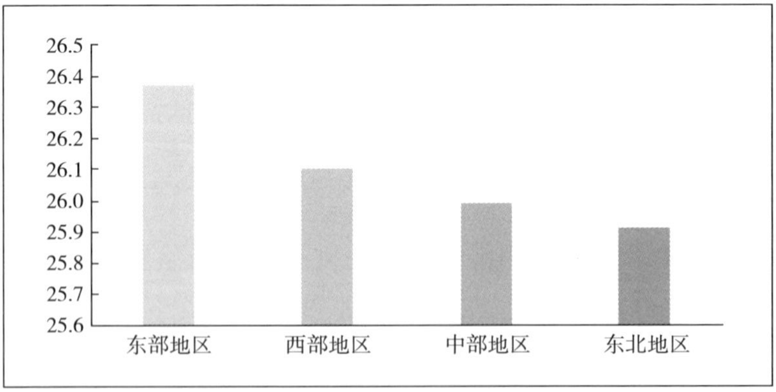

图 2-66　2016 年四大区域城市信用事件平均状况（单位：分）

东部地区在电子商务、价格、社会保障等领域的信用事件优良率较

高；中部地区在依法行政、税务、生产、环境保护和能源节约等领域的信用事件优良率较高；东北地区在法院、检察院公信，守信践诺，医药卫生等领域的信用事件优良率较高；而西部地区在金融领域的信用事件优良率高于其他地区。各地区优良信用事件主要表现如下：

1. 东部地区加强电商行业监管，严打违法失信行为

2016 年 1 月 1 日至 12 月 31 日，东部地区涉及电子商务领域的优良信用事件占比最高，为 89.7%。主要表现为以下三方面：

一是北京、杭州、青岛等城市专项整治网络市场，打击网络售假和电商欺诈行为，将网售商品纳入质量抽检，并针对违法失信行为实行惩戒。

二是部分城市重拳打击“刷单炒信”，严查网络平台炒作商业信誉行为，为加强网络市场交易监管创造了良好氛围。

三是宁波、上海等一些城市针对跨境电商、网络交易安全、产品质量信息服务等方面，开展信用信息公开共享，构筑电商行业诚信体系。

2. 中部地区加快推进依法行政，促进法治政府建设

2016 年 1 月 1 日至 12 月 31 日，中部地区在依法行政领域的优良信用事件占比最高，为 97.8%。主要表现为以下三方面：

一是各城市认真落实中央有关提高依法行政能力的指示和要求，通过完善制度建设，加强各项工作开展，并通过阶段性总结和节奏把控，全面深入依法行政建设。

二是多数城市深入推进政务公开，打造阳光政府，其中部分城市对执法部门的执法权进行全面梳理并编制权力清单，通过政务公开栏和政府网站等渠道向社会公开，主动接受社会监督。

三是一些城市政府部门注重干部培训考核工作，通过开展学习交流会和知识竞赛，提高干部队伍的依法行政水平。

3. 东北地区加大司法信息公开力度，着力提升司法公信力

2016 年 1 月 1 日至 12 月 31 日，东北地区在法院、检察院公信领域的优良信用事件占比最高，为95.8%。主要表现为以下三个方面：

一是鸡西市、黑河市、牡丹江市等城市多措并举推进司法公开，通过完善审判公开机制、加强社会监督，推动庭审公开、公正，提高司法民主；通过设立群众开放日、法官讲堂等，邀请群众参观法院、旁听庭审，或是网络直播庭审，主动接受人民群众监督，以促进民意沟通渠道的畅通。

二是哈尔滨市、白山市、通化市等城市多举措提升司法公信力，主要通过完善工作制度，真正解决影响执行力和工作效率、政府形象和社会秩序的突出问题；通过改进执法办案方式、规范司法行为、履行法律监督职责，切实提高办案效率。

三是沈阳市、长春市、大庆市等城市法院加大执法力度，严惩失信“老赖”。通过微博微信等新媒体渠道曝光，让失信被执行人无所“遁形”，甚至曝光“老赖”照片，向社会公告其个人详细信息。此外，还通过举办专项宣传活动，向人民群众宣介不守信用的法律后果，以营造舆论声势，形成打击“老赖”、使“守信者走遍天下，失信者寸步难行”的良好氛围。

4. 西部地区加大金融领域主题宣传，提高群众风险防范意识

2016年1月1日至12月31日，西部地区在金融领域的优良信用事件占比高于其他三个地区，占比为65.7%。主要表现在以下两方面：

一方面，成都市、西安市、克拉玛依市等多个城市司法部门或银行机构，针对非法集资、电信诈骗等较为高发的金融违法犯罪行为开展宣传活动，全方位讲解各种金融违法行为的主要特征、形式、常见手段和社会危害性，帮助群众认清本质，增强防范意识和自我保护能力。

另一方面，部分城市多部门联合加大电信诈骗、信用卡诈骗以及非法集资等违法案件的查处打击力度，如乌鲁木齐市各级公安机关多警种配合，着重强化对电信诈骗犯罪的全链条打击，使得电信诈骗犯罪案件大幅下降，犯罪空间受到强力挤压。

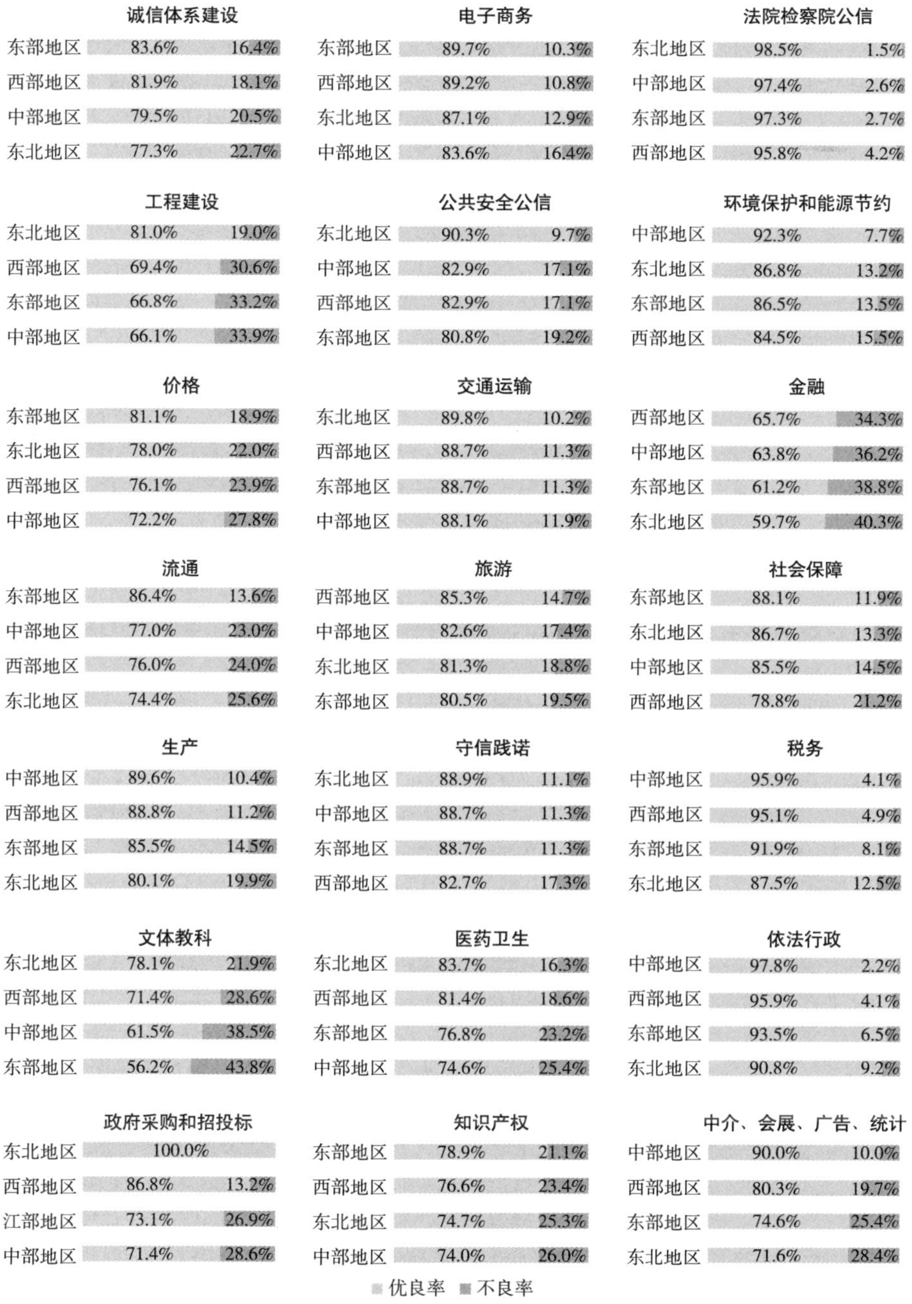

图2－67 2016年四大区域城市各领域信用事件分布

（二）各地区政务诚信和商务诚信领域信用制度建设力度加大

从互联网监测到的信用制度整体情况来看，东部地区的信用制度平均完善水平最高，其次为中部地区、东北地区和西部地区。其主要受经济水平影响较大，经济水平越高，地区信用制度平均完善程度越好。

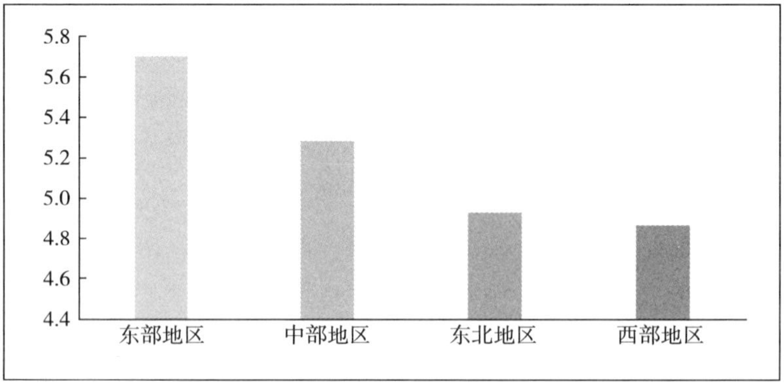

图 2－68　2016 年四大区域城市信用制度平均完善水平（单位：分）

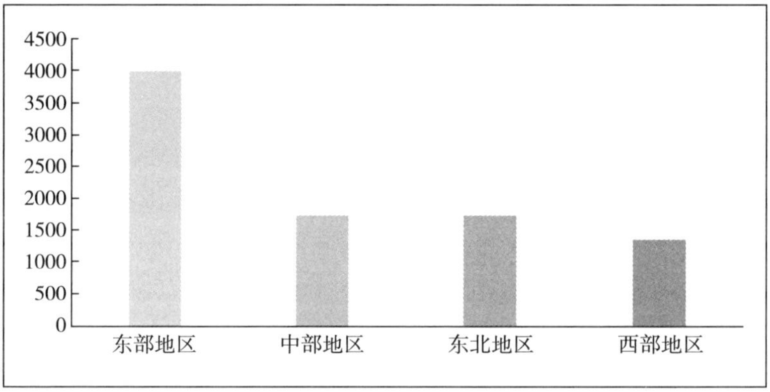

图 2－69　2016 年四大区域城市平均经济规模（单位：亿元）

截至 2016 年 12 月 31 日，根据互联网监测到的四大区域在政务诚信、商务诚信、社会诚信、司法公信四个领域的信用制度信息量来看，呈现以下两个特点：

一方面，中部地区、东北地区和西部地区在政务诚信领域的信用制度

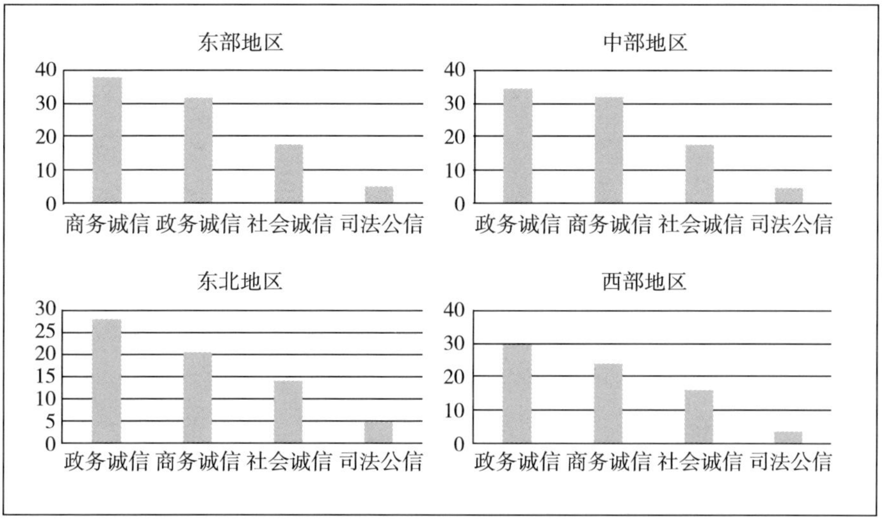

图 2-70 四大区域在不同领域信用制度建设情况对比①

建设力度均最大，东部地区在政务诚信领域的建设水平比东北地区和西部地区更高。总体来看，各地区在政务诚信领域的制度建设情况均较好，其中多数城市积极制定社会信用体系建设总体规划和方案，加大对行政许可和行政审批信息公开公示工作的制度建设，并对“双公示”工作提出具体要求，明确责任主体和责任人、公示内容和标准，以及实施范围，为更好开展“双公示”工作提供了政策保障和组织保障。

另一方面，在商务诚信领域东部地区的制度建设力度最大，东部地区和中部地区的信用制度平均建设水平要高于西部地区和东北地区。东部地区城市经济发达，商务诚信领域信用制度建设较为完善，商务信用体系建设水平是四大区域的“领跑者”。根据监测到的信用制度建设情况来看，东部地区重视市场生产环节质量安全监督管理及信用建设，通过制定安全责任制考核机制，严格规范企业生产行为，部分城市还制定了“黑名单”制度和生产企业信用评价办法，积极推进企业信用评级。中部地区六省因矿产资源加工业、通用设备制造业，电器机械与器材制造业、化学原料及

① 图表数据采用的是不同领域信用制度的城市平均数量，即各领域制度数量/该区域城市数量。

化工产业制造业等产业较为集中。因此在商务诚信领域的信用制度建设，一方面侧重严格制定安全生产监管执法措施和质量诚信体系建设，另一方面较为重视煤矿企业、化工及烟花爆竹企业等的安全生产工作，以及生产安全事故灾难预案的制定等。有的城市通过评估企业风险因素和安全生产标准化评级，推行生产风险分级监管，提高安全监管水平。

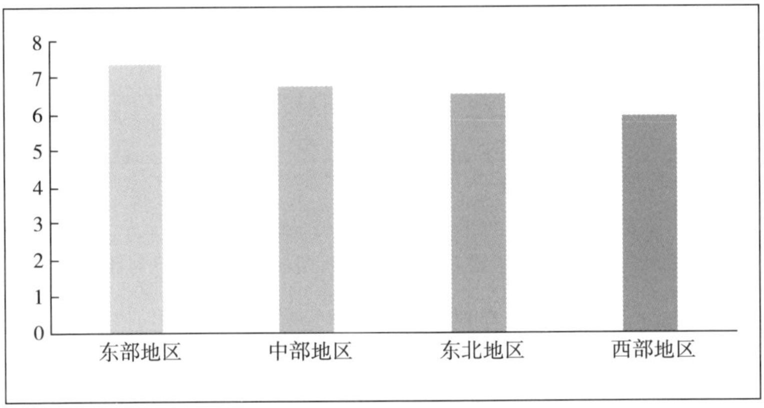

图2－71　2016年四大区域城市信用信息平均透明度（单位：分）

（三）东部和中部地区信用信息透明度较高

2016年1月1日至12月31日，东部和中部地区的城市信用信息透明度平均水平较高。从各领域信用信息公开量来看，东部地区在环境保护和能源节约领域的公开量最高，中部地区在诚信体系建设领域的公开量最高。

1. 东部地区在环境保护和能源节约领域信用信息透明度最高

2016年1月1日至12月31日，东部地区在环境保护和能源节约、诚信体系建设和生产等领域的信用信息公开量较高。特别是在环境保护和能源节约领域，东部地区重视环境与经济发展的平衡，多数城市加大对保护和改善生态环境的专项治理活动信息、规章制度的公开公示，以营造保护环境的社会氛围，提高群众环保意识，及时公布乱倒建筑垃圾、违法排污、违规排放等行为的查处信息，以警示社会企业、组织和个人自觉遵守环保法律和规定。

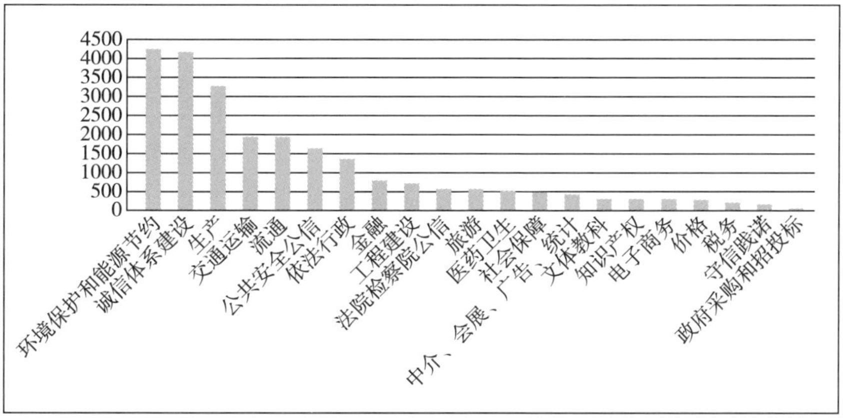

图 2－72　2016 年东部地区各领域信用信息公开量（单位：条）

2. 中部、西部和东北地区在诚信体系建设领域信用信息公开度较高

2016 年 1 月 1 日至 12 月 31 日，中部地区、西部地区和东北地区在诚信体系建设领域的信用信息公开量均较高。主要表现在以下两方面：

一方面，三个地区城市纪检部门主动通报违反中央八项规定的典型问题和贪污腐败等领导干部违法违纪案件，扩大党风党纪专项整治活动和各阶段反腐倡廉警示教育活动的社会影响力，以起到拒腐防变、警钟长鸣的作用。

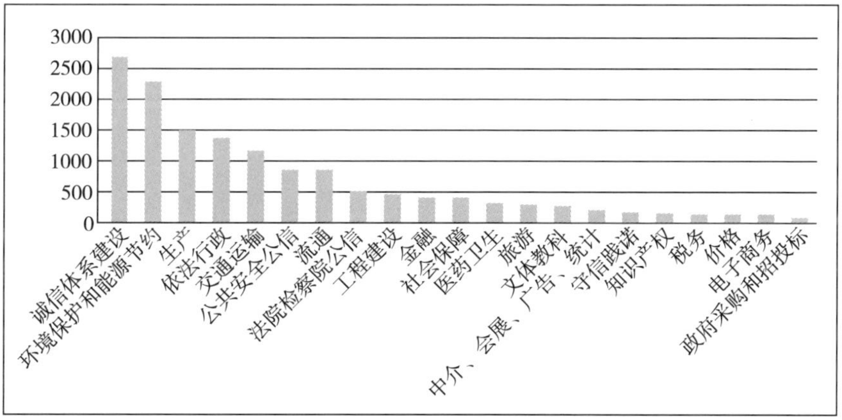

图 2－73　2016 年中部地区各领域信用信息公开量（单位：条）

另一方面，全方位公开各行业推进诚信建设的活动信息，向社会宣传城市信用体系建设的进展与成效，特别是与企业、组织和个人息息相关的重要举措和信用管理手段等，构筑全社会积极参与信用体系建设的良好局面。

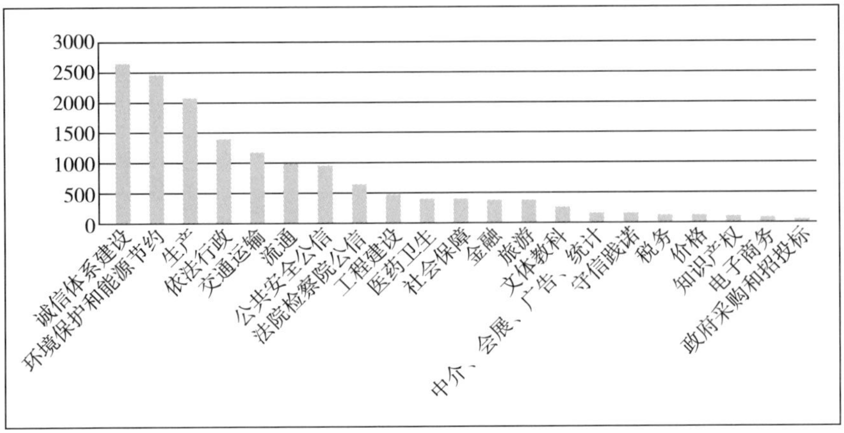

图 2－74　2016 年西部地区各领域信用信息公开量（单位：条）

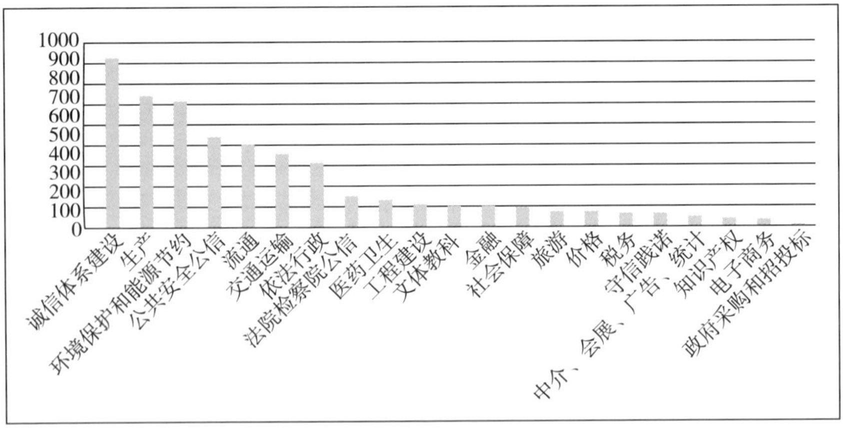

图 2－75　2016 年东北地区各领域信用信息公开量（单位：条）

3. 东部地区加快推进信用信息“双公示”

2016 年，在东部地区，北京市、南京市、宿迁市、广州市、扬州市等多数城市均深入推进“双公示”工作，海关、食药监、安监局、城管委等

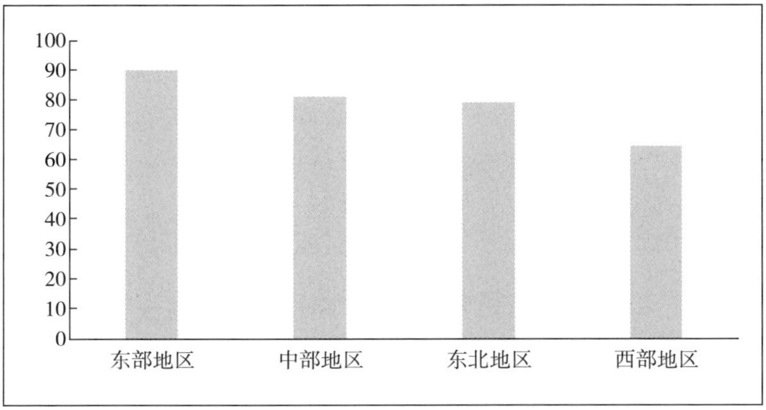

图 2-76 四大区域"双公示"平均水平

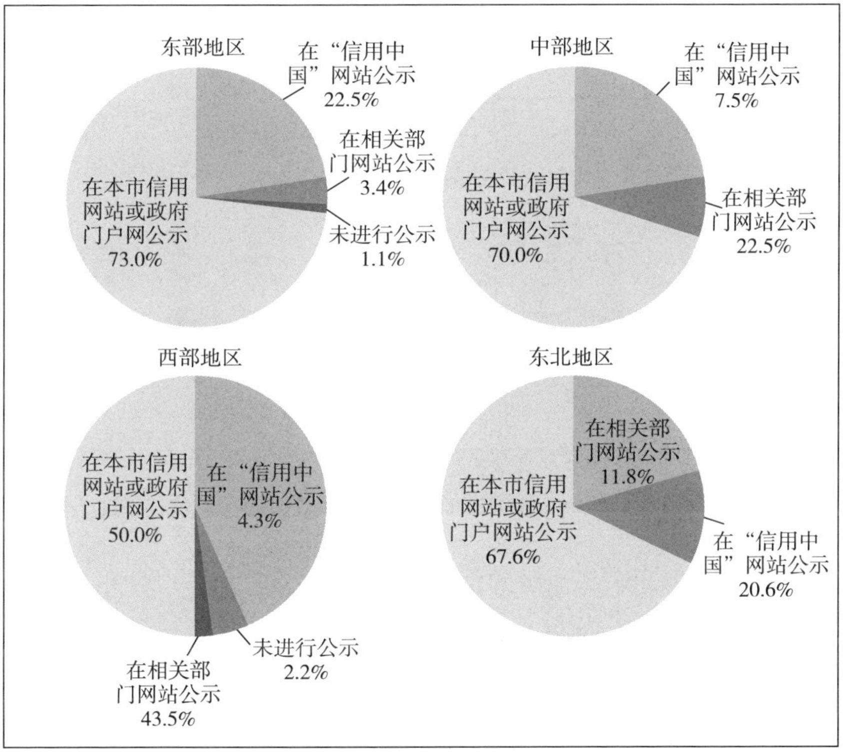

图 2-77 四大区域城市"双公示"情况分布

各部门全面启动行政许可和行政处罚信用信息公示，通过梳理行政许可和行政处罚信用信息目录，加大信用信息归集，运用大数据，加强对市场主体的服务和监管，做好各部门信用信息公示工作的统筹部署。北京市、上海市、天津市、广州市、德州市、福州市等20个城市均将信用信息上传到“信用中国”网站，实现了全国信息交换和共享。此外，东部地区有65个城市在本市信用网站或政府门户网站进行了“双公示”。整体来看，东部地区的信用信息“双公示”平均水平在四大区域中最高。

（四）东部和东北地区信用信息共享平台建设水平较高

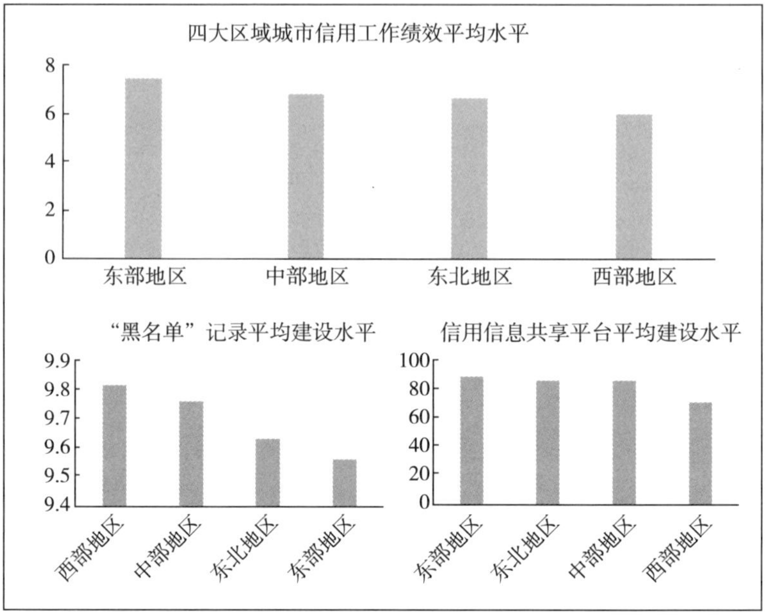

图2－78　2016年四大区域信用工作绩效情况（单位：分）

在四大区域中，东部地区的信用工作绩效水平最高，西部地区和中部地区城市“黑名单”记录平均建设水平较高，东部地区和东北地区的信用信息共享平台建设水平较高。

从“黑名单”记录建设情况来看，西部地区和中部地区在旅游、交通运输、金融、教育、生产、房地产等诸多领域建立“黑名单”制度，不仅针对企业法人和自然人，还针对政府部门，通过建立“黑名单”制度，全面规范社会各个行为主体的信用行为。比如，重庆市将旅游经营服务不良信息记录与企业信用信息公示系统对接，及时公布对旅游企业作出的行政许可准予、变更、延续信息和行政处罚信息，建立失信企业协同监管和联合惩戒机制；再如，河南省安阳市公安局拒不履行司法文书确定的法律义务，安阳市北关区人民法院依法将其纳入全国法院失信被执行人“黑名单”。

从信用信息共享平台建设情况来看，东部地区和东北地区城市积极开通建设信用信息共享平台，广泛归集信用信息，以实现各领域信用信息交换与共享。比如，潍坊市为加强对商家的信用监管，建立“信用潍坊”网站，主要归集法院、工商、公安、税务等29个主要部门的信用信息数据，逐步实现互联网社会查询功能；又如，台州市在全国率先建立金融服务信用信息共享平台，征集了金融、市场监管、国地税、法院、公安、社保等13个部门的信用信息。

（五）东部和中部地区信用市场培育较好

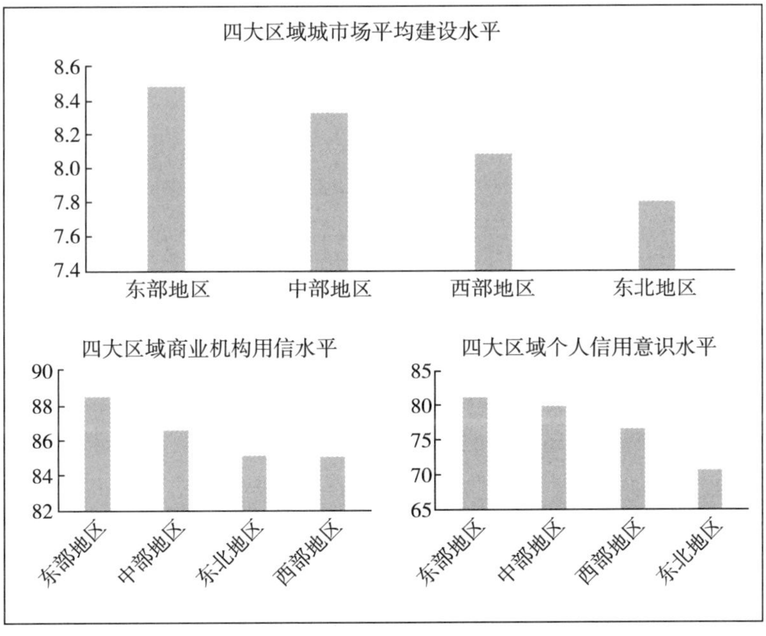

图2-79 2016年四大区域城市信用市场平均建设水平（单位：分）

2016 年 1 月 1 日至 12 月 31 日，在四大区域中，东部地区和中部地区的信用市场平均建设水平较高，两地区的城市个人信用意识和商业机构用信状况均较好。主要表现为城市积极创造个人信用查询，以及金融机构、生活服务机构和公共服务机构等方面用信建设市场条件，提高征信服务水平，努力改善城市信用环境。厦门市、徐州市、南通市、北京市等诸多城市开通个人信用查询点或设立个人信用查询自助机。如中国人民银行厦门市中心支行在多个区设置个人信用报告自助查询网点；徐州市政务服务中心开设信用查询窗口，为市民提供个人信用报告查询服务，市民可查询到个人欠费记录、个人荣誉信息、个人欠税信息、纳税信息等各类信用信息。一些城市通过多渠道开通企业信用查询平台或服务，引进第三方征信系统，促进当地信用体系建设，既节省二次投入所耗费的大量财力和物力，同时也保证征信的客观与公正。

三、不同区域信用体系建设存在的问题

（一）各地区失信领域差异较大

2016 年 1 月 1 日至 12 月 31 日，在四大区域中，重点失信领域各不相同。其中，东北地区在金融，诚信体系建设，流通，税务，生产，依法行政，中介、会展、广告、统计等领域的信用事件不良率较高；西部地区在社会保障，环境保护和能源节约，法院检察院公信、守信践诺等领域的信用事件不良率较高；中部地区在工程建设、电子商务、交通运输、医药卫生等领域的信用事件不良率较高；东部地区在文体教科、旅游、公共安全公信等领域的信用事件不良率较高。

1. 东北地区金融领域失信事件高发

2016 年 1 月 1 日至 12 月 31 日，东北地区在金融领域发生的信用事件不良率占比最高，达 40. 3% 。失信事件主要涉及银行机构违规、骗保、信用卡诈骗、电信诈骗、骗贷、虚假宣传、合同纠纷、骗补、校园贷、债券

违约等类型。其中，银行机构违规、骗保和信用卡诈骗为高发类型。

具体来看，银行机构违规失信事件主要涉及银行转嫁抵押房屋登记费、违规办理虚假承兑汇票、违规放贷、违规办理贷款等违法行为，且屡次被银监部门处罚，情节严重者被移交司法机关处置，暴露出银行员工权力寻租等问题依然难以根除；骗保失信事件主要涉及虚构保险事故诈骗保险金的违法犯罪行为，其中，机动车保险为当前保险欺诈的“重灾区”；信用卡诈骗失信事件主要涉及信用卡被冒领、诈骗信用卡垫还人员等行为，而信用卡诈骗事件多以团伙流窜形式作案，诈骗形式不断翻新，暴露出金融领域诸多监管漏洞。

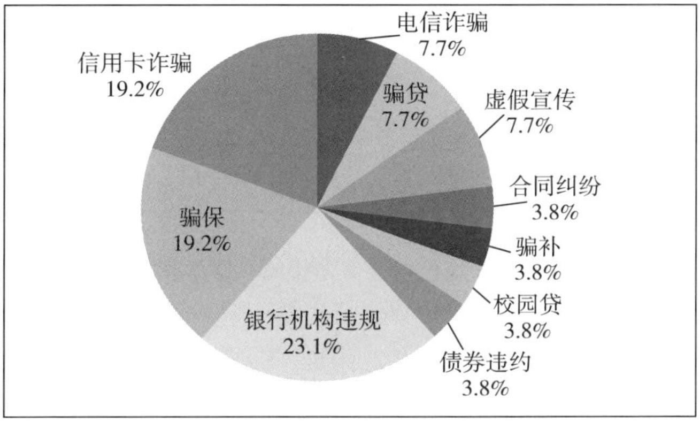

图2－80　东北地区金融领域失信事件类型分布

2. 西部地区社会保障领域失信问题突出

2016年1月1日至12月31日，西部地区在社会保障领域发生的信用事件不良率占比最高，为21.2%。失信事件主要涉及恶意欠薪、医保定点药店违规、保障房配建不达标、不发放贫困资助金、扶贫腐败、故意延长劳动时间、骗“五保”补助、骗捐、骗赔偿金、骗取低保、骗提公积金、虚报危房改造数、医保无故被停、政府拖欠工程款等。其中，恶意欠薪行为最严重，事件占比高达61.1%。

具体来看，恶意欠薪多以老板拖欠农民工工资问题最突出。可见，虽然我国不断出台治理拖欠农民工工资问题的规定，但该问题仍未得到根本遏制，需要相关部门切实健全源头预防、动态监管、失信惩戒相结合的制度保障体系，形成制度完备、责任落实、监管有力的治理格局。

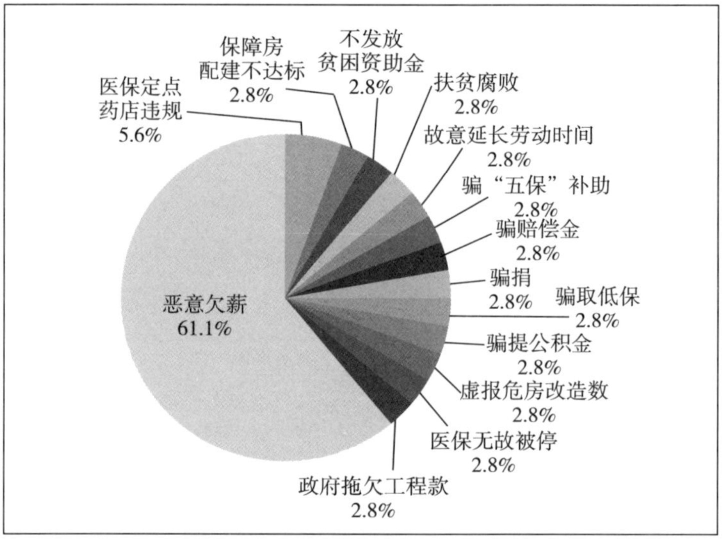

图2－81　西部地区社会保障领域失信事件类型分布

3. 中部地区工程建设领域失信严重

2016年1月1日至12月31日，中部地区在工程建设领域发生的信用事件不良率占比最高，为33.9%。失信事件主要涉及违建、违规项目、工程事故、开发商未兑现承诺、违规施工、开发商违规销售、违法用地、强拆、违规倾倒建筑垃圾、拖欠工程款、项目烂尾、官员违规干预工程、强迫商贷等类型。其中，违建、违规项目、工程事故等问题较为突出。

具体来看，违建主要以小区居民私搭乱建侵占公共区域、破坏公共设施为主，不仅影响市容市貌，还给周遭居民带来巨大安全隐患。有些违建现象较为猖獗，违章加层、侵占农田和林地，群众屡次举报无果。从监测到的相关事件中可以看出，违建现象较为严重，屡禁不止，主要存在三方面原因：一是违章建筑涉及群众切身利益，抵触情绪强烈；二是拆违部门之间职能交叉，相互推诿、扯皮、踢皮球，处理效率低；三是群众对违章建筑的危害性认识不够，守法意识淡薄。

违规项目事件类型以未批先建现象最为突出，还包括房地产开发项目“肢解发包”、部分企业超资质承揽项目，以及监理人员无证上岗、监理材料代签等问题。这类事件发生的原因主要有两方面：一方面，执法机关执法不严，发现问题不及时，发现后未能严格依法处理；另一方面，官商利益勾联，助长企业公然非法建造的气焰。

工程事故事件类型主要涉及建设工地发生火灾、建筑坍塌、工人坠落等，多数事故可能导致伤亡。导致工程事故高发的原因，一方面是施工单位违反安全生产规章制度；另一方面是安全生产意识淡薄，这也是造成事故的最大隐患。

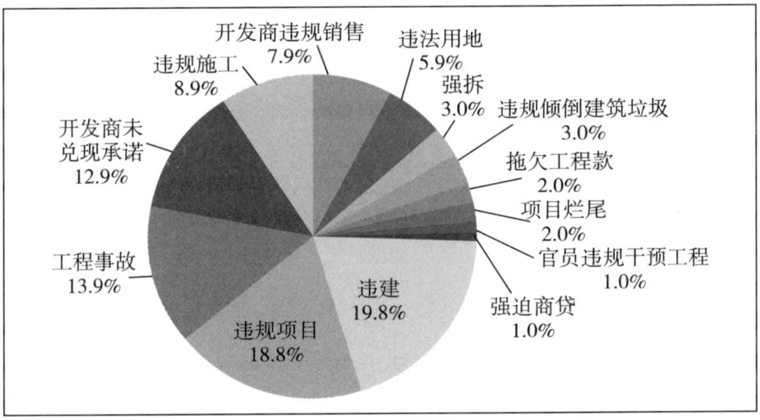

图 2－82　中部地区工程建设领域失信事件类型分布

4. 东部地区教育领域失信事件多发

2016 年 1 月 1 日至 12 月 31 日，东部地区在文体科教领域发生的不良信用事件较多，主要集中在教育领域，具体涉及违规办学、违规收费、校园安全、考试作弊、教育官员贪腐、学术不端、违规补课、学校管理不当、教学事故、虚假宣传、拖欠老师工资等失信行为。其中，违规办学、违规收费和校园安全属于较为严重的失信问题。

违规办学主要涉及无证开办教育培训场所、违规招生、培训机构超范围经营等现象；违规收费则主要涉及教育机构违规收取天价学费，或培训机构失信突然停业消失，并拒绝退还学费等；校园安全主要涉及学校食堂餐饮卫生安全、校车事故、恶意体罚学生和学生被性侵等事件。

整体来看，东部地区教育领域失信事件多是因群众举报而被查处，这一方面反映了教育市场监管难、监管不到位；另一方面也反映了对违法违规行为的惩治措施不够严厉，从而导致教育乱象难以治理。

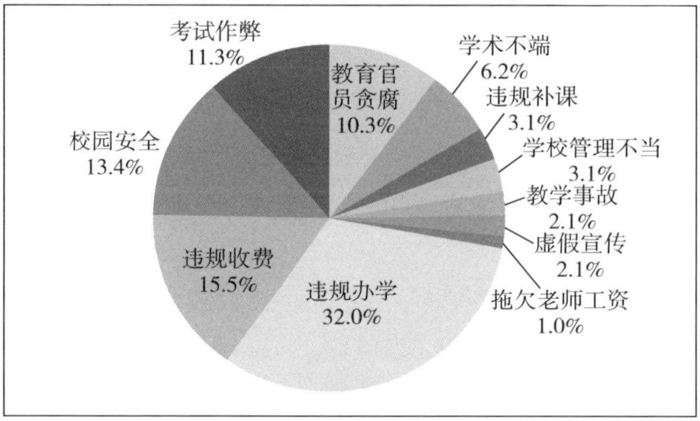

图2－83　东部地区文体教科领域失信事件类型分布

（二）各地区社会诚信和司法公信领域信用制度建设滞后

根据互联网监测到的城市信用制度情况来看，各区域公布到互联网上的有关社会诚信和司法公信领域的制度信息量较少，特别是司法公信领域。对比四个区域来看，东北地区公布的社会诚信领域的信用制度信息量最少，西部地区公布的司法公信领域的信用制度信息量最少。

在社会诚信领域，多数城市只是针对医药卫生领域公布了相关信用制度，在知识产权保护、社会保障、文体教科等领域的信用制度建设则相对滞后。

在司法公信领域，大部分城市未建立或公开有关司法系统公信力建设的信用制度，特别是有关法院审判信息互联互通机制、监察机关信息公开制度、司法行政制度、信用执法规范化制度、公共安全司法建设、公共交通安全等方面的制度建设和制度公开均需要加大力度。

社会诚信是社会信用体系建设的基础，司法公信是司法体制改革的根本尺度。因此，各区域应均衡完善和公开各领域信用制度，切实按照《社会信用体系建设规划纲要（2014—2020 年）》中列出的社会诚信建设重点领域全面开展信用建设，打牢信用体系基础，并不断深化司法信用机制建设，树立司法权威。

（三）东北地区和西部地区的信用信息透明度较差

2016 年 1 月 1 日至 12 月 31 日，在四大区域中，东北地区和西部地区的信用信息透明度较差，两个地区在信用信息公开和“双公示”方面的水平均较低。

在信用信息公开方面，东北地区和西部地区均在政府采购和招投标、电子商务、知识产权等领域的公开量较小。其中，多数城市均未公开有关政府采购和招投标的管理办法和流程，只有少数城市为规范政府采购行为，公开了具体监管措施。

在电子商务领域，除重庆市外，东北地区和西部地区的其他城市对于整治电商平台、规范电商经营行为和促进电商发展等方面的信用信息公开得较少。

在知识产权领域，两地区各城市公开的信用信息主要涉及开展打击侵权假冒专项行动、破获假冒注册商标案，以及规范整治侵权和制售假冒伪劣商品的措施规定等有关信息，但公开量很少，既难以震慑侵犯知识产权行为，也不便于宣传引导社会树立保护知识产权观念、提高遵纪守法意识。

在“双公示”方面，西部地区仍有 2.2% 的城市未推进“双公示”工作，还有 43.5% 的城市未在相关监管和职能部门网站进行公示，不利于各部门间信用信息的归集与共享。因此，各城市应加快建设信用网站，加大信用信息归集力度，以推动城市信用体系建设。

(四) 各地区推进统一社会信用代码转换进程不一

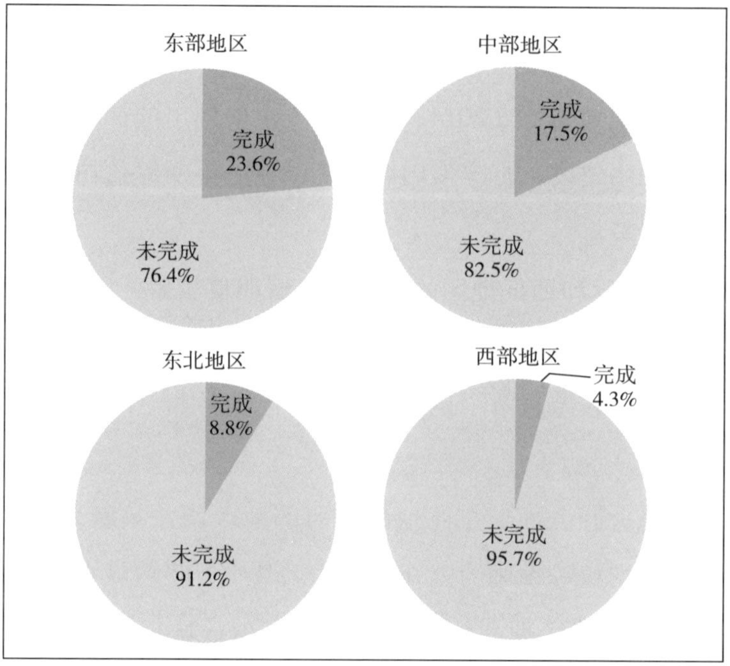

图2-84 四大区域统一社会信用代码转换工作完成情况

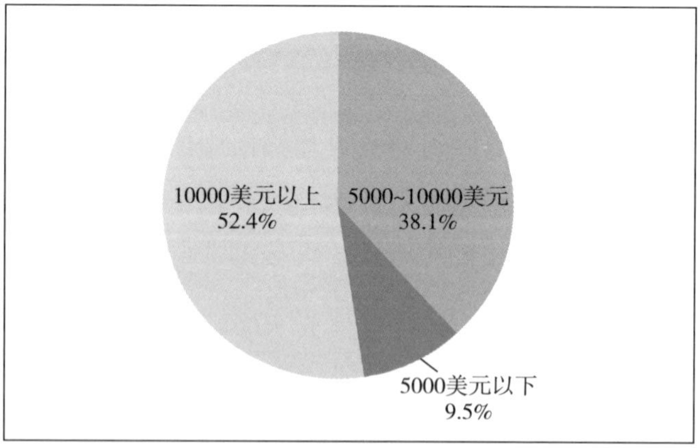

图2-85 全国完成统一社会信用代码转换工作的城市经济发展水平情况分布

截至2016年12月31日，四大区域在统一社会信用代码转换方面的进程均亟待加快。监测显示，各区域多数城市均未完成统一社会信用代码转换工作。其中，西部地区未完成率最高，为95.7%；东北地区次之，为91.2%；中部地区紧随其后，为82.5%；东部地区相对较低，为76.4%。

从整体来看，已完成统一社会信用代码转换工作的城市多为经济发展水平较高的城市，超九成的城市人均GDP在5000美元以上，其中10000美元以上的城市占比52.4%。

（五）东北地区信用服务市场培育水平较低

东北地区城市信用市场培育水平在四大区域中最低，不仅个人信用查询指数较低，而且金融机构、生活服务机构和公共服务机构的用信水平也不高。监测显示，在2016年12个月中，东北地区多个城市的个人信用意识和商业机构用信水平都无大的进展和提升，其中大连市、长春市、哈尔滨市等经济发展相对较好的城市，其信用市场得分在36个省会及副省级以上城市的排名中一直处于后十位。

因此，东北地区城市应加快信用市场的培育，在银行或政府办事大厅等公共场所开设个人信用信息查询点、查询窗口或开通个人信用信息查询网站，鼓励各行业商业机构与第三方征信机构合作，实现资源与服务共享，进一步推动信用体系建设。

（六）东部地区重大失信事件较多

2016年1月1日至12月31日，东部地区发生的重大失信事件较多，占比为47.2%；其次为西部地区（19.4%）、东北地区（16.7%）和中部地区（16.7%）。

东部地区重大失信事件主要涉及金融、文体教科、医药卫生、诚信体系建设、公共安全公信、依法行政6个领域。其中金融领域重大失信事件最为突出，且主要发生在长三角和珠三角等经济较为发达地区的城市，如上海市、广州市、南京市、深圳市等。非法集资和电信诈骗是东部地区金融领域主要的重大失信事件类型，且涉案金额巨大，产生了严重的不良社会影响。

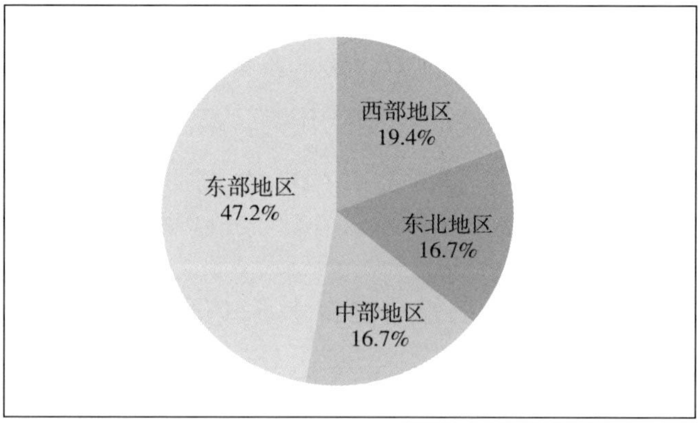

图2－86　2016年全国重大失信事件区域分布

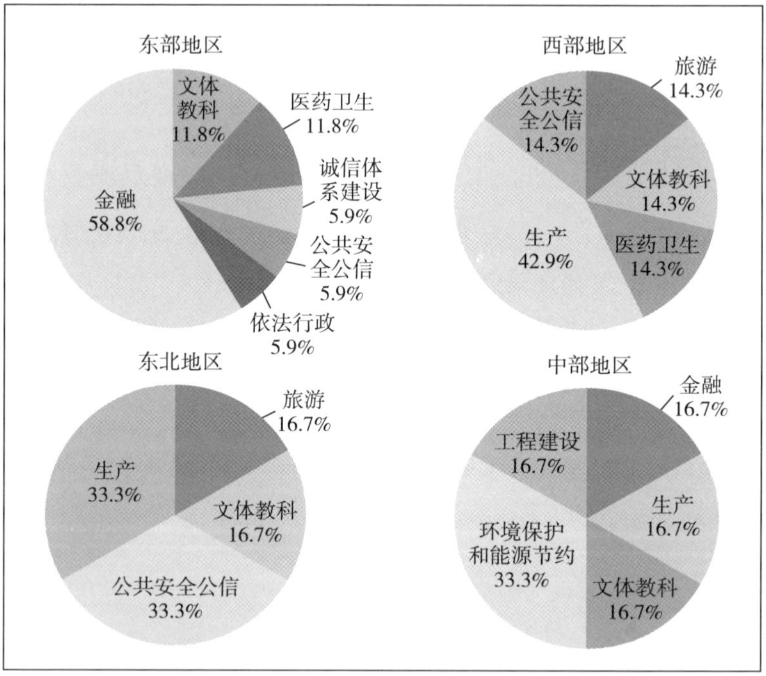

图2－87　四大区域重大失信事件领域分布

西部地区重大失信事件主要涉及生产、公共安全公信、旅游、文体教科和医药卫生等领域，其中生产领域失信事件较为突出，具体事件均系煤矿爆炸事故，死伤严重，造成了较严重的生命财产损失。导致重大失信事件发生的主要原因是生产安全监管不到位，生产领域信用制度建设滞后，企业安全生产事故预防和处理机制缺失，企业安全生产意识淡薄等。

东北地区重大失信事件主要涉及公共安全公信、生产、旅游、文体教科等领域，其中公共安全公信领域失信事件较为突出，具体为政府部门瞒报受灾人数，发生受伤人数较多的公共安全事故等。发生这些重大失信事件的原因在于自然灾害事故应急预案的制定不科学，执行不彻底，政府诚信体系制度建设不受重视。公共安全公信领域的重大失信，直接导致了政府公信力的下降。

中部地区重大失信事件主要涉及环境保护和能源节约、工程建设、金融、生产、文体教科等领域。其中，环境保护和能源节约领域失信事件较为突出，具体表现为违法倾倒大量化工垃圾和化工企业违法排污等，严重污染环境，给群众生产生活带来较多不利的影响。重大失信事件发生的原因在于中部地区化学原料及化工产业制造业较为集中，而部分城市企业环境影响与评价管理不严，日常监管力度不大，对于不达标企业或违规排放企业处罚不重，因此难以遏制污染环境等失信行为的频繁发生。

第三章　不同维度的城市信用状况监测与评价

全国各城市经济发展水平、人口规模、经济实力差异较大。为了使各类城市之间具有可比性，相互之间可以借鉴经验，学习好的做法，我们从人口规模、经济规模和经济发展水平三个维度，对全国295个地级以上城市的信用状况进行监测与评价分析。其中，将人口规模划分为100万以下、100万~500万、500万~1000万、1000万以上四档；将经济规模（GDP规模）划分为1000亿元以下、1000亿~2000亿元、2000亿~5000亿元、5000亿元以上四档；将经济发展水平（人均GDP）划分为5000美元以下、5000~10000美元、10000美元以上三档。然后从信用事件监测状况、信用制度完善程度、信用信息透明度、信用工作绩效、信用市场、重大失信事件六方面，对比分析各维度下城市信用状况与特点。

一、不同人口规模城市信用状况分析

（一）不同人口规模城市信用排名

2016年1月1日至12月31日，人口规模100万以下城市综合信用指数前十名依次为铜陵市、三亚市、舟山市、乌海市、嘉峪关市、克拉玛依市、三沙市、铜川市、拉萨市、儋州市；人口规模100万~500万城市综合信用指数前十名依次为深圳市、厦门市、衢州市、东莞市、扬州市、无锡市、宜昌市、威海市、海口市、黄石市；人口规模500万~1000万城市综合信用指数前十名依次为杭州市、广州市、南京市、沈阳市、苏州市、武汉市、烟台市、合肥市、温州市、潍坊市；人口规模1000万以上城市综合信用指数前十名依次为北京市、上海市、重庆市、成都市、徐州市、天津市、邯郸市、南阳市、阜阳市、保定市。

表2－8　不同人口规模城市综合信用指数前十名

（2016年1月1日至12月31日）

人口规模	信用排名	城市名称	综合信用指数
100万以下	1	铜陵市	79.73
	2	三亚市	75.86
	3	舟山市	73.41
	4	乌海市	73.34
	5	嘉峪关市	72.76
	6	克拉玛依市	72.47
	7	三沙市	71.39
	8	铜川市	71.22
	9	拉萨市	70.13
	10	儋州市	70.10
100万～500万	1	深圳市	85.81
	2	厦门市	84.49
	3	衢州市	83.71
	4	东莞市	83.61
	5	扬州市	83.53
	6	无锡市	83.46
	7	宜昌市	82.79
	8	威海市	82.73
	9	海口市	82.46
	10	黄石市	82.37
500万～1000万	1	杭州市	87.00
	2	广州市	86.20
	3	南京市	85.89

续表

人口规模	信用排名	城市名称	综合指数
500万~1000万	4	沈阳市	85.40
	5	苏州市	84.74
	6	武汉市	84.33
	7	烟台市	84.14
	8	合肥市	83.82
	9	温州市	83.76
	10	潍坊市	83.68
1000万以上	1	北京市	91.20
	2	上海市	89.40
	3	重庆市	87.32
	4	成都市	84.89
	5	徐州市	82.59
	6	天津市	81.67
	7	邯郸市	78.84
	8	南阳市	77.94
	9	阜阳市	77.13
	10	保定市	76.79

(二)不同人口规模城市在信用体系建设中推进较好的方面

1. 不同规模城市法院检察院公信领域信用事件监测状况较好

2016年1月1日至12月31日，人口规模在1000万以上的城市信用事件监测状况较好，明显优于人口规模100万以下城市、500万~1000万城市和100万~500万城市。

人口规模1000万以上的城市在电子商务、环境保护和能源节约、价格、金融、税务、文体教科、知识产权等领域的信用事件优良率较高；人口规模500万~1000万的城市在诚信体系建设、生产、守信践诺、医药卫生等领域的信用事件优良率较高；人口规模100万~500万的城市在交通运输、流通、

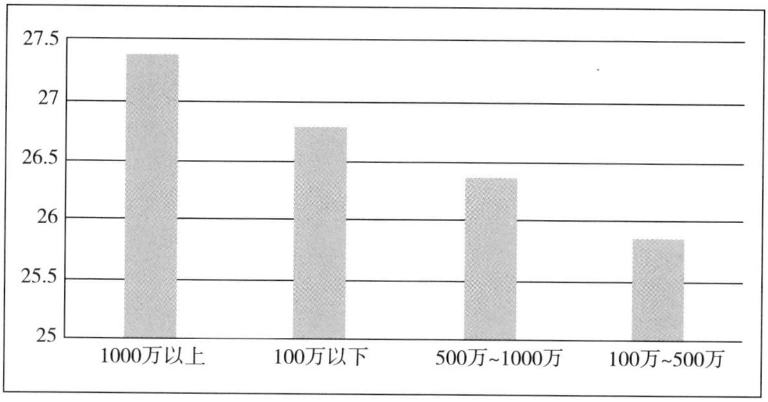

图2－88　2016年不同人口规模城市信用事件平均状况（单位：分）

旅游等领域的信用事件优良率较高；人口规模100万以下的城市在法院检察院公信，工程建设，公共安全公信，社会保障，依法行政，政府采购和招投标，中介、会展、广告、统计等领域的信用事件优良率较高。

2016年1月1日至12月31日，不同人口规模城市在法院、检察院公信领域的信用事件优良率均比较高。从法院、检察院公信领域信用事件优良率来看，人口规模100万以下城市为98.9%、100万～500万城市为97.9%、500万～1000万城市为97.2%、1000万以上城市为96.8%。主要表现为以下四方面：

一是大多数城市加强“老赖”惩戒力度。北京、深圳、厦门、贵阳、包头、克拉玛依等多个城市，通过探索信用惩戒新举措、扩增集约化事务清单、加大对拒执行为打击力度、规范拒执行为的刑事追责流程、定期发布典型案例等措施，集中力量惩戒一批“老赖”，促使“老赖”履行法律义务，有效化解一批难案、积案。

二是多个城市的检察院积极运用“互联网＋”的思维和技术，搭建新媒体平台，发布检务信息，增进检民互动，着力打造“阳光检察”，增加检察工作透明度。

三是部分城市深入推进司法公开，不断健全便民诉讼机制，强化法

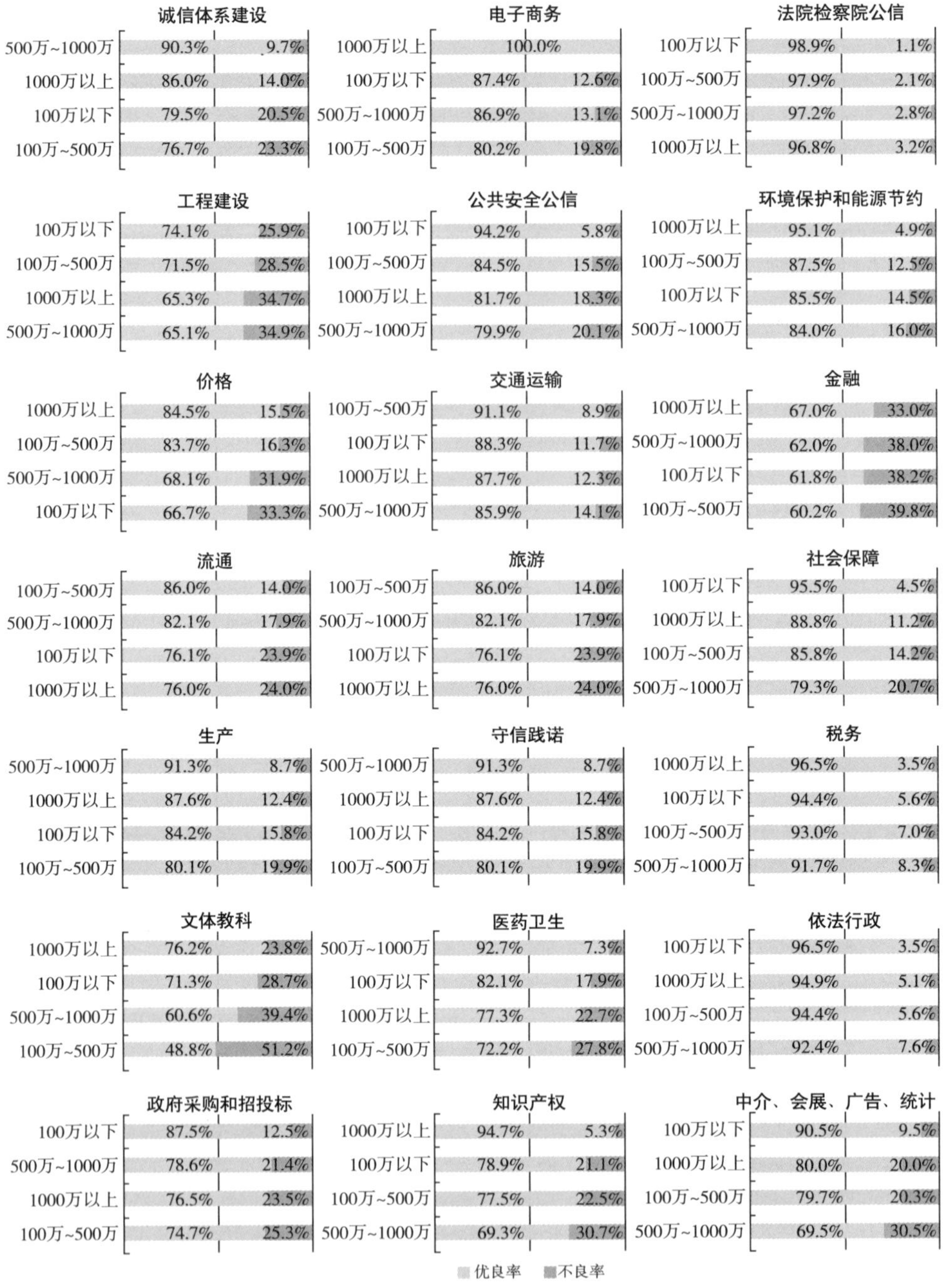

图2-89 不同人口规模城市各领域信用事件分布

院、法庭与巡回审判站、便民联系点、诉讼联络员的工作联系，切实发挥好便民诉讼网络的功效，努力践行“司法为民”。

四是各城市法院举办“公众开放日”活动，广泛邀请社会公众“走进”法院，旁听案件庭审，参观审判设施，增进人民群众及社会各界对法院工作的了解和支持。

2. **人口规模100万以上城市在政务诚信领域和商务诚信领域信用制度较为健全**

从互联网监测到的信用制度整体情况来看，人口规模越大的城市，其信用制度平均完善水平则越高。人口规模1000万以上城市的信用制度平均完善水平最高，其次为人口规模500万~1000万城市、100万~500万城市和100万以下城市。

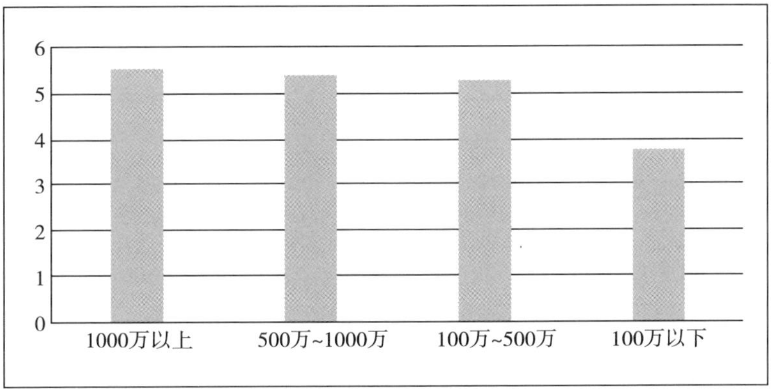

图2-90　2016年不同人口规模城市信用制度平均完善水平（单位：分）

截至2016年12月31日，从互联网监测到的不同人口规模城市在政务诚信、商务诚信、社会诚信、司法公信四个领域的信用制度平均信息量来看，人口规模100万~500万城市、500万~1000万城市和1000万以上城市在政务诚信和商务诚信领域的制度推进力度较强。

具体来看，在政务诚信领域，多个城市组织实施了“红黑名单”管理制度，制定失信联合惩戒措施的规范文件以及守信激励、失信惩戒典型案例发布制度，把恪守诚信者列入“红名单”，把失信违法者列入“黑名单”，定期发布并按规定及时向信用平台报送“黑名单”信息，实现各行业、各领域违法失信“黑名单”信息共享，对被纳入“黑名单”的失信主体实施联合惩戒，全力推进信用体系建设工作。

在商务诚信领域，人口规模100万~500万城市比较重视税务诚信建设，通过制定纳税信用等级评定办法，提高纳税人依法诚信纳税意识和税法遵从度。人口规模500万~1000万城市和1000万以上城市则对企业安全生产较为重视，大多数城市建立了与安全生产承诺制度配套的监督检查、公示公告、安全诚信档案以及安全诚信文化创建等相关制度和保障措施，以此强化企业的安全生产责任意识，督促企业自觉依法依规生产，消除生产安全隐患。

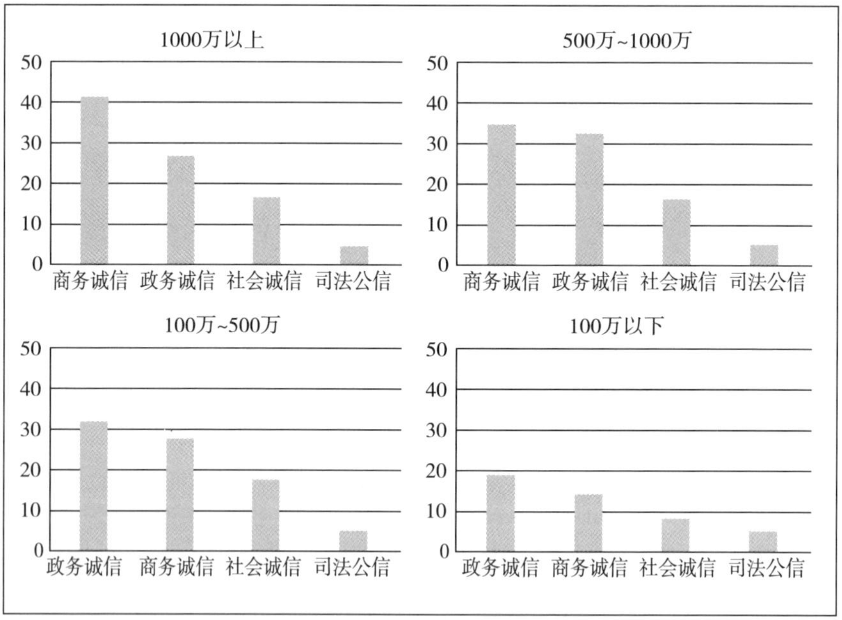

图2-91　不同人口规模城市各领域信用制度建设情况对比（单位：条）①

3. 人口规模越大的城市信用信息透明度越高

整体来看，2016年1月1日至12月31日，人口规模越大的城市，其

① 图表数据采用的是不同领域信用制度的城市平均数量，即各领域制度数量/该区间城市数量。

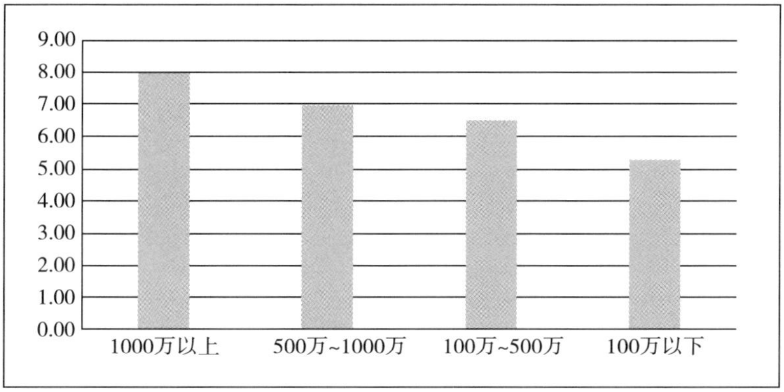

图2－92　2016年不同人口规模城市信用信息透明度平均水平（单位：分）

信用信息透明度平均水平越高。人口规模1000万以上城市信用信息透明度，明显高于人口规模500万～1000万城市、100万～500万城市和100万以下城市。

（1）人口规模1000万以上城市较为重视环境保护和能源节约领域信用信息公开

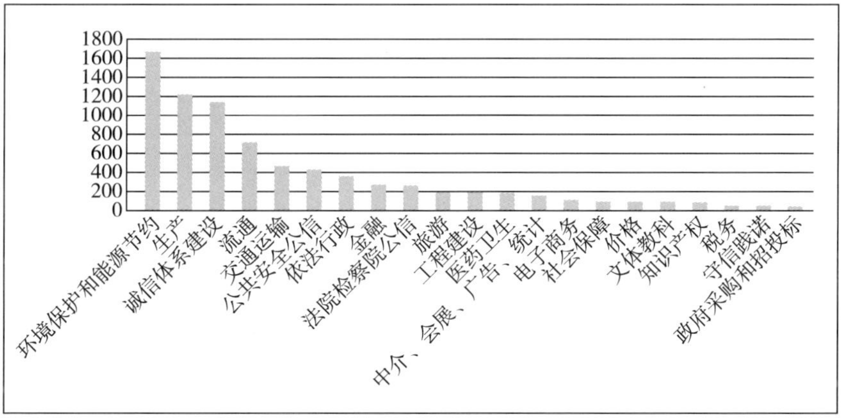

图2－93　2016年人口规模1000万以上城市各领域信用信息公开量（单位：条）

2016年1月1日至12月31日，人口规模1000万以上城市在环境保护和能源节约、生产、诚信体系建设等领域的信用信息公开量较高，特别是在环境保护和能源节约领域，北京、重庆、成都、天津、徐州、南阳等大多数城市均对大气污染防治、水污染防治、土壤污染防治等信息加大公开力度，做好环保宣传引导工作，有效提高群众的环保意识。

（2）人口规模1000万以上城市“双公示”工作取得积极成效

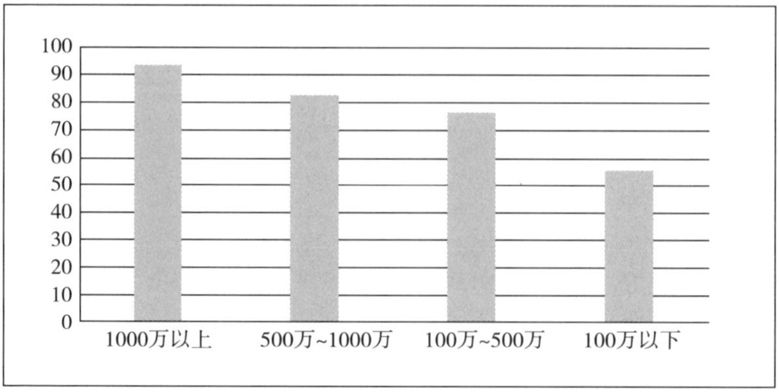

图2-94　2016年不同人口规模城市“双公示”平均水平（单位：分）

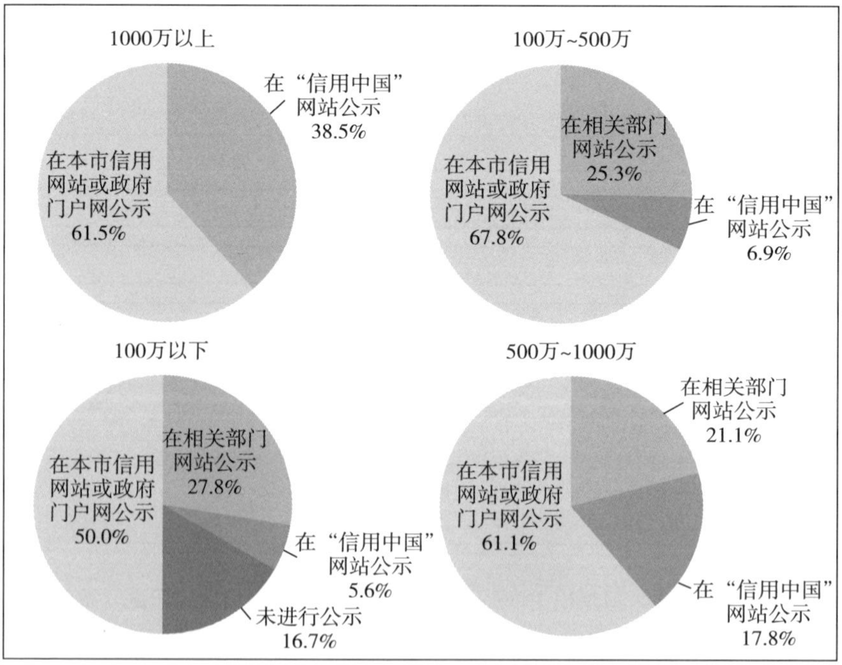

图2-95　不同人口规模城市“双公示”情况分布

从“双公示”情况来看，2016 年，人口规模在 1000 万以上的城市“双公示”水平最高。其中，有 38.5% 的城市在“信用中国”网站上对行政许可和行政处罚信息进行了及时的公示；有 61.5% 的城市在本市信用网站或政府门户网站进行了公示。人口规模在 500 万～1000 万的城市“双公示”水平也较高，17.8% 的城市在“信用中国”网站上进行了公示，61.1% 的城市在本市信用网站或政府门户网站进行了公示，21.1% 的城市则在本市工商、质监、安监、环保等相关部门的网站进行了公示。

4. 人口规模越大的城市信用信息共享平台建设水平越高

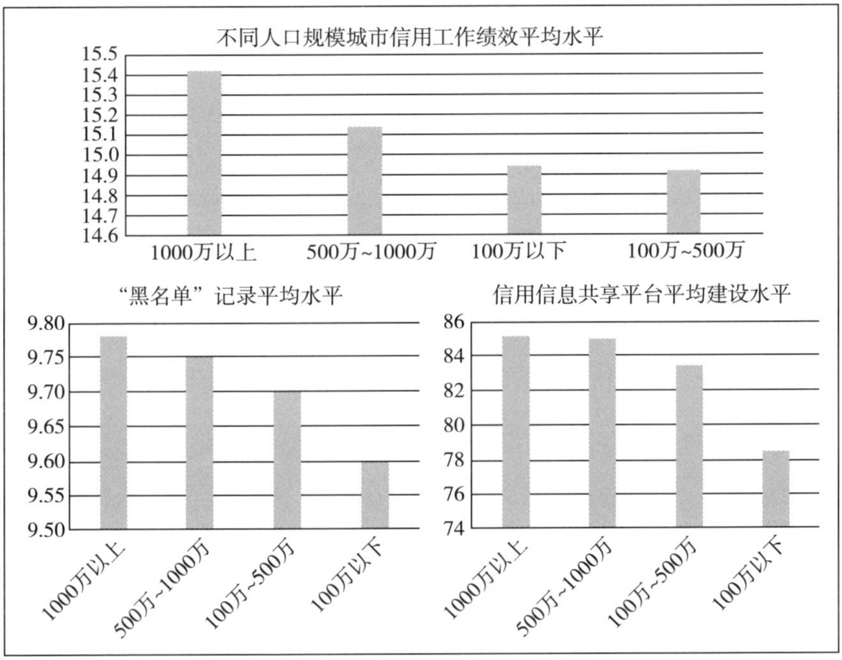

图 2－96　2016 年不同人口规模城市信用工作绩效平均水平（单位：分）

整体来看，2016 年 1 月 1 日至 12 月 31 日，人口规模越大，城市信用工作绩效平均水平也越高。无论是信用信息共享平台建设水平、统一社会信用代码转换工作完成水平，还是“黑名单”记录建设水平，人口规模越大的城市，其各项指标的平均水平也越高。

具体来看，在“黑名单”记录方面，人口规模 1000 万以上的城市的

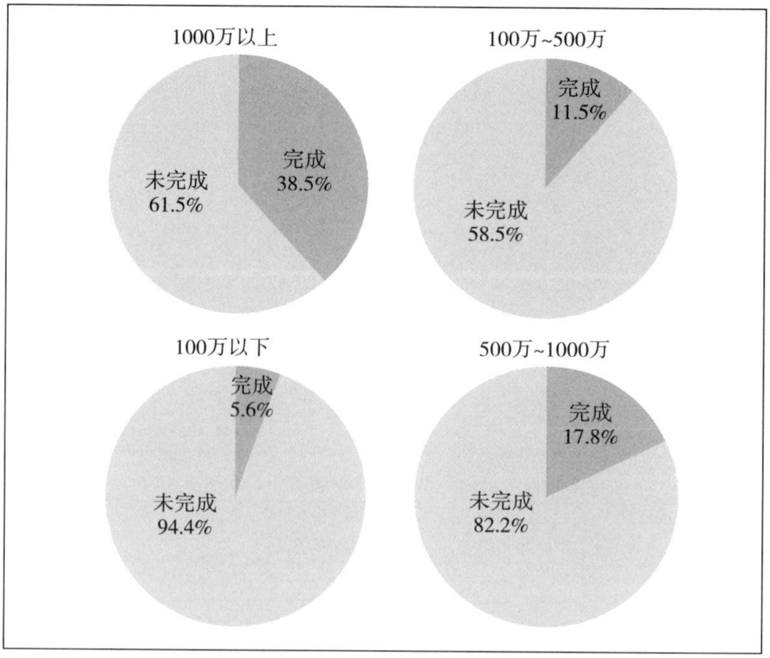

图2－97　不同人口规模城市统一社会信用代码转换工作完成情况

建设水平较高，“黑名单”的归集、共享和应用情况较好。在信用信息共享平台建设方面，人口规模1000万以上的城市做得较为出色，其次是人口规模500万～1000万城市和100万～500万城市的信用信息共享平台建设水平也较高，与1000万以上城市差距较小。说明大部分城市在积极推动政府信用信息与社会信用信息的共享，加快建立和完善信用信息共享平台，为守信联合激励和失信联合惩戒的实施创造条件。在统一社会信用代码转换工作方面，人口规模1000万以上城市完成情况优于其他规模的城市，北京、重庆、成都、石家庄、徐州等多个城市均已在城市信用网站上对统一社会信用代码转换工作进行了公示。

5. **人口规模1000万以上城市商业机构用信状况较好，人口规模500万～1000万城市个人信用意识水平较高**

整体来看，2016年1月1日至12月31日，人口规模越大的城市，其信用市场平均培育水平越高。人口规模1000万以上城市的信用市场平均培育水平明显高于人口规模500万~1000万城市、100万~500万城市和100万以下城市。

具体来看，在商业机构用信状况方面，人口规模1000万以上的城市商业机构用信状况较好。如北京市、上海市、重庆市、成都市等多个城市，积极培育引进第三方征信企业，支持社会信用服务机构发展，建立信用服务市场行为规范。在个人信用意识方面，人口规模500万~1000万的城市个人信用意识水平较高。如杭州市、武汉市、苏州市等城市均较为重视居民诚信教育，广泛宣传并扎实做好诚信教育主题活动，引导市民关注自身的信用记录，增强市民诚实守信意识。

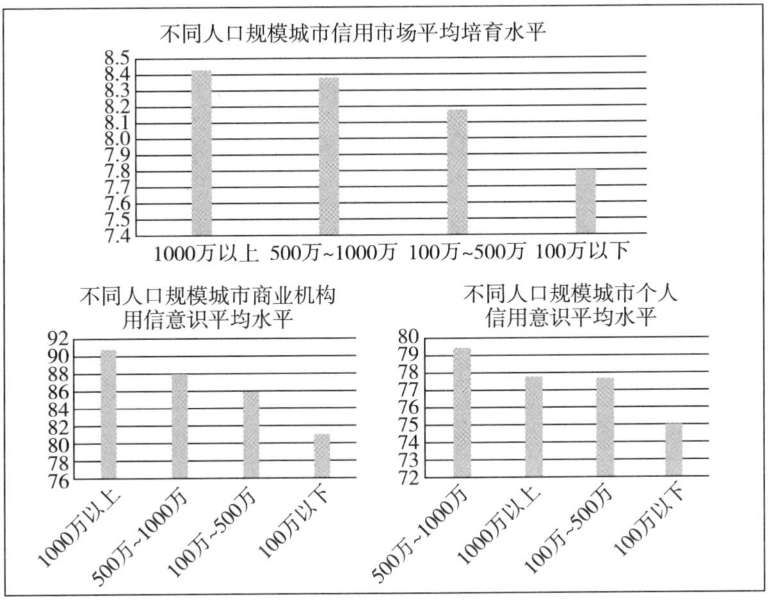

图2-98　2016年不同规模城市信用市场平均培育水平（单位：分）

（三）不同人口规模城市在信用体系建设中存在的问题

1. 人口规模100万~500万城市文体教科领域失信事件高发

2016年1月1日至12月31日，不同人口规模城市在金融、工程建设、文体教科等领域发生了较多不良信用事件，尤其在文体教科领域，不同规模的城市信用事件不良率均比较高。其中，人口规模100万~500万的城市不良信用事件占比最高，为51.2%，涉及学校违规办学、招生，违规收费，教职人员失职失德，驾校协助考生考试作弊等不良信用事件。比如，太原市、兰州市、株洲市、大同市等多个城市发生了违规招生事件；又如，赤峰市、蚌埠市、朝阳市、衡水市、陇南市等多个城市发生了教职人员失职失德、虐待体罚学生的事件，在社会上造成了极其恶劣的影响。因此，相关城市还需要加大对各种违规办学行为的查处力度，及时发现、制止、纠正不规范办学行为，同时认真落实监管责任，建立违规办学、招生行为的监测、举报和问责制度，从制度规范上对教育领域信用建设予以保障。

另外，针对师德缺失的问题，要严格教师准入机制，将教师的思想道德素质和心理健康因素作为重要的考核标准，更要对学校的教师进行师德教育；相关教育部门要加强监督管理，加强师德、师风建设，为教师定下不可逾越的师德“底线”，引导和规范教师行为，维护教师的良好形象。

2. 不同人口规模城市亟待加强司法公信领域信用制度建设

根据互联网监测到的城市信用制度情况来看，不同人口规模城市有关司法公信领域的制度信息量较少，大部分城市未公开或建立与司法公信相关的制度规范，尤其在检察机关信息公开、法院审判信息互联互通、“阳光执法”信息公开和查询制度等方面均需要加强。因此，各城市在将司法公信建设当成一项经常性工作来抓的同时，还应坚持在实践中总结，把好的经验、做法上升到制度规范层面，建立健全工作机制，巩固和扩大司法公信建设成果。

3. 人口规模100万以下城市信用信息透明度较差

2016年1月1日至12月31日，人口规模100万以下的城市信用信息透明度较差，信用信息平均公开量和“双公示”平均水平较低。

从信用信息公开量来看，人口规模100万以下城市在政府采购和招投标、电子商务、价格、守信践诺、税务、知识产权等领域的公开情况较差。因此，相关城市在加强对这些领域信用监管的同时，还应加大对失信事件的披露和对守信事件的宣扬力度，促进相关领域信用制度的网络公开及网络宣传，着力提升信用信息的互联网公开水平。

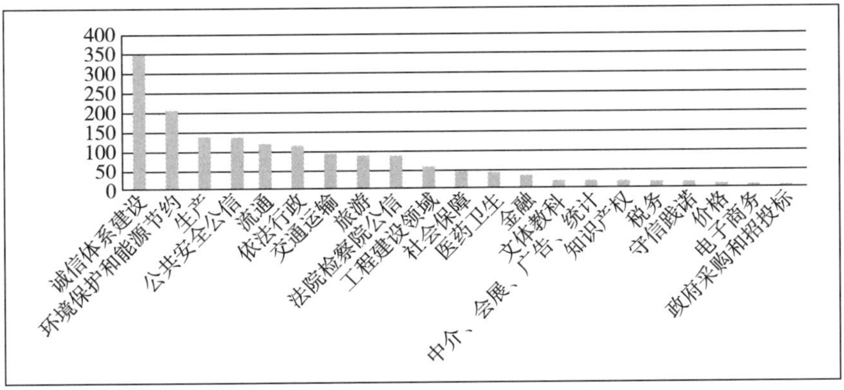

图 2-99 人口规模 100 万以下城市各领域信用信息公开量（单位：条）

从“双公示”情况来看，人口规模 100 万以下的 18 个城市中，仍有 16.7% 的城市未开展“双公示”工作。公开公示行政许可和行政处罚等信用信息，是打造透明政府和公信政府的重要体现，是促进简政放权、实现放管结合、切实转变政府职能的有效手段。做好“双公示”工作，有利于加强信用信息资源整合，推动社会信用体系建设。因此，相关城市有关部门要高度重视，加强领导，精心组织实施，将“双公示”工作落到实处。

4. 人口规模 100 万以下城市统一社会信用代码转换工作和“黑名单”记录建设水平较低

2016 年 1 月 1 日至 12 月 31 日，人口规模 100 万以下城市的信用工作绩效水平较低，特别是在统一社会信用代码转换工作和“黑名单”记录建设方面。

具体来看，在统一社会信用代码转换工作方面，18 个人口规模 100 万以下的城市中，仅有乌海市开通了统一社会信用代码转换工作的公示栏目，有 91.2% 的城市未完成统一社会信用代码转换工作；在“黑名单”记录方面推进也较为缓慢，相关记录信息公开和共享力度不大。因此，人口规模在100万以下的城市需要着力推进统一社会信用代码转换工作，进一步落实国务院关于建设全国统一社会信用代码制度、推进多证合一的任务部署，早日实现各级社会组织换码换证。同时，要建立健全“黑名单”制度，推进“黑名单”的归集共享工作，尽快形成跨区域、跨部门、跨行业的联合惩戒机制，通过一系列刚性举措，增加企业和个人失信成本，让失信者“寸步难行”。

5. 人口规模100万以下城市信用市场发育程度较低

2016年1月1日至12月31日，人口规模100万以下的城市信用市场平均培育水平较差，个人信用意识不强，商业机构用信意识比较淡薄。因此，相关城市应该进一步做好信用知识的宣传教育和诚信创建工作，通过开展“诚信签名”“诚信演讲”“诚信经营示范创建”等形式多样的主题实践活动，多渠道向市民和商业机构进行诚信知识宣传，不断提升群众和商业机构的诚信意识，优化信用市场环境。

6. 人口规模100万~500万城市发生较多重大失信事件

2016年1月1日至12月31日，人口规模在100万~500万的城市发生的重大失信事件较多，占比为50.0%；其次为人口规模500万~1000万城市（33.3%）、1000万以上城市（13.9%）和100万以下城市(2.8%)。人口规模100万~500万的城市重大失信事件主要涉及金融、生产、旅游、医药卫生等8个领域，其中非法集资最为突出。如在深圳市等经济发展水平相对较高的城市，发生了多起涉案金额较大的非法集资事件。人口规模500万~1000万的城市重大失信事件主要涉及金融、文体科教、公共安全公信、工程建设和医药卫生等5个领域，其中非法集资和金融诈骗最为突出。人口规模1000万以上的城市发生的重大失信事件主要集中于金融、生产、文体科教和依法行政领域，以非法集资和电信诈骗事件为主。人口规模100万以下的城市发生的重大失信事件全部集中于生产领域，涉及安全生产责任事故。

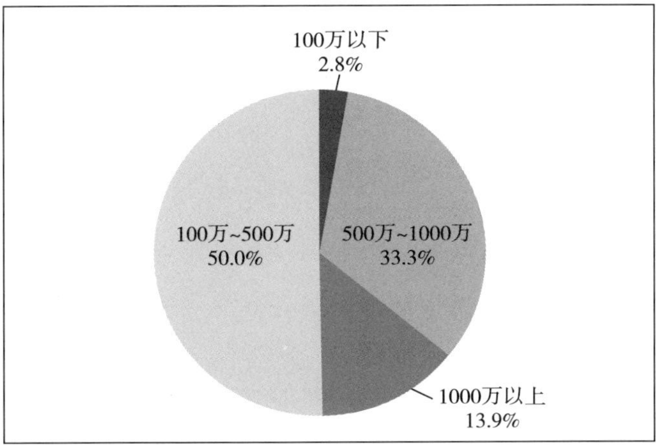

图2-100　2016年全国发生重大失信事件城市人口规模分布

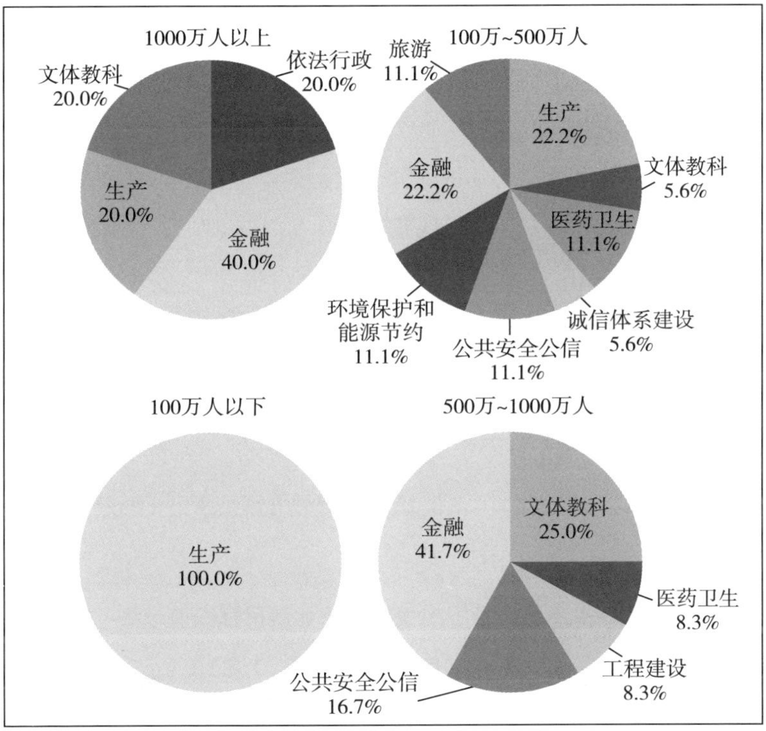

图2-101　不同人口规模城市重大失信事件领域分布

从以上不同人口规模城市发生的失信事件类型来看，大部分都涉及金融领域，因此各城市需要加大金融领域监管力度，尤其是针对非法集资案件，要定期开展涉嫌非法集资风险专项排查活动，对投资咨询、财富管理、第三方理财、担保等投融资中介机构，网络借贷平台、第三方支付等互联网金融行业企业加大风险排查力度，减少存量风险，控制增量风险。同时，通过全面深入推动防范和打击非法集资宣传教育工作，提高公众对非法集资的防范意识和识别能力，从源头上遏制非法集资，维护城市经济金融秩序和社会稳定。

二、不同经济规模城市信用状况分析

(一) 不同经济规模城市信用排名

按照GDP规模在1000亿元以下、1000亿~2000亿元、2000亿~5000亿元、5000亿元以上四个档次，将城市划分为四档，分别进行排名。2016年1月1日至12月31日，GDP规模1000亿元以下城市综合信用指数前十名依次为鄂州市、淮北市、阳泉市、铜陵市、忻州市、张掖市、贵港市、固原市、酒泉市、随州市；GDP规模1000亿~2000亿元城市综合信用指数前十名依次为衢州市、海口市、黄石市、宿迁市、安庆市、六安市、郴州市、肇庆市、珠海市、清远市；GDP规模2000亿~5000亿元城市综合信用指数前十名依次为厦门市、温州市、潍坊市、扬州市、济宁市、台州市、宜昌市、威海市、徐州市、惠州市；5000亿元以上城市综合信用指数前十名依次为北京市、上海市、重庆市、杭州市、广州市、南京市、深圳市、沈阳市、成都市、苏州市。

表2-9 不同经济规模城市综合信用指数前十名

(2016年1月1日至12月31日)

经济规模	信用排名	城市名称	综合信用指数
1000亿元以下	1	鄂州市	82.20
	2	淮北市	80.09
	3	阳泉市	80.02

续表

经济规模	信用排名	城市名称	综合信用指数
1000亿元以下	4	铜陵市	79.73
	5	忻州市	79.48
	6	张掖市	79.21
	7	贵港市	78.99
	8	固原市	78.62
	9	酒泉市	78.27
	10	随州市	78.18
1000亿~2000亿元	1	衢州市	83.71
	2	海口市	82.46
	3	黄石市	82.37
	4	宿迁市	81.95
	5	安庆市	81.54
	6	六安市	81.26
	7	郴州市	81.23
	8	肇庆市	80.94
	9	珠海市	80.66
	10	清远市	80.35
2000亿~5000亿元	1	厦门市	84.49
	2	温州市	83.76
	3	潍坊市	83.68
	4	扬州市	83.53
	5	济宁市	83.18
	6	台州市	82.97
	7	宜昌市	82.79
	8	威海市	82.73
	9	徐州市	82.59
	10	惠州市	82.24

续表

经济规模	信用排名	城市名称	综合信用指数
5000 亿元以上	1	北京市	91.20
	2	上海市	89.40
	3	重庆市	87.32
	4	杭州市	87.00
	5	广州市	86.20
	6	南京市	85.89
	7	深圳市	85.81
	8	沈阳市	85.40
	9	成都市	84.89
	10	苏州市	84.74

（二）不同经济规模城市在信用体系建设中推进较好的方面

1. 经济规模较大的城市信用事件监测状况较好

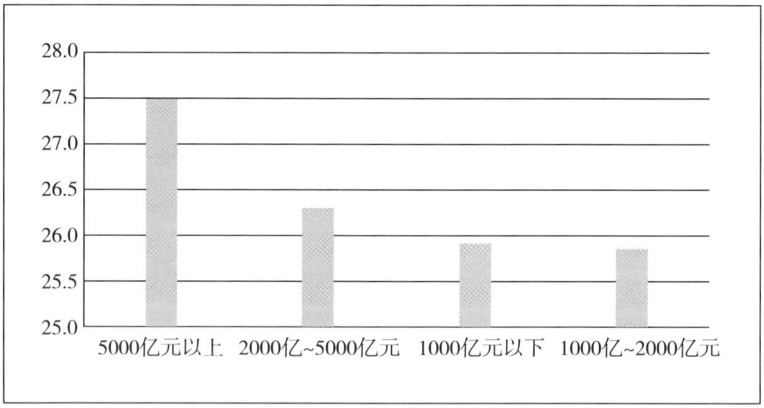

图 2－102　2016 年各经济规模城市信用事件平均监测状况（单位：分）

2016 年 1 月 1 日至 12 月 31 日，经济规模 5000 亿元以上和 2000 亿～5000 亿元的城市信用事件监测状况较好。其中，经济规模 5000 亿元以上的城市，在诚信体系建设、电子商务、环境保护和能源节约、社会保障、税务、医药卫生、知识产权等领域的信用事件优良率较高；经济规模 2000

图2－103 不同经济规模城市各领域信用事件分布（单位：亿元）

亿~5000亿元的城市，在法院、检察院公信，交通运输，流通，依法行政，政府采购和招投标等领域的信用事件优良率较高；经济规模1000亿~2000亿元的城市，在公共安全公信、旅游、生产、文体教科等领域的信用事件优良率较高；经济规模1000亿元以下的城市在价格，金融，守信践诺，中介、会展、广告、统计，工程建设等领域的信用事件优良率较高。

2. **经济规模2000亿~5000亿元的城市信用制度较完善**

根据互联网监测到的各城市信用制度情况来看，经济规模2000亿~5000亿元的城市信用制度平均完善水平最高，其次为经济规模1000亿~2000亿元的城市。其中，经济规模2000亿~5000亿元的城市中，聊城市、大庆市、扬州市、台州市、温州市、嘉兴市等公布到互联网上的信用制度信息数量较多；经济规模1000亿~2000亿元的城市中，衢州市、娄底市、邵阳市、衡水市、南平市、安庆市等公布到互联网上的信用制度信息数量较多。

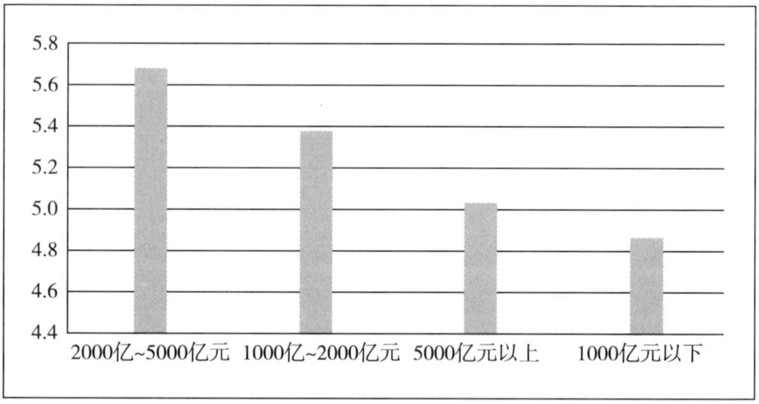

图2-104　不同经济规模城市信用制度平均完善水平

截至2016年12月31日，根据互联网监测到的不同经济规模城市在政务诚信、商务诚信、社会诚信、司法公信四大领域的信用制度信息量情况来看，1000亿~2000亿元和1000亿元以下的城市在政务诚信领域的信用制度建设较为完善，主要是针对推进依法行政、加强法治政府建设和社会诚信体系建设，出台并发布了相关制度和办法等；2000 亿 ~ 5000 亿元和 5000 亿元以上城市在商务诚信领域的信用制度建设较为完善，具体表现为加强安全生产信用制度建设，规范流通领域商品质量监管，以及针对金融、电子商务、工程建设等多领域制定信用监管体系。可见，经济规模较高的城市，较为重视优化营商环境，完善与强化商务诚信机制。

3. 经济规模越大的城市信用信息透明度平均水平越高

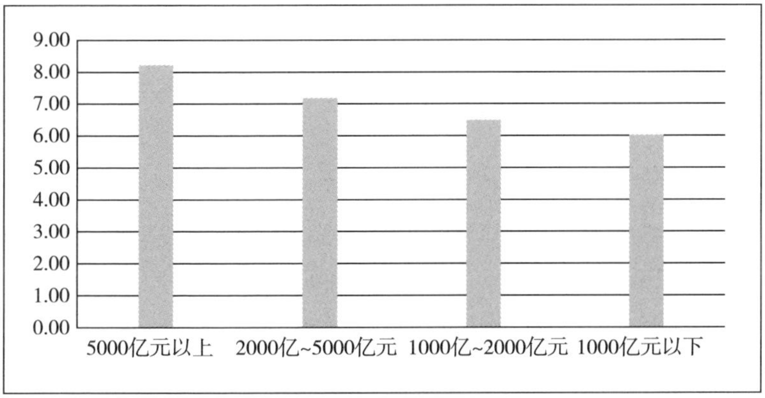

图 2－105　不同经济规模城市信用信息透明度平均水平

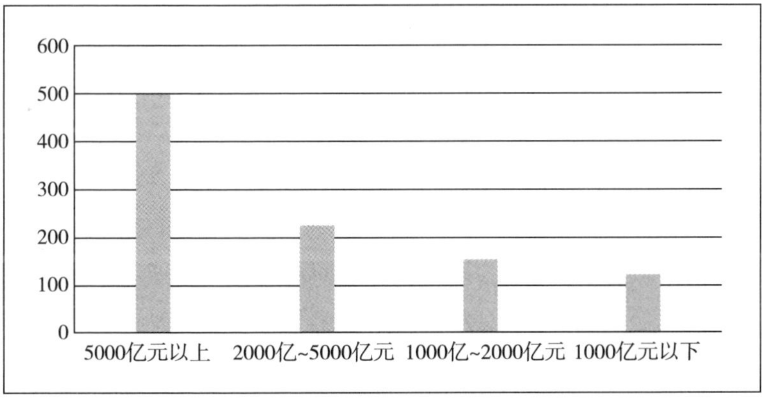

图 2－106　不同经济规模城市信用信息平均公开量（单位：条）

2016 年 1 月 1 日至 12 月 31 日，经济规模越大的城市，其信用信息透明度平均水平越高。无论是信用信息平均公开量，还是“双公示”平均水平，经济规模大的城市各指标的水平均较高。

（1）经济规模较大的城市更注重环保领域的信用信息公开

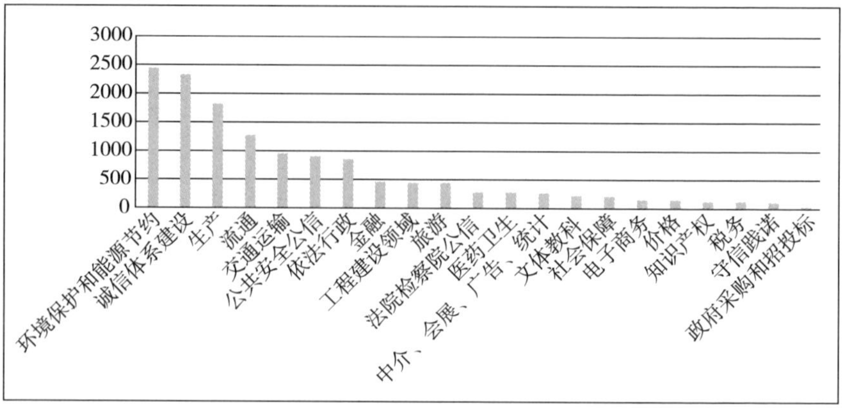

图2－107　经济规模5000亿元以上城市各领域信用信息公开量（单位：条）

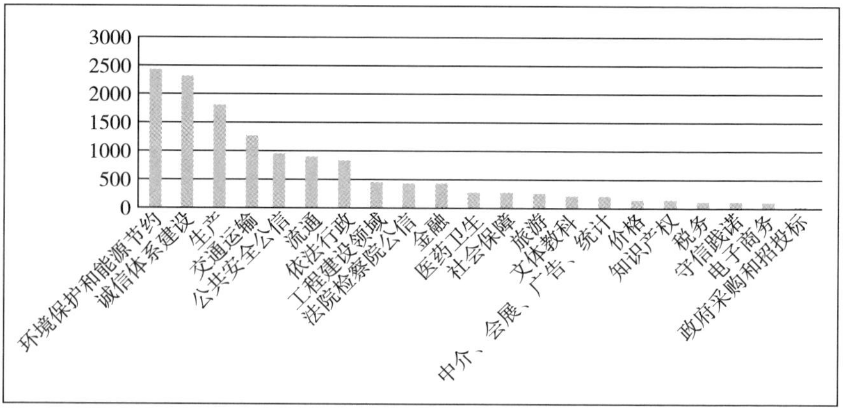

图2－108　经济规模2000亿～5000亿元城市各领域信用信息公开量（单位：条）

2016年1月1日至12月31日，经济规模5000亿元以上和2000亿～5000亿元的城市在环境保护和能源节约领域的信用信息平均公开量均较高，其次是诚信体系建设和生产领域。这说明经济规模大的城市较为重视经济建设与环境保护的协调发展，并且为了提高社会群众保护环境的意识，不断加大信用信息公开，引导人们树立环保意识。而经济规模1000

亿~2000亿元和1000亿元以下的城市，仅在诚信体系建设领域的信用信息平均公开量较高。

（2）经济规模越大，城市“双公示”平均水平越高

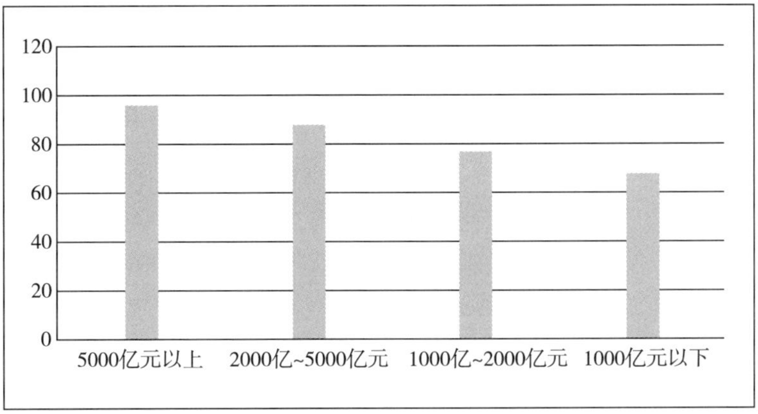

图2－109　不同经济规模的城市“双公示”平均水平（单位：分）

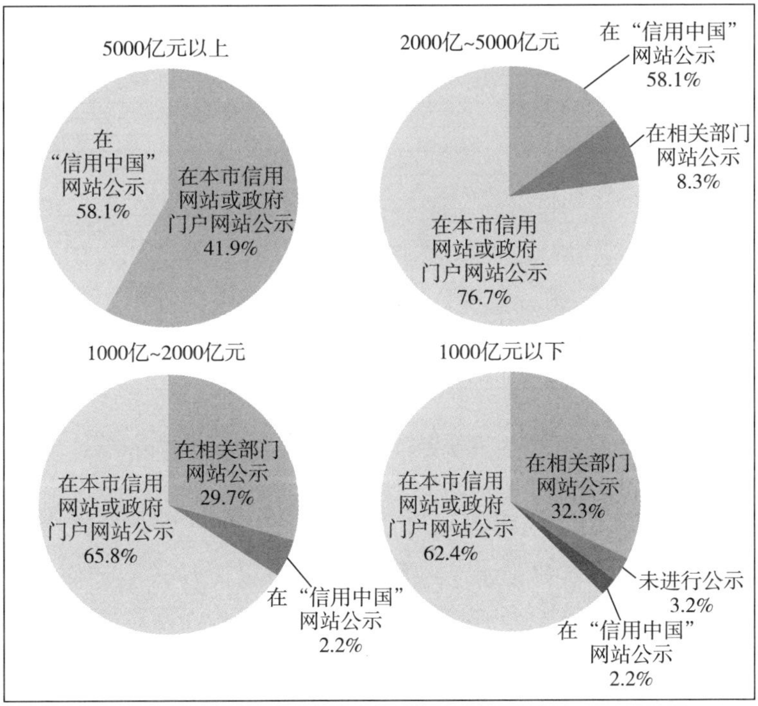

图2－110　不同经济规模城市“双公示”情况分布

从"双公示"情况来看，经济规模越大，城市"双公示"平均水平也越高，即5000亿元以上的城市"双公示"水平最高，在此经济规模范围内，58.1%的城市在"信用中国"网站进行了"双公示"，41.9%的城市在本市信用网站或政府门户网站进行了公示；经济规模2000亿～5000亿元的城市"双公示"水平也较高，76.7%的城市在本市信用网站或政府门户网站进行了公示，15.0%的城市在"信用中国"网站进行了公示，8.3%的城市则在本市工商、质监、安监等相关部门的网站进行了公示。

4. 经济规模5000亿元以上的城市信用工作绩效水平较高

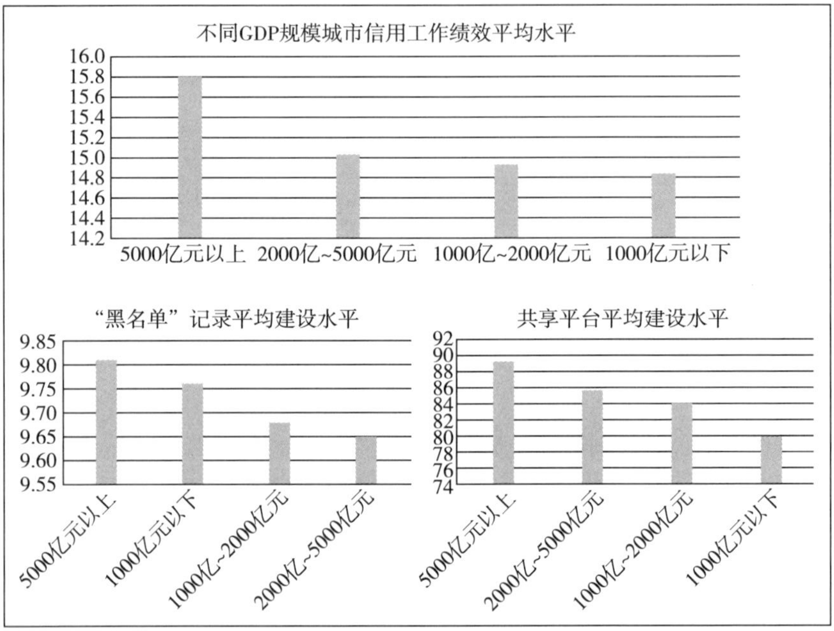

图2－111　2016年不同经济规模城市信用工作绩效状况

整体来看，经济规模越大，城市信用工作绩效平均水平也越高。其中，信用信息共享平台建设水平和统一社会信用代码转换工作完成水平的高低均受经济规模影响，即经济规模越大，两者水平越高。

具体来看，经济规模5000亿元以上的城市，在信用信息共享平台、"黑名单"记录和统一社会信用代码转换工作等方面的情况均较好，广东

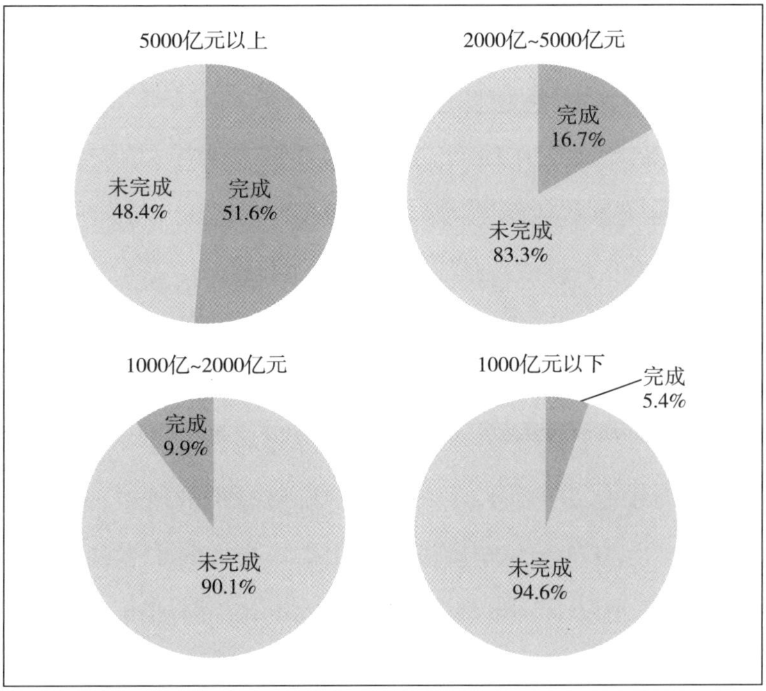

图 2－112　不同经济规模城市统一社会信用代码转换工作完成情况

省是在这三方面做得最好的省份。其中，广州市和深圳市在“黑名单”记录和信用信息共享平台建设方面的水平均较高，广州市为经济规模 5000 亿元以上城市中信用工作绩效水平最高的城市。

5. **经济规模越大，信用市场建设水平越高**

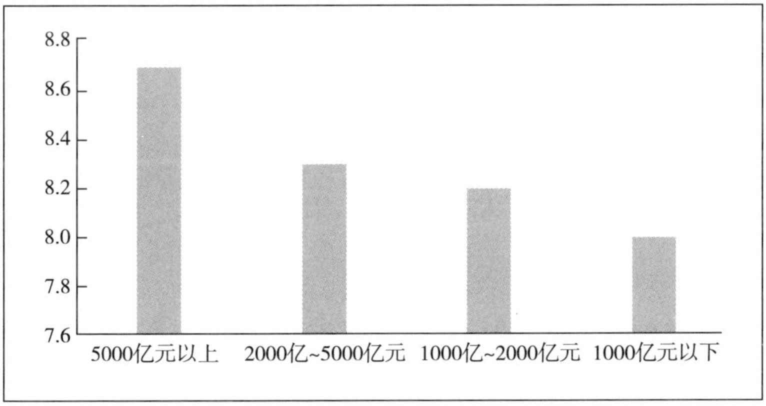

图 2－113　不同经济规模的城市信用市场平均建设水平

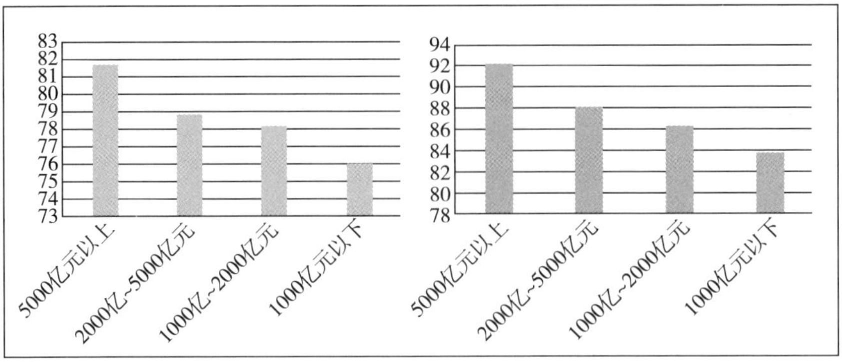

图2－114　不同经济规模城市个人信用意识平均水平和商业机构平均用信水平

2016年1月1日至12月31日，经济规模越大的城市，其信用市场平均建设水平越高。2016年，全国城市信用市场指数前十名的城市，其经济规模均在5000亿元以上，包括北京市、上海市、深圳市、杭州市、广州市、成都市、武汉市、南京市、重庆市、郑州市等。

具体来看，北京市信用市场发展的特点是商业机构用信驱动明显；上海市、深圳市、武汉市、南京市、郑州市的个人信用意识和商业机构用信发展较为平衡；杭州市则是个人信用意识发展较为突出；广州市、成都市、重庆市的商业机构用信发展较快。

（三）不同经济规模城市在信用体系建设中存在的问题

1. 经济规模较小的城市信用事件总体不良率较高

2016年1月1日至12月31日，互联网监测到的不同经济规模的城市信用事件不良率显示，经济规模较小的城市信用事件监测情况较差。其中，经济规模1000亿元以下的城市在诚信体系建设、法院检察院公信、公共安全公信、交通运输、流通、旅游、社会保障、生产、税务、医药卫生、依法行政、政府采购与招投标、知识产权等领域的不良率均较高；经济规模1000亿～2000亿元的城市在诚信体系建设、电子商务、环境保护和能源节约、价格、守信践诺、依法行政、政府采购与招投标等领域的总体不良率较高；经济规模2000亿～5000亿元的城市在环境保护和能源节约、金融、社会保障、生产、税务等领域的总体不良率较高；经济规模5000亿元以上的城市在公共安全公信、工程建设等领域的总体不良率较高。可见，经济规模越低，城市总体失信状况越严重。

2. 司法公信领域信用制度建设较不完善

从互联网监测到的城市信用制度建设情况来看，经济规模1000亿元以下的城市，其信用制度平均完善水平较差，特别是经济欠发达的西部省份，如宁夏、贵州、甘肃等省（区、市）的部分城市信用制度建设不够完善。其中，社会诚信和司法公信领域的信用制度完善水平亟待提高，尤其是在经济规模1000亿元以下的城市中，有19.4%的城市在司法公信领域的信用制度为零。出现这种现象，要么是没有建立相应的信用制度，要么是没有向社会公开。

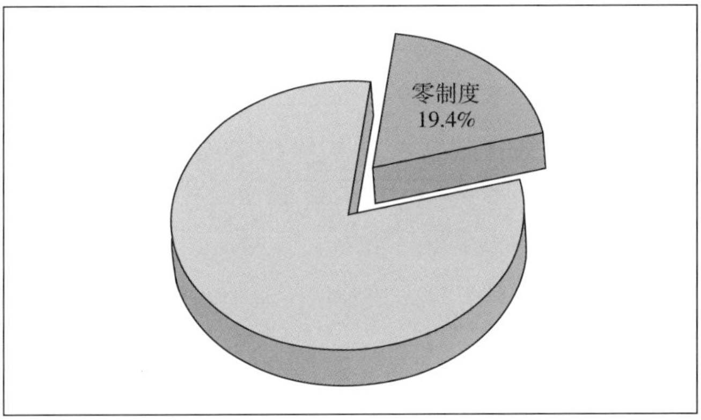

图2－115 1000亿元以下城市司法公信领域信用制度建设分布（单位：条）

实际上，全国各经济规模城市在司法公信领域的信用制度建设均不完善。当前，我国正在深化司法体制改革，要坚持司法体制改革的正确政治方向，就要坚持以提高司法公信力为根本尺度。按照《社会信用体系建设规划纲要（2014—2020年）》的要求，司法公信是进行社会信用体系建设的重点领域，建设司法公信才能树立司法权威。因此，各城市应重点加强法院检察院和司法行政系统的公信建设，加快建立和完善司法领域诚信体系制度、司法信息公开制度、信用执法规范化制度、司法从业人员诚信承诺制度等，并建立司法执法和从业人员信用档案。

3. **经济规模1000亿元以下城市未全部开展“双公示”**

2016年1月1日至12月31日，经济规模1000亿元以下的城市，其信用信息透明度平均水平较低，信用信息平均公开量和“双公示”平均水平均较差。

从信用信息公开量来看，经济规模1000亿元以下的城市在电子商务、政府采购和招投标、价格等领域的公开情况均较差。当前，全国各城市在电子商务领域的信用信息公开水平都相对较低，特别是经济规模较小的城市，其发展电商经济的步伐较慢，信用信息的公开也较少。

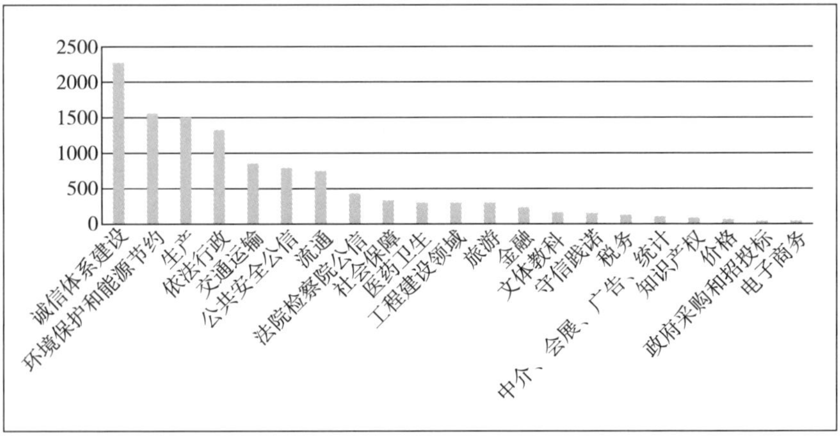

图2-116 经济规模1000亿元以下城市各领域信用信息公开量（单位：条）

从“双公示”情况来看，经济规模1000亿元以下的93个城市中，仅淮北市、固原市、乌海市、阳泉市4个城市进入295个城市信用信息透明度的前50名，且仍有个别经济比较落后的城市未进行“双公示”，还有一些城市只在本市少数信用监管部门网站进行了“双公示”。“双公示”是打造透明政府和公信力政府的重要基础，城市开展社会信用体系建设过程中，如果“双公示”工作推进不到位，就会对当前和长远信用体系建设工作产生影响。因此，城市政府应充分认识到“双公示”工作的重要性和必要性，加快推进行政许可和行政审批信用信息的公开与共享，提高信用信息的及时性和透明度。

4. 经济规模较小的城市信用信息平台建设和统一社会信用代码转换工作完成水平较差

总体来看，经济规模1000亿~2000亿元和1000亿元以下的城市，其信用工作绩效水平较低，特别是1000亿元以下的城市在统一社会信用代码转换工作和信用信息平台建设方面均较差。截至2016年12月31日，经济规模1000亿元以下的93个城市中，有88个城市未完成统一社会信用代码转换工作。在全国城市信用信息平台建设水平后100名的城市中，有47个是经济规模1000亿元以下的城市，36个城市的经济规模在1000亿~2000亿元。

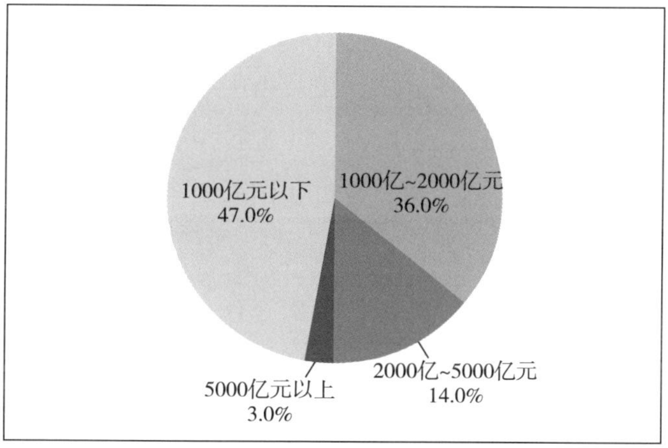

图2-117　全国城市信用信息平台建设水平后100名城市分布

从“黑名单”记录建设水平来看，经济规模为2000亿~5000亿元的城市建设水平较低，共涉及60个城市，其中后20名城市主要分布在江苏省、河北省、内蒙古自治区、浙江省、福建省、河南省、湖南省、陕西省8个省（区、市），其中不乏长三角经济较发达的城市。主要表现在“黑名单”记录建设推进较慢，相关记录信息公开不及时，对失信企业和自然人的信用信息共享不够，联合惩戒机制不完善。

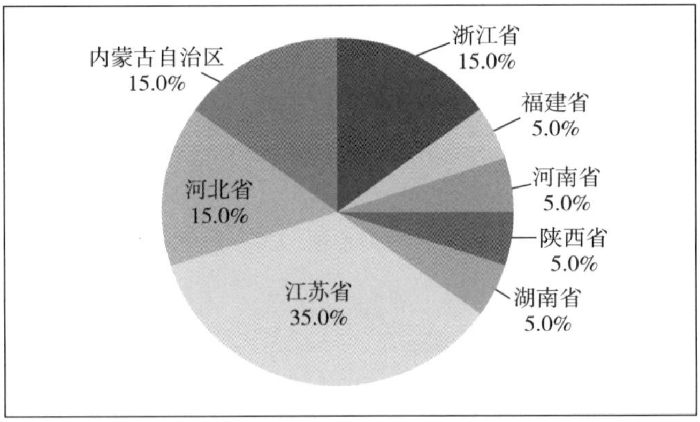

图2－118　经济规模2000亿～5000亿元城市“黑名单”记录建设水平后20名分布

5. 经济落后城市信用市场培育欠佳

从全国城市来看，新疆维吾尔自治区、甘肃省、宁夏回族自治区、西藏自治区等经济落后的西部省（区、市）的城市，如拉萨市、西宁市、银川市、乌鲁木齐市、兰州市、海口市、吐鲁番市、固原市等，信用市场培育水平均不高，个人信用意识和商业机构用信水平均有较大改进空间。因此，相关城市应加强诚信宣传教育，开设个人信用查询网点，引导自然人提高守信意识。要尽快与第三方征信机构合作，扩大信用信息共享和服务范围，以促使商业机构用信规模和水平的提升。

6. 重大失信事件主要发生在经济规模较大的城市

2016年1月1日至12月31日，经济规模为5000亿元以上城市发生的重大失信事件最多，占比38.9%；其次是经济规模2000亿～5000亿元城市（30.6%）、1000亿～2000亿元城市（22.2%）、1000亿元以下城市（8.3%）。其中，经济规模5000亿元以上城市重大失信事件主要涉及金融（57.1%）、文体教科（14.3%）、诚信体系建设（7.1%）、医药卫生（7.1%）、公共安全公信（7.1%）、生产（7.1%）6个领域。

金融领域的失信事件最为严重，该经济规模下的金融领域重大失信事件占全国金融领域的 72.7%。经济较发达城市金融领域重大失信事件多发，一方面是由于投资者教育缺失，金融机构和金融中介不尽责，监管机构不作为等；另一方面主要是因我国金融监管机制不健全和金融市场环境顶层设计不够合理，是导致金融领域失信严重的根源。因此，经济发达城市应利用自身经济和资源优势，尽快制定并出台金融行业信用监管制度，建立一套针对银行机构、企业和自然人的信用评价机制，以维护金融市场秩序。

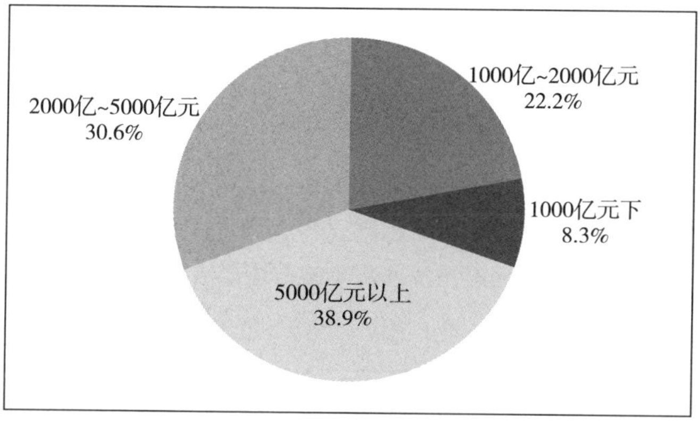

图 2－119　2016 年不同经济规模城市重大失信事件分布

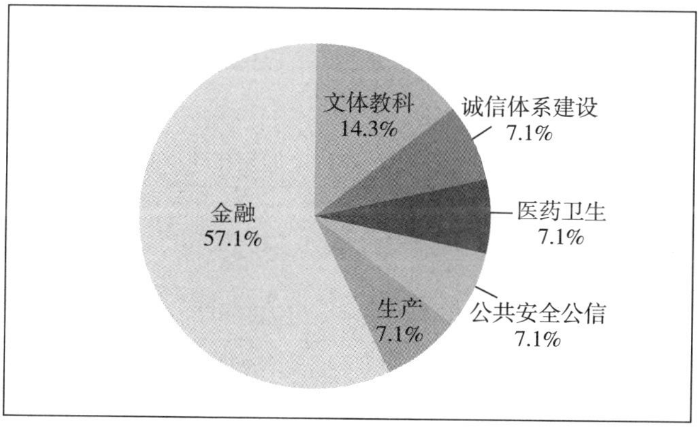

图 2－120　2016 年 5000 亿元以上城市重大失信事件领域分布

三、不同经济发展水平城市信用状况分析

(一) 不同经济发展水平城市信用排名

按照人均 GDP 在 5000 美元以下、5000 ~ 10000 美元、10000 美元以上三个档次，将地级以上城市划分为三档，分别进行排名。

2016 年 1 月 1 日至 12 月 31 日，人均 GDP5000 美元以下城市综合信用指数前十名依次为安庆市、六安市、菏泽市、忻州市、张掖市、荆州市、贵港市、滁州市、固原市、渭南市；人均 GDP 5000 ~ 10000 美元城市综合信用指数前十名依次为重庆市、温州市、衢州市、潍坊市、济宁市、台州市、徐州市、海口市、黄石市、德州市；人均 GDP 10000 美元以上城市综合信用指数前十名依次为北京市、上海市、杭州市、广州市、南京市、深圳市、沈阳市、成都市、苏州市、厦门市。

表 2-10　不同经济发展水平城市综合信用指数前十名

(2016 年 1 月 1 日至 12 月 31 日)

人均 GDP	信用排名	城市名称	综合信用指数
5000 美元以下	1	安庆市	81.54
	2	六安市	81.26
	3	菏泽市	81.02
	4	忻州市	79.48
	5	张掖市	79.21
	6	荆州市	79.08
	7	贵港市	78.99
	8	滁州市	78.92
	9	固原市	78.62
	10	渭南市	78.52

续表

人均 GDP	信用排名	城市名称	综合信用指数
5000～10000 美元	1	重庆市	87. 32
	2	温州市	83. 76
	3	衢州市	83. 71
	4	潍坊市	83. 68
	5	济宁市	83. 18
	6	台州市	82. 97
	7	徐州市	82. 59
	8	海口市	82. 46
	9	黄石市	82. 37
	10	德州市	82. 1
10000 美元以上	1	北京市	91. 2
	2	上海市	89. 4
	3	杭州市	87
	4	广州市	86. 2
	5	南京市	85. 89
	6	深圳市	85. 81
	7	沈阳市	85. 4
	8	成都市	84. 89
	9	苏州市	84. 74
	10	厦门市	84. 49

（二）不同经济发展水平城市在信用体系建设中推进较好的方面

1. 各经济发展水平城市在法院检察院公信、税务、依法行政领域的信用事件优良率普遍较高

2016 年 1 月 1 日至 12 月 31 日，根据各经济发展水平城市在 21 个领域的优良信用信息占比情况来看，不同经济水平城市在法院检察院公信、税务、依法行政领域信用事件优良率普遍较高，全部在 90% 以上。其中，人均 GDP 5000～10000 美元城市在法院检察院公信领域的信用事件优良率最

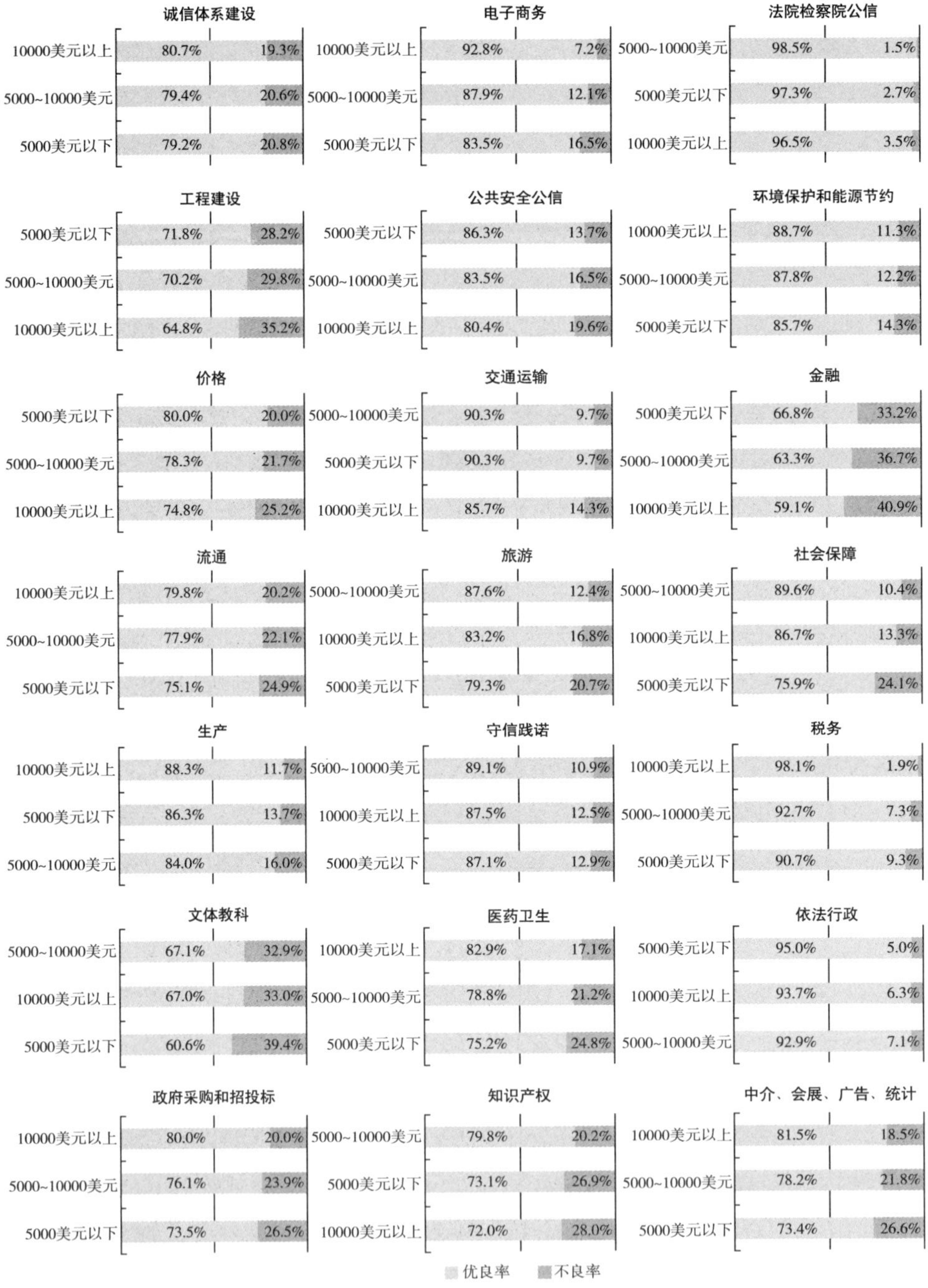

图2－121　2016年不同经济发展水平城市各领域信用事件分布

高，为98.5%；人均GDP 10000美元以上城市在税务领域的信用事件优良率最高，为98.1%；人均GDP 5000美元以下城市在依法行政领域的信用事件优良率最高，为95.0%。

具体来看，法院检察院公信领域优良信用事件集中体现为推进检务公开，强化监督问责机制等；税务领域优良信用事件集中体现为促进信用信息共享，推广纳税人信息应用等；依法行政领域优良信用事件集中体现为推进政务公开，加强社会监督，推进“双公示”；等等。

2. 各经济发展水平城市在政务诚信和商务诚信领域的信用制度较完善

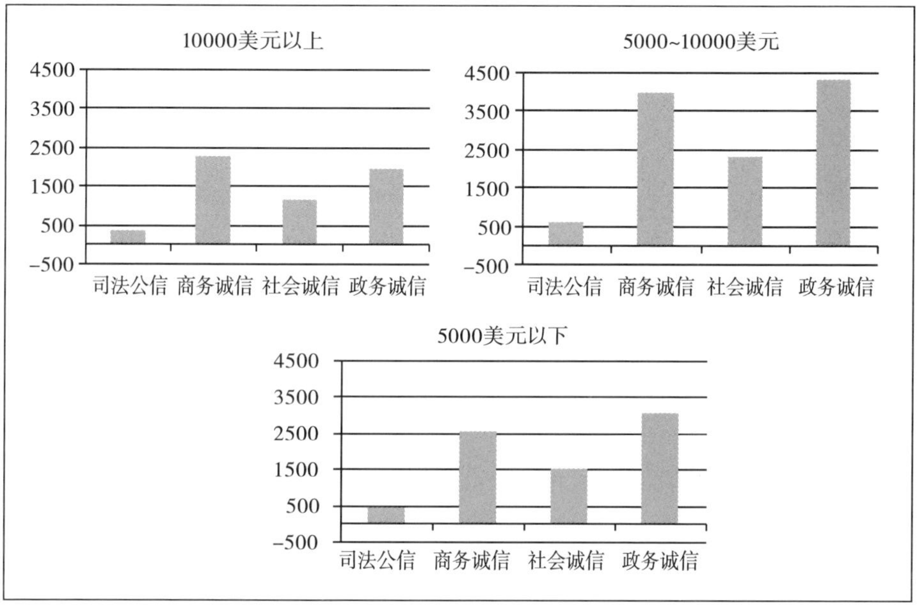

图2-122　不同经济发展水平城市各领域信用制度建设情况对比（单位：条）①

截至2016年12月31日，从互联网监测到的不同经济发展水平城市在政务诚信、商务诚信、社会诚信、司法公信四个领域的信用制度信息量来看，各区间城市在政务诚信和商务诚信领域的信用制度较完善，相应制度信息量远高于司法公信和社会诚信领域，体现了各城市对于政务诚信和商

① 图表数据采用的是不同领域信用制度的城市平均数量，即各领域制度数量/该区间城市数量。

务诚信的高度重视。

具体来看，政务诚信方面，各城市大力推进诚信体系建设制度化，在依法行政考核、党风廉政建设、信用奖惩、信用信息共享和管理等方面制定了明确的制度。

商务诚信方面，各城市针对生产、流通、电子商务、金融等重点领域不断加大规范力度，出台了规范安全生产、商贸流通企业信用评价、电子商务企业客户信用管理、保护金融消费者合法权益等多项制度。

3. 人均 GDP 10000 美元以上城市信用信息透明度较高

根据2016 年不同人均 GDP 规模城市信用信息透明度的平均得分情况可以看出，人均 GDP 10000 美元以上城市信用信息透明度明显高于其他两个区间城市。

具体来看，在“双公示”工作推进方面，人均 GDP 10000 美元以上城市“双公示”平均水平较高，各城市不断完善政务信息网上公示公开机制，提高行政执法的透明度和公信力，积极推进行政许可和行政处罚“双公示”工作。北京市、上海市、南京市等城市实现了“双公示”栏目在工商、质监、安监、食药监等政府部门网站、本市信用网站或政府门户网站、“信用中国”网站的全覆盖。在信用制度信息公开方面，厦门、杭州、沈阳等人均 GDP 10000 美元以上城市在诚信体系建设、生产、社会保障等领域出台了较为完备的制度，并积极在互联网上公开。

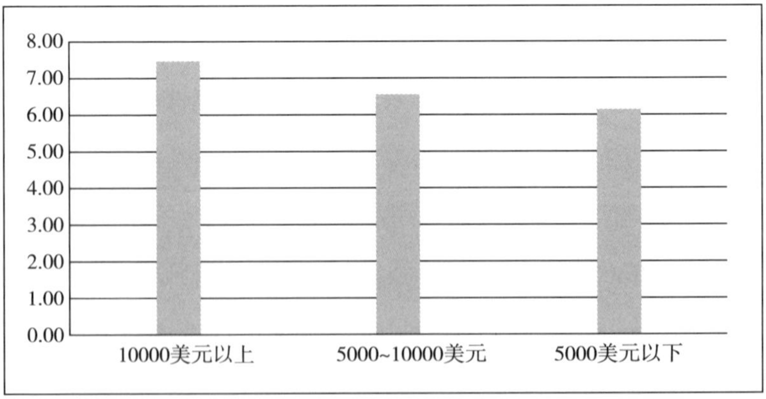

图 2－123　2016 年不同经济发展水平城市信用信息透明度对比（单位：分）

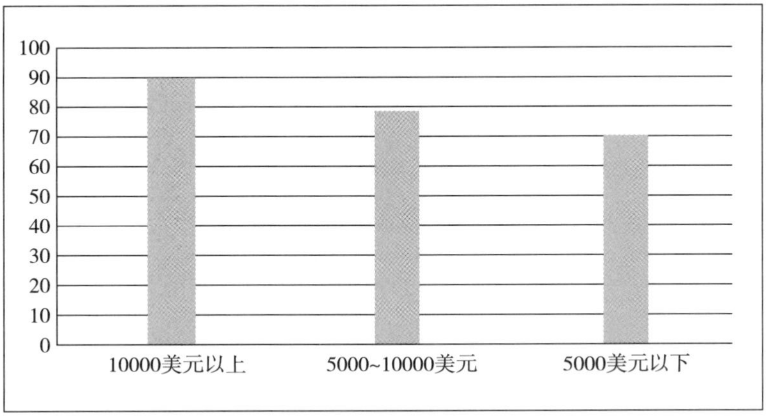

图2-124 2016年不同经济发展水平城市“双公示”情况对比（单位：分）

4. 人均GDP10000美元以上城市信用工作绩效平均水平较高

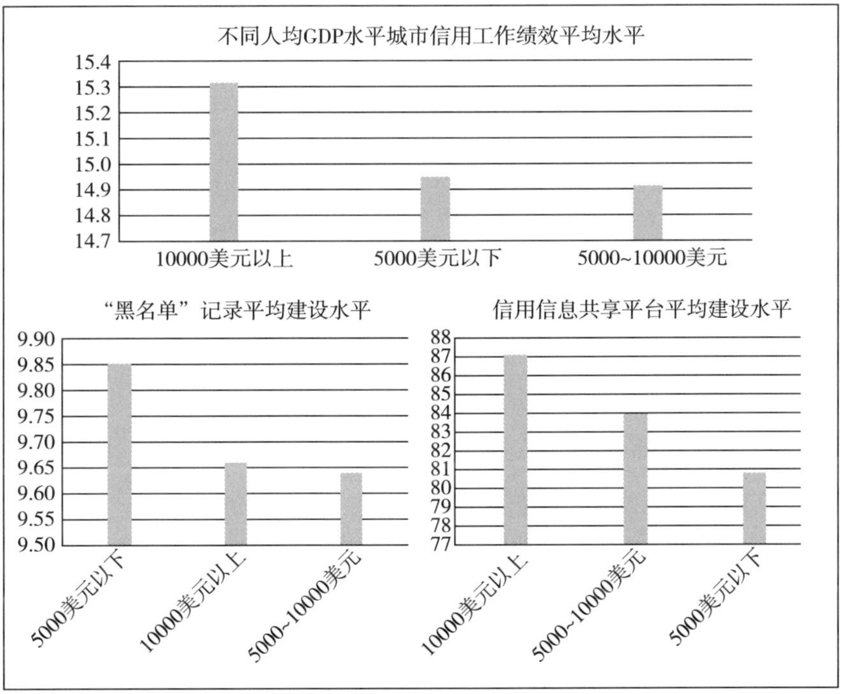

图2-125 2016年不同经济发展水平城市信用工作绩效对比（单位：分）

2016年，从城市信用工作绩效的整体效果来看，人均GDP10000美元以上城市信用工作绩效平均水平较高。分项来看，人均GDP10000美元以

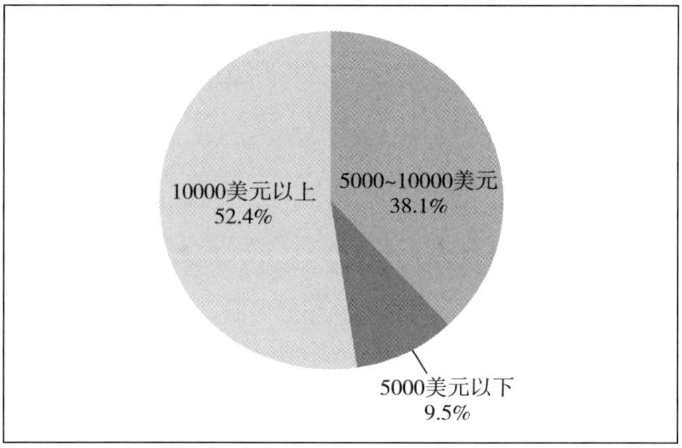

图2－126　不同经济发展水平城市统一社会信用代码转换工作完成情况对比

上城市信用信息共享平台建设和统一社会信用代码转换两项工作推进较好，均处于领先地位。

5. 人均GDP10000美元以上城市信用市场建设平均水平较高

根据2016年不同人均GDP规模城市信用市场发育程度的平均得分情况可以看出，人均GDP10000美元以上城市信用市场发育程度明显高于其他两个区间城市。具体来看，人均GDP10000美元以上城市商业机构用信意识和个人信用意识状况均较好。商业机构用信意识方面，各城市积极开通企业信用查询服务，鼓励开发第三方征信产品，推进信用信息共享，培养金融机构等的用信意识。个人信用意识方面，各城市通过开通查询窗口、自助查询网点等方式，提供个人信用报告等服务，促进个人信用意识不断提高。

（三）不同经济发展水平城市在信用体系建设中存在的问题

1. 各经济发展水平城市在金融、文体教科、工程建设领域的信用事件不良率普遍较高

2016年1月1日至12月31日，根据各经济发展水平城市在21个领域的不良信用信息占比情况来看，各经济发展水平城市在金融、文体教科、

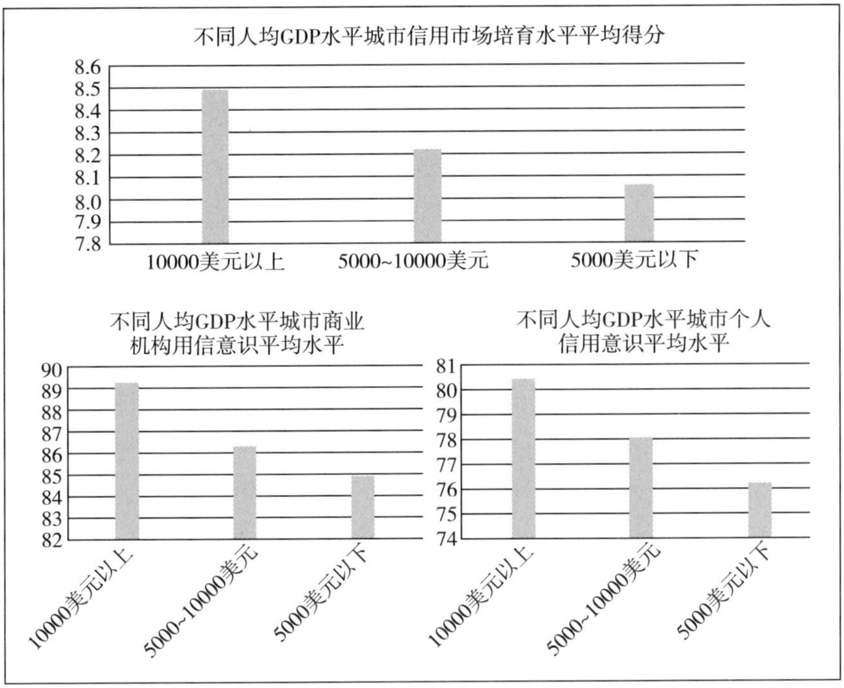

图2－127 2016年不同经济发展水平城市信用市场建设平均得分（单位：分）

工程建设领域的信用事件不良率普遍较高，基本在30%以上。其中，人均GDP10000美元以上城市在金融和工程建设领域的信用事件不良率较高，分别为40.9%和35.2%；人均GDP5000美元以下城市在文体教科领域的信用事件不良率最高，为39.4%。

具体来看，金融领域不良信用事件主要集中在非法集资、金融诈骗、金融机构违规经营等方面；文体教科领域不良信用事件主要集中在教育机构违规经营、教育系统人员违法违纪行为等方面；工程建设领域不良信用事件主要集中在违法建设、工程质量不合格等方面。

2. 各经济发展水平城市在司法公信和社会诚信领域的信用制度比较欠缺

截至2016年12月31日，根据互联网监测到的不同经济发展水平城市在政务诚信、商务诚信、社会诚信、司法公信四个领域的信用制度平均信息量来看，各区间城市在司法公信和社会诚信领域的信用制度比较欠缺，相应制度信息量远低于政务诚信和商务诚信领域。

具体来看，司法公信在四大领域中制度信息量最少，目前出台的制度大多集中在维护公共安全公信方面，而在推进执法规范化建设、严格执法程序、深化司法体制和工作机制改革方面，相关制度较少。在社会诚信领域，目前出台的制度主要集中在环境保护和能源节约、文体教科以及社会保障方面，而医药卫生和知识产权相关制度较少，知识产权领域制度尤其匮乏。

3. **各经济发展水平城市统一社会信用代码转换工作亟待加快**

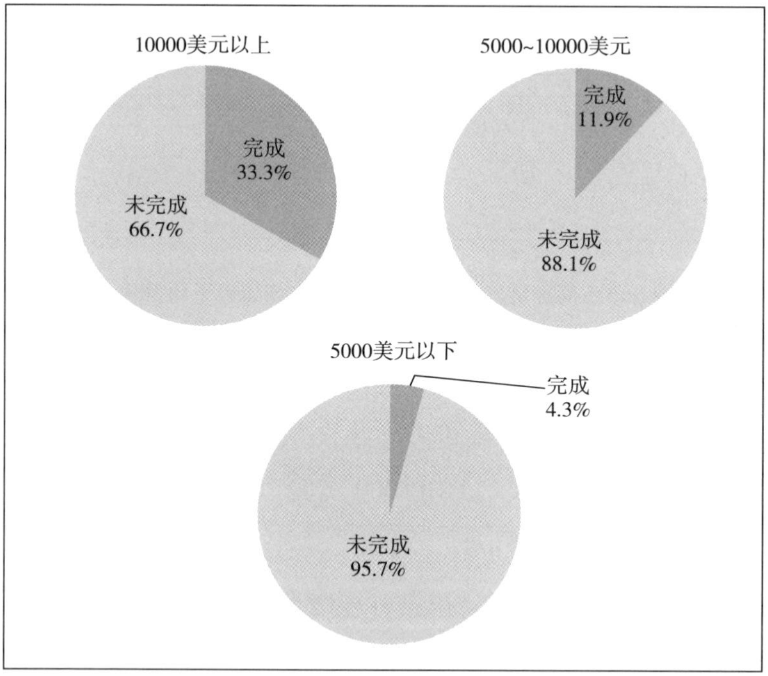

图2－128　不同经济发展水平城市统一社会信用代码转换工作完成情况对比

截至2016年12月31日，各经济发展水平城市在统一社会信用代码转换工作方面的进展总体欠佳，各经济发展水平内均存在一半以上城市没有完成该项工作。尤其是人均GDP5000美元以下城市，未完成比例达到95.7%。机构代码不统一则难以实现协调管理和信息共享，影响同一主体信息比对，从而不利于推进社会信用体系建设。

4. 重大失信事件半数以上发生在人均 GDP10000 美元以上城市

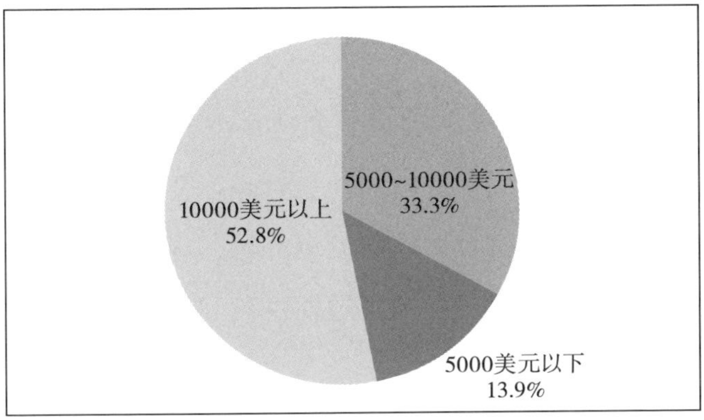

图 2 -129　2016 年不同经济发展水平城市重大失信事件发生情况对比

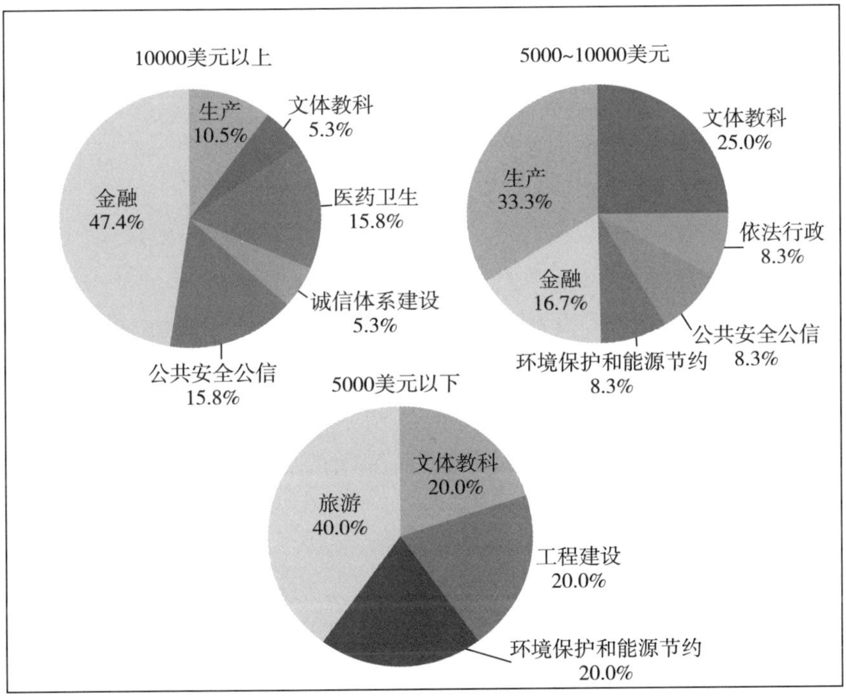

图 2 -130　不同经济发展水平城市重大失信事件领域分布

2016 年，从互联网监测到的全国重大失信事件在不同经济发展水平城市中的分布来看，人均 GDP10000 美元以上城市是重大失信事件的高发区，该区间城市发生的重大失信事件占全国的52.8%。

具体来看，人均GDP10000美元以上城市在金融、公共安全公信和医药卫生领域发生的重大失信事件较多，三者合计占该区间城市总体重大失信事件的79.0%。尤其是金融领域，非法集资和金融诈骗问题突出，数额较大，涉及面较广，造成了严重的社会影响。公共安全公信领域重大失信事件主要是非法制造、储存炸药引发爆炸等，导致大规模人员伤亡。医药卫生领域重大失信事件主要是销售过期疫苗和制售假药等，严重威胁老百姓身体健康。

案例篇

全国城市和重点领域信用体系建设的经验和问题

2016 年，各城市积极贯彻落实社会信用体系建设的相关政策，真抓实干、成效显著，有力提升了城市信用水平和治理水平。在此过程中，一些城市积累了丰富的经验，值得其他城市参考借鉴。与此同时，各城市依然面临诸多亟待解决的突出问题，城市信用体系建设仍具有较大的提升空间。

从重点领域信用体系建设来看，旅游、医药卫生、金融、食品安全、教育、公共安全、交通运输、电子商务、环保和重点关注类问题 10 个领域与民生息息相关，受到社会各界广泛关注。通过分析重点领域信用建设过程中的薄弱环节，明确目标，精准发力，推动城市信用体系建设再上新台阶。

第一章　城市信用体系建设的先进经验

2016 年 1 月 1 日至 12 月 31 日，全国一些城市积极探索、先行先试，积累了许多优良经验，信用体系建设取得明显成效。

一、加强与第三方信用服务机构合作，完善城市信用管理体系

一些城市率先引入了第三方信用服务机构参与本市信用体系建设，促进多渠道信用信息互联共享，构建多维度的信用约束机制。

（一）联合第三方信用服务机构，合力打造"信用＋城市"模式

引入第三方信用服务机构的一种做法是与第三方信用评估和管理机构合作，打通线下公共信用信息与第三方机构的线上信用数据共享通道，更丰富地刻画市民个人信用。最典型的例子是，杭州市与蚂蚁金融服务集团旗下"芝麻信用"达成合作，通过"芝麻信用"渠道展示首个"市民城市信用记录"，使市民能够便捷地了解个人信用状况，更好地享受城市信用服务。一方面，"芝麻信用"通过信用数据分析计算，得到市民的"芝麻信用分"，对市民的个人信用状况进行量化评价；另一方面，拥有良好信用记录的市民，可以通过"芝麻信用"的"信用生活"享受信用服务便利，如免押金，凭信用住酒店、租房、租车、消费分期等。这种方式在提升市民信用意识的同时，也有助于提升整个城市的信用水平。

（二）引入第三方征信机构，参与重点领域信用评价

多个城市引入了第三方征信机构，在重点领域开展信用评价工作，探

索市场化信用管理模式。以重庆市为例，该市引入第三方信用评价机构，试点推进40户商贸企业的信用评价机制，发挥信用评价在商贸管理中的社会价值和作用，试点培育10户重点商务企业的诚信体系建设，构建企业线上、线下结合的信用评价机制，并将10户企业的信息与商务诚信信息系统相链接。再以宿迁市为例，该市引入第三方信用服务机构，对被评估主体进行全面信用评估、出具信用报告，并在政府采购、招投标等领域强力推广使用第三方信用报告，以构建跨部门的信用联动奖惩机制。

引入第三方征信机构，在多个重点领域进行信用评价与推广信用报告应用，有助于充分发挥第三方征信机构对全社会信用体系建设的推动、约束、激励作用，进一步健全信用联动监管和联合奖惩机制。

二、应用大数据技术，提升信用监管与信用服务水平

在大数据时代，充分运用大数据的先进理念、技术和资源，提升城市信用服务与信用监管水平，已成为大势所趋。

(一) 运用大数据技术，推进政府与社会信用信息资源开放共享

多个城市按照国务院的统一部署，高度重视运用大数据促进信用建设的重要性，积极利用大数据技术，加大信用信息的归集、管理、共享与开放力度，提高行政管理透明度与政府公信力，为全社会利用信用信息和信用服务提供便利。

例如，福州市出台了《关于运用大数据加强对市场主体服务和监管实施方案》，建立了全市公共信用信息体系，实现了全市信用信息数据跨部门、跨行业、跨地区交换共享。同时，要求将重点互联网应用服务平台生成的信用信息汇聚到市级公共信用信息共享平台，完善信用信息体系，为司法和行政机关、社会信用服务机构、社会公众等提供基础性、公共性的信用记录查询和信息公开共享服务。除福州外，安宁、新乡、阳泉等多个城市也都出台了相关方案，探索利用大数据技术，加强地方政府服务和

监管。

（二）以大数据技术为支撑，提升信用监管能力

在行业信用体系建设方面，各城市将大数据技术广泛应用于工程建设、交通运输、行政监督、民生服务、社会治理等诸多领域，为守信联合激励和失信联合惩戒提供了新手段。

2016 年 4 月，广州市住建委利用大数据分析技术，对广州公共资源交易中心企业库中的专业技术人员诚信档案信息进行了专项检查，从中成功甄别出虚假或错误档案信息，并采取了相应查处措施，进一步净化了建筑市场行业诚信环境。

2016 年 4 月，西宁市交警支队借助“大数据”和视频跟踪研判等信息化手段，针对套牌、假牌等监管难度大的交通顽疾，加大了对涉牌、涉证等各类严重违法行为的管理力度，成效显著。下一步，还将全面借力“大数据”，通过视频录像大数据研判，严格查处闯红灯、乱变道、乱闯禁、乱停车等交通违法行为。

黄冈市则充分运用大数据比对成果，强化家庭收入信息核对，开展惠民政策落实情况监督检查工作。其中，黄梅县共计取消城乡低保和农村“五保”待遇 2706 户，党纪政纪处理违规人员 6 名，对规范低保审核审批环节、填补社会救助工作漏洞具有重要意义。

三、利用新媒体手段，促进党风廉政宣传与司法公开

（一）采用互联网新媒体手段，促进反腐廉政工作

2016 年，不少城市开始探索加强网络廉政宣传，拓宽廉政监督渠道，搭建与时俱进的新平台。2016 年 8 月，深圳市纪委正式开通官方微信公众号“廉洁深圳”，该公众号设有信访举报平台和“反四风”随手拍平台，成为市民举报的重要渠道和市纪委“互联网 + 反腐”的利剑。公众号上线一个月后，关注人群数量即突破 3 万，收到各类举报线索 200 余条。“廉

洁深圳”公众号对大力推进深圳党风廉政建设和反腐败意义重大。此外,昆明市、成都市、崇左市等城市也开通了类似的微信公众号,为增加纪检监察部门与民众的互动提供了平台。

(二)通过微博、APP等新兴媒介,助推司法公开

为推动司法公开、打造“阳光司法”,部分城市开始采用微博、APP等手段,实现司法机关与社会公众的互动。成都市中级人民法院开发了“阳光司法APP”,可利用其查阅开庭公告、裁判文书、审务公开、执行公开等内容。济南市、蛟河市、瓦房店市等多个城市的人民法院均开通了微博直播庭审渠道,探索推进阳光司法的新路径。互联网新媒体手段已成为推进司法公开、提升司法公信的重要突破口。

四、完善企业管理机制,建立诚信经营承诺制度

2016年1月1日至12月31日,部分城市在推进企业诚信经营承诺方面取得重大进展,主要体现在以下三方面:

(一)完善安全生产承诺制度

部分城市在推进安全生产诚信体系建设过程中,为促使生产企业贯彻落实安全生产各项法律、法规及相关政策,提高企业安全生产管理水平,鼓励生产企业公开做出承诺:认真落实安全生产主体责任、建立健全安全生产规章制度、提高从业人员安全素质、建立完善应急救援预案、严格执行建设项目安全许可。例如,“启东市举行危险化学品企业安全承诺书签字仪式”“如皋市举行危险化学品生产企业安全承诺书签字仪式”等。

(二)推行食品安全承诺制度

部分城市为提高食品生产经营企业的责任意识和信用水平,保障公众身体健康和生命安全,积极开展食品安全承诺活动,参与企业向公众承诺:严格遵守《食品安全法》,建立健全本单位的食品安全管理制度,建

立并执行从业人员健康管理制度，自愿接受执法部门和人民群众的监督。例如，“一切为了人民健康，长沙近千名企业代表签署食品安全承诺书”，宝鸡市“庄严承诺保证食品安全，接受监督提升消费信心”，邵武市人民政府网站登载“卫闽镇食安办：与食品经营户签订诚信经营承诺书”等。

（三）建立健全涉旅企业承诺制度

针对旅游市场频频出现的强制消费、侮辱打骂游客、价格欺诈等不良现象，部分城市旅游监管部门与旅行社等涉旅企业签订诚信经营承诺书，促使涉旅企业公开做出：依法依规经营，加强员工管理，提供质量与价值相符的旅游产品，加强旅游安全管理等，引导涉旅企业诚信经营，构建健康和谐的旅游市场环境。例如，“重庆53家旅游企业签订《旅行社诚信经营承诺书》”“北京100家旅行社首次承诺诚信经营”“开封首批17家旅游企业签订《旅行社诚信经营承诺书》”等。

开展诚信经营承诺活动，完善企业诚信经营承诺制度，是推动企业由被动控制向主动合规转变的有效途径，有利于增强企业信用意识和诚信经营的内在动力，促使企业自觉主动地履行诚信经营的主体责任，推动社会经济健康发展。

五、探索监管新举措，防范网络电信诈骗

网络电信诈骗事件频发，不仅威胁市民的个人信息安全和财产安全，而且严重破坏了金融环境，扰乱了社会秩序。2016年1月1日至12月31日，部分城市在网络电信诈骗预防整治方面做了大量工作，采取了一系列新举措以减少诈骗案件发生率和财产损失，主要体现在以下三个方面：

（一）成立反网络电信诈骗中心

目前网络电信诈骗犯罪呈现出工具高科技化、作案过程非接触化、作案目标不确定、资金流向复杂、作案过程隐蔽性强、作案时间短、流动性强、犯罪组织公司化管理等特点，为构建适应新形势要求的打击治理网络

电信诈骗工作体系，更加有效地防止诈骗案件的发生，部分城市公安机关联合通信运营商和银行等金融机构，率先成立了反诈骗中心，全天候应对各类网络电信诈骗。通过建立健全应急处置机制，反诈骗中心向受害人和机构及时发出预警，并迅速受理诈骗犯罪案件，切实保障人民群众财产安全。例如，“乌鲁木齐市将建立市级反诈骗中心”；“赣州市反电信网络诈骗中心日前成立”；“晋江设立反诈骗中心，警银联手实现快速止付”；等等。

（二）建立健全诈骗“黑名单”制度

部分城市积极落实《关于进一步防范和打击通讯信息诈骗工作的实施意见》中的要求，建立网络电信诈骗“黑名单”，实现全行业共享，着力提升防范网络电信诈骗犯罪的能力。公安部门与有关部门协作，通过建立健全诈骗来电号码号段、金融支付、网贷平台、保险诈骗等“黑名单”，实现诈骗实时管理和动态预警，有效打击网络电信诈骗犯罪高发势头。例如，“济南建立盗刷及电信诈骗‘黑名单’库”；“深圳拟建立 P2P 网贷‘黑名单’制度”；“玉林建立‘黑名单’预警制度，打击‘骗保’行为”；等等。

（三）开展防范诈骗宣传进校园活动

随着校园内手机、电脑等电子设备的普及，加之学生社会经验不足、防范意识差，在校学生成为网络电信诈骗受害高危人群。为全面提高学生的防诈骗意识和能力，及时识破陷阱，保护个人信息和财产安全，部分城市在新生开学之际，举办“防诈骗宣传进校园”活动，通过讲解介绍、问答互动等多种方式，使学生更清楚地了解诈骗的各种形式，掌握防骗知识，保护好个人信息，在遭到诈骗后及时报警，最大程度降低损失。例如，沈阳市“苏家屯区民警进校园开展电信诈骗宣传活动”，漳平“市公安局：暑假前夕组织开展防诈骗宣传进校园活动”等。

信息技术发展日新月异，保护个人信息安全和网络交易安全迫在眉睫，防治网络电信诈骗的重要性和紧迫性不言而喻。应对虚拟化程度高、犯罪手段不断升级的网络电信诈骗行为，需要政府、社会和个人通力协作，发挥各自应有的作用，共同营造安全、健康、有序的网络通信环境。

六、兼顾各方利益诉求，出台网约车信用规范

2016 年 1 月 1 日至 2016 年 12 月 31 日，针对网约车市场出现的司机素质低、交通事故多、平台之间恶意竞争等问题，北京市、上海市、天津市、重庆市、广州市、惠州市、珠海市、肇庆市、大连市等城市纷纷制定出台了网约车信用规范，对网约车平台经营者、车辆、驾驶员、经营服务、监管、法律责任等进行了详细规定，旨在加强网约车服务及平台监管，提升网约车行业信用水平。例如，“广州网约车司机不限户籍持本市驾照，将建信用平台”；天津“市出租汽车管理处详解网约车新规，未获许可运营仍违法”；“天津对深化出租汽车行业改革和规范网约车管理政策文件公开征求意见”；等等。

网约车作为新兴行业，在取得较快发展的同时，出现了一系列失信问题。各城市相继出台一系列政策，推动网约车合法化和规范化，为网约车行业的健康发展奠定了良好基础，这不仅是对多元化出行需求的响应，而且有利于共享经济的发展。出台网约车信用规范，不仅保护了消费者的权益，而且推动了网约车行业内部的良性竞争，促使经营者提高平台服务质量，保障乘客的人身财产安全和个人信息安全。

七、实现交通违法纳入个人信用档案，开展联合惩戒

2016 年，各城市对交通运输领域的信用体系建设工作均较为重视，其中有多个城市将交通参与者的交通违法行为纳入个人信用系统，将交通文明与职业准入、个人信贷、车辆保险等挂钩，实施联动惩戒机制，加强交通参与者的自律性。

（一）道路交通违法行为与个人信用挂钩

以往，交通行为人出现乱停车、酒驾、闯红灯、超速、遮挡号牌等交通违法行为时，只会面临罚款、扣分等行政处罚。但是在交通违法行为与个人信用挂钩以后，交通违法行为被纳入社会信用征信系统，失信者还将在金融理财、办理信用卡、个人出行、购物、租房、求职等方面受到影响。具体包括：提高车险、意外险等投保、理赔门槛；限制贷款金额，贷款流程复杂化；限制投资、理财等金融活动；等等。例如，在济南市，有闯红灯违法行为的人有可能办不了房贷；在北京市，乱停车的违法行为将影响个人信用记录。

另外，也有城市较为关注重点车辆的交通违法行为。以岳阳市为例，在查处公路客运车辆、旅游包车、危化品运输车、校车等车辆的交通违法行为的同时，向"信用中国"网站、金融机构、保险公司、税务机关、社会信用机构等推送企业或个人交通违法行为，对失信企业或个人日后办理贷款、评定纳税信用级别、调整信用等级均产生影响，增加了交通违法的成本。

（二）"地铁逃票"行为与个人信用挂钩

合肥市和杭州市通过增加违规者的违规成本来约束不诚信乘车行为，如乘坐地铁时越站乘车、不主动补票或冒用他人证件、使用伪造证件购买优惠票的乘客，其失信行为将被录入个人信用信息系统，并影响其贷款、购物等。

各城市交管部门对各类交通违法行为一直保持严打态势，但是仍然有部分人安全意识淡薄，不遵守交通法规。在此情况下，将驾驶员的交通违法行为与个人信用紧密挂钩，既能规范约束驾驶员行为，倒逼驾驶员自觉遵守交通法规，也有利于进一步营造和谐文明、安全有序的道路交通环境。

八、探索诚信纳税与信用贷款联动，缓解中小微企业融资难问题

长期以来，融资难、融资贵是制约中小微企业发展的重要因素。为帮助中小微企业发展壮大，部分城市推出以“纳税信用”换取“银行信用”的项目。

（一）纳税信用情况与中小微企业融资直接挂钩

2016年，北京市、天津市、拉萨市、贵阳市、苏州市、唐山市等多个城市均推出了将纳税信用与金融信贷挂钩的项目。以天津市为例，天津国税联合中国光大银行和微众税银公司，推出的“税银互动服务平台”，解决了中小微企业贷款落地这“最后一公里”的难题。通过该平台，国税机关可以充分放大纳税信用的社会效应，提高纳税人的税法遵从度；纳税人可以依据自身对资金的需求自愿向银行提供涉税信息，在线获得免抵押、免担保的高效授信服务；银行能够应用国税部门权威信息，更加准确地把握企业的真实信用状况，降低授信风险。将纳税信用情况与中小微企业融资直接挂钩，在有效缓解中小微企业贷款难、降低银行风险、促进依法诚信纳税方面取得了“三方共赢”的良好成效。

（二）与第三方征信机构合作，推出“银税信”模式

上海市与第三方征信机构合作，将传统的“银税模式”升级为“银税信模式”。通过“芝麻信用”小微企业信用洞察“灵芝”系统，银行不仅可查询企业的信用信息，而且可在企业授权的情况下向税务部门查询其涉税数据，如纳税、欠税、纳税状态等，从而更全面、更清晰、一站式获取企业的征信情况，更精准地评估是否向企业发放信用贷款及贷款额度。“银税信模式”的推出，将税务机关和银行之间点对点的合作模式，升级为税务机关、征信机构和众多银行之间点对多的合作模式。对那些诚实守信、有贷款需求，但缺乏信贷记录和抵押物，以及尚无完备信用信息的小

微企业而言，这无疑是一个利好消息。

将纳税人的纳税信用等级与金融信贷挂钩，不仅打通了部门间的信息孤岛，深化了纳税信用在多部门、多领域的应用，而且降低了企业贷款门槛，降低了银行信贷风险，同时还有助于营造诚信的社会经济秩序。

九、推动个人信用与医疗服务结合，解决百姓看病难问题

一些城市将个人征信应用于医疗领域，市民可先诊疗后还款。但市民需要在规定日期内还清欠款，逾期还款、恶意拖欠等行为将影响个人信用评价。

2016 年 2 月 25 日，广州市将个人征信首次应用于医疗服务领域，开启先诊疗后付费。在规定日期内未能按时还款将影响个人信用评价，付清欠款后才能再次挂号。同年 10 月 20 日，杭州市推出智慧医疗信用支付服务（简称“医信付”），市民通过下载“杭州智慧医疗”APP，开通“医信付”功能，并在杭州市基本医疗保险正常参保，就可享受“先诊疗后还款”服务。同时，依据市民的信用状况给予不同的授信额度，恶意拖欠还款行为将对个人信用造成不良影响。

将个人征信纳入医疗领域，不仅提高了市民就医的便捷性，而且有效增强了市民的信用意识，规范了市民的信用行为，从而大力推进了城市信用体系建设进程。

十、实施企业环保信用与信贷管理挂钩，增强企业环保意识

一些城市积极贯彻落实国家环境保护部颁发的《企业环境信用评价办法》，将企业环保信用评价纳入信贷管理，建立完善企业环境行为信用机制，充分发挥公众监督作用，激励企业持续改进环境行为。

多个城市已启动企业环境行为信用等级评价工作，将企业环保信用评价纳入信贷管理。例如，青岛市于 2016 年启动了“企业环境信用评价信

息系统”，建立完善了企业环境信用信息库，将企业环保信息纳入信贷管理，建立环境保护守信激励、失信惩戒机制，构建政府、企业、社会三位一体的多维环境监管模式。杭州市于2016年10月9日发布了《杭州市人民政府关于印发杭州市水污染防治行动计划的通知》，大力推行绿色信贷，积极发挥政策性银行等金融机构在水环境保护中的作用，严格限制环境违法企业贷款。南通市通过绿色信贷促进环保工作成效显著，尤其是该市专门开发了“绿色信贷监测平台”，显著提升了工作效能，对全市参加环评的众多企业实施了有效监测。

将企业环保信用评价纳入信贷管理，企业环保信用等级直接与信贷挂钩，能有效提高企业环保意识，约束企业环境行为，为社会创造和谐生态环境。

第二章　城市信用体系建设的突出问题

2016 年 1 月 1 日至 12 月 31 日，全国大部分城市的信用体系建设取得了长足的进步，但是在一些领域失信问题仍然比较严重。

一、制假售假问题突出，侵蚀商务诚信环境

制售假冒伪劣产品是影响商务领域诚信环境的重点问题之一，不仅危害人民群众生命财产安全，而且会扰乱健康的市场秩序。2016 年，有多个城市出现了此类问题。

（一）食品药品制假售假手法升级，严重威胁百姓生命健康

2016 年，食品药品安全形势依然严峻，食品药品制假售假、非法添加案件多发，隐蔽性、扩散性增强。

内蒙古自治区赤峰市于 2016 年 3 月查获了 80 吨以工业盐冒充的假食用盐，产品多年来销往河北、内蒙古等地。工业盐含有较多重金属和对人体有害的杂质，长期食用将严重损害健康。在国家食品药品监督管理总局同年 5 月组织的食品抽检中，江西日盛生物科技有限公司生产的日圣牌日盛酒与新疆乌鲁木齐颐养堂保健品有限公司生产的颐养堂牌雪莲红花补酒，被检出非法添加物西地那非，属涉嫌在保健食品中非法添加药品的严重违法行为。哈尔滨市公安局破获了一起使用淀粉制作心脑血管疾病常用药的案件，涉案金额 3600 多万元。南京市查处了一起网络遍布全国的制售假冒纳豆激酶胶囊的案件。

食品药品制假售假逐渐规模化、跨区域化发展，网络遍布城乡各地，极大增加了发现和查处的难度。针对此类失信事件，各城市采取了多项防治举措与惩处手段，力图保障食药品安全。一是开展专项检查与整治工作。例如，“北京市东城区质监局开展2016年食品相关产品监督检查专项工作”“重庆市黔江区食药监分局集中开展违规使用食品添加剂专项整治”等。二是出台各类办法与方案，从制度上规范食药品生产与流通环节。比如，上海市出台《关于印发〈2016年嘉定区食品安全风险监测实施方案〉的通知》，南京市出台《关于印发国家食品安全城市创建宣传工作方案的通知》，等等；三是对食药品违法行为实施严厉惩戒。例如，“京津冀联动协作严抓‘舌尖’安全，失信企业将被严惩”“广州为食品药品建黑红名单制度，将出台激励和惩戒措施”等。

在多项措施发力下，对食品药品安全问题的社会关注度大大提高，一些违法犯罪案件得到依法惩戒，2016年发生的重大食品药品安全事故明显减少。

（二）知名品牌商标案件较多，侵权问题严重

2016年，出现了多起商标侵权事件，尤其是在日用品领域案件频发，损害了商标权人的合法权益，扰乱了正常的生产经营秩序。

2016年4月，重庆市破获一起制售假冒伪劣“雷士”照明灯具案，涉案价值2000余万元，销售网络遍及北京市、重庆市、四川省、湖北省、浙江省等多地。假冒伪劣灯具破坏了正常市场秩序，且质量远低于国家标准，极易引发火灾、触电等严重危害群众生命财产安全的重大事故。同年8月，深圳市龙岗公安分局新城派出所捣毁两个生产假冒“雷朋”等品牌眼镜的窝点，缴获假冒注册商标眼镜3000余副，涉案金额逾百万元。

针对各类商标侵权违法行为，各城市积极落实打击侵权假冒工作。例如，“北京大兴分局多措并举开展打击侵犯知识产权和制售假冒伪劣商品专项整治行动”“大同市开展严打侵权假冒专项整治活动”“保山市开展

打击侵犯知识产权和制售假冒伪劣商品专项行动”等。在各类专项整治活动中，各城市查获多起假冒伪劣商标侵权案件，挽回了大量经济损失。

二、房地产中介失信严重，扰乱房地产市场秩序

随着房地产市场回暖，房地产中介机构凭借自身的资源和专业优势，在为民众购房租房提供便利的同时，也出现了一些不法机构诚信缺失现象，使消费者合法权益受到不同程度的损害。

房地产中介的失信行为主要集中表现在以下三个方面：一是发布虚假房源、隐瞒房屋真实情况；二是乱收费现象严重，强行征收卫生费、物业管理费等，或是在收取了高额服务保障费后并未真正保障消费者权益；三是“黑中介”违规经营严重，扰乱了房地产市场秩序。2016 年 3 月，上海市消保委曝光了上海链家房地产经纪有限公司相关案例，该公司相关门店向购房者隐瞒房屋抵押状况，造成消费者损失。经调查后，上海市房地产交易中心暂停了涉事门店及相关经纪人员的网上签约资格。2016 年 11 月，住建部公布了一批违法违规房产中介机构名单，涉及北京市、上海市、天津市、郑州市、济南市、合肥市、南京市、福州市、厦门市等多个城市，这些机构通过发布虚假广告、恶意散布谣言、挪用交易资金、违规开展金融业务、无照经营等违法违规行为，抬高房价，牟取私利，造成了恶劣的社会影响。

2016 年 8 月 16 日，住建部、国家发展改革委、工信部、中国人民银行、税务总局、工商总局、银监会七部门联合印发了《关于加强房地产中介管理促进行业健康发展的意见》，针对部分中介机构和从业人员发布虚假房源、隐瞒房屋存在抵押等信息、强制代办收费等问题作出规定，提高对中介机构的监管要求，并要求设立失信中介机构“黑名单”，对严重失信的中介机构和个人实行行业禁入。国家意见出台以后，多个城市开展了房地产中介专项整治行动，严肃查处违法违规中介行为，对中介机构违规

行为进行曝光，并计入信用档案，采取惩戒措施，从而在一定程度上净化了房产中介服务市场。例如，“武汉 29 家房产中介上‘黑名单’”；北京市“法院首次曝光房产中介‘老赖’；15 家上‘黑名单’”；“石家庄市房产中介有了信用档案”；等等。

三、价格违法违规现象频发，涉及多个民生领域

2016 年，价格领域违法违规行为涉及社会服务、交通运输、旅游等多个民生领域，对群众生活产生了不良影响。

（一）价格欺诈现象频频发生

“漫天要价”“随意涨价”等价格欺诈现象影响了城市商贸流通领域信用环境，损害了消费者的信心。尤其是在旅游景区，此类现象更为多发。2016 年 2 月，哈尔滨“北岸野生渔村”饭店发生了“天价鱼”事件，游客被宰 1 万余元，并受到店家殴打和威胁，引发社会强烈反响。无独有偶，2016 年 4 月，桂林一家啤酒鱼餐馆也发生了 5000 元“天价鱼”事件。

在价格欺诈事件引起社会高度关注后，相关城市对涉事商户进行了相应的事后惩戒。例如，哈尔滨市松北区市场监督管理局对“天价鱼”涉事餐馆进行了相应处罚，政府也对有关责任部门和责任人员存在的监管缺失、执法不规范等问题进行了问责。桂林市物价局经调查，将涉事餐馆的行为定性为价格欺诈，并处以行政处罚。多个城市均采取多种措施推进价格诚信建设。例如，成都市、重庆市、西安市、贵阳市、昆明市五市启动共建价格监督检查长效机制联席会议制度，组织实施价格监督检查和反垄断联合行动，重点查处捏造和散布涨价信息、哄抬价格、价格欺诈、价格垄断等不正当价格行为，联合建立价格诚信档案及“黑名单”制度，共同规范市场价格秩序。

（二）公共服务领域违规收费问题严峻

城市公共服务领域是违规收费现象的多发领域。2016 年 3 月，《新华

网》报道了南京市的黑救护车市场问题，南京仅商务车改装的黑救护车就多达上百辆，基本收费为每公里 20 元左右。黑救护车存在多种问题，如欺骗患者和家属、漫天要价、缺乏保障、缺少设施等。但是，急救中心和卫生行政部门却并没有相应执法权，无法遏制这类事件的发生。2016 年 4 月，《问政江西》栏目曝光了“有人冒充停管人员乱收费”一事。假停管人员身穿假工作服，佩戴假工牌，收费后提供假发票。2016 年 8 月，长春市南广场有十几处停车收费场所的收费人没有票据和公示，违法停车场月收入甚至能达到 3 万元以上。

针对各领域违规收费问题，多个城市开展专项检查整治，规范收费行为。例如，“天津加大停车场收费巡查力度，市民遇违规收费可举报”“西安违规分摊电梯收费重罚，重大价格案件追溯到去年”“大连市停车收费明码标价，市物价局处罚违规收费停车场”等。

四、工程建设管理缺位，需引起高度重视

2016 年 1 月 1 日至 12 月 31 日，工程建设领域失信行为主要涉及工程质量问题、违章建设及公职人员履职不力等。

（一）工程质量问题多发

在建筑施工过程中，任何一个环节出现问题，都会给工程整体质量带来严重影响。特别是工程项目承包、分包往往涉及多家单位，安全管理水平参差不齐，导致工程项目管理难度较大。国家已出台了工程建设领域技术、勘察、测量、验收、安全防护等相应的制度规范，对工程质量标准进行了严格规定。然而，部分城市因疏于监管，还是发生了一些严重工程质量问题，甚至造成重大人员伤亡。

工程质量问题发生较多的原因有两个：第一，施工现场管理不到位，对施工人员安全教育和安全防护的投入不足，现场管理人员安全检查不彻底，隐患整改不及时，且监理单位未有效履行监理职责。例如，“东莞市

麻涌镇发生一起龙门吊倒塌事故”等。由于对建筑起重机械检查不彻底，对建筑起重机械基础、深基坑、地下暗挖、人工挖孔桩等部位排水设施安全隐患排查力度不够，该事故造成18人死亡，17人受伤。第二，赶工期，施工单位和人员易忽视施工安全，极易造成事故。例如，发生在宜春市的“江西电厂坍塌死亡人数升至74人，68人身份已经确认”等。这起事故发生的原因是为了赶工期，在混凝土尚未干透的情况下，丰城电厂工人们便开始拆除冷却塔外围的木质脚手架，最终导致坍塌。

工程建设质量与经济发展、百姓生活和社会稳定息息相关。2016年1月1日至12月31日，各城市着重加强项目建设程序、项目实施程序和工程质量安全的监管，落实工程质量和安全生产领导责任制，进一步完善质量与安全管理法规制度，强化施工监理，防止重特大质量与安全事故的发生。例如，已见诸媒体的“下月起合肥试行房屋工程质量公示制”；安顺“市交通运输局开展农村公路、水运在建项目安全专项督查”；“泊头市住建局狠抓暑汛期建筑工程安全生产”；等等。

（二）违建行为屡禁不止

违章建筑（简称“违建”）主要指没有政府部门批建手续和规划许可的建筑物。一直以来，违章建筑都是城市建设工作中的重点整治对象，各级政府均出台了相关制度规范整治违章建筑。然而，由于城管部门监管不力等原因，违建行为一直未被有效遏制。

违章建筑不仅不合法，而且会对社会造成较大危害。首先，违章建筑多存在质量问题，危害公共安全。由于没有正规的施工方案，施工人员职业技能和安全意识又比较低，导致建筑质量没有保障，存在巨大安全隐患。居民区内违建成风，与城管部门监管漏洞和执法不严有很大关系。例如，曾引起关注的西安市“桃园路锦园小区违规乱搭乱建，安全问题谁来管”，乐山市“楼顶违建曾让上千人难回家，城管：执法难度风险大”等。其次，违章建筑破坏城市环境，增加城市管理难度。由于违章建筑选址随意、布局零乱，导致环境卫生、火险隐患和社会治安问题非常突出。例如，“河南巩义：无视监管，景区内违法占地毁林建别墅”；安康市“村民私挖景区山体建房”；等等。最后，违章建筑是对资源的极大浪费。一方面，违章建筑占用一定的空间或土地，从而造成国家资源的低效利用。例如，“海伦市多个地产项目违规变更规划，违法建筑竟达数万平方米”。另一方面，违章建筑必将被执法部门强制拆除，白白耗费了大量的人力物力。

针对违建问题，各城市采取多种措施，将整治违章建筑与城市建设规划相结合，加强依法用地宣传教育，建立健全监管长效机制，从严依法查处违建行为，切实改善城市生产生活环境。例如，媒体曾报道，“南京拟出台新规，违法拆改房屋纳入信用管理”；保定市“坚决拆除违法建设，严厉打击乱搭乱建”；德兴“市城乡规划局集中整治工作拿农村建房管理‘开刀’”；等等。

（三）政府公职人员行为有待规范

为规范工程建设领域市场交易行为和领导干部从政行为，维护社会主义市场经济秩序，促进反腐倡廉建设，我国于2008年出台《关于开展工程建设领域突出问题专项治理工作的意见》。然而，部分城市对一些突出问题未做到有效整改。

第一，领导干部滥用职权插手干预工程建设，收受贿赂。工程建设领域较易发生腐败现象，对相关政府工作人员行为的监管还存在漏洞和薄弱环节。例如，“济南一房产公司老总受贿22万，被判处有期徒刑六年”等。

第二，存在政府和投标人规避招标、虚假招标、围标串标等行为。招投标暗箱操作无益于公平竞争，而且严重损害公共利益，破坏市场经济秩序。例如，“广东揭阳垃圾处理PPP项目招标涉嫌违规操作”；又如，发生在广水市的“湖北一公路局多起工程不公开招标，5名干部被问责”等。

第三，违背科学决策、民主决策的原则，乱上项目，存在劳民伤财的“形象工程”和脱离实际的“政绩工程”。例如，“招商引资项目违规占农田建别墅，吉林市国土局处罚形同虚设”等。

各城市针对工程建设领域领导干部违法违规行为，采取了一系列措施，严肃查处政府官员违法违纪案件，杜绝瞒案不报、压案不查的行为，健全举报投诉处理机制和办案协调机制，着力解决工程建设领域侵害群众利益的突出问题，在规范公职人员作风方面取得一定成效。例如，“银川严肃查处建设领域违法违规行为”；“潮州市政府投资项目招投标有新规；不良行为将记录公布并处罚”；等等。

五、监管责任落实不到位，频发重大生产安全事故

国务院安委会、国家安监总局和煤矿安监局在2016年出台了一系列关于加强生产企业和煤矿企业安全培训和开展安全大检查的制度规范，对企业安全生产管理体系建设和政府监管责任做了进一步规定。然而，部分城市安全生产监管仍不到位，发生多起重大生产安全事故，给人民群众的生命财产造成了严重伤害和巨大损失。

（一）安全管理混乱，生产工艺落后

安全生产是涉及职工生命安全的大事，关系到企业的生存发展和稳定。然而，一些城市政府未能严格履行监督检查义务，有些生产企业对安全生产管理体系建设不够重视，公司管理人员和职工还存在着认识上、思想上的误区，认为严格落实安全生产要求、更新生产技术、培训操作人员会增加企业生产成本；仍然沿用落后工艺进行生产，带来较大安全隐患。例如，“赤峰12·3瓦斯爆炸事故32人遇难，149人安全升井”；“重庆永川区煤矿瓦斯爆炸已致15人遇难，18人下落不明”；等等。尤其是重庆永川区煤矿瓦斯爆炸事故，是因该企业采用落后淘汰的以掘代采的采煤工艺违规生产所致，而且矿井安全监测监控系统、人员定位系统均不能正常运

行，在越界区域采掘作业的作业规程和安全技术措施也没有任何相关技术资料，造成严重后果。

2016 年 1 月 1 日至 12 月 31 日，各城市切实提高安全生产负责人的责任意识，建立严密周全的安全生产制度体系，坚持预防和治本相结合，保障企业生产安全。例如，上海市下发了《嘉定区南翔镇人民政府关于批转〈南翔镇安全生产委员会成员单位安全生产工作职责规定〉的通知》，“滁州市政府与各县市区签订《特种设备安全目标管理责任书》”“武安市扎实推动安全生产责任保险工作”等。

（二）生产设备质量不合格，不符合生产要求

使用合格合规的生产设备在安全生产管理中起着关键作用。然而，部分城市的生产企业内部管理存在漏洞，生产设备检修制度不完备，对员工培训不到位，老旧设备未及时更换修整，有些企业甚至出于对生产成本的考虑，在明知生产设备存在安全隐患的情况下，不对落后设备进行更新，坚持使用不符合生产要求的设备进行生产，不仅影响产成品质量，还对生产人员人身安全造成重大威胁。例如，“湖北当阳爆炸事故已致 21 死 5 人伤，多部门领导亲临现场指挥”。该公司在项目调试过程中，管道流量计阀门焊缝裂开，大量高温高压蒸汽外溢，导致主控室玻璃破裂，造成主控室人员严重伤亡。

2016 年 1 月 1 日至 12 月 31 日，多个城市致力于提高企业管理人员和生产作业人员的安全意识，完善企业生产安全管理制度，积极开展安全生产培训教育，积极构建安全生产责任体系。例如，“乌鲁木齐市出台企业安全生产诚信管理实施办法”；营口市“西市区安监局全面推进安全生产责任体系建设；“永城市安全监管局继续强化安全生产宣教工作”；等等。

（三）违法违规组织生产，逃避执法部门监管

生产企业的生产活动、经营范围、质量标准均需要政府部门严格监管。然而，有些生产企业为了牟取非法利益，进行非法生产活动，采用多

种手段故意逃避检查，而且多数企业安全管理水平低下，存在大量安全隐患。与此同时，相关部门对该类行为也存在监管不到位的情况，安全生产检查不深入、不细致，没有结合实际制定具体可操作的工作方案。例如，“陕西府谷爆炸事故造成12 人遇难，147 人受伤”。该事故是由三名犯罪嫌疑人非法制造、储存炸药引起的，而且相关部门未能及时查处该非法生产窝点，造成重大人员伤亡和财产损失。

针对部分企业进行违法生产活动的问题，各城市对生产企业进行严格的监督和考核，加紧进行安全隐患排查工作，督促问题企业整改到位。例如，北京市“石景山工商分局等单位开展烟花爆竹安全监管督察工作”，安康市下发《安康市人民政府办公室关于进一步加强安全生产综合监管工作的通知》，“延吉市延青社区安全生产大排查，确保平安过冬”等。

六、虚假宣传屡禁不止，损害消费者权益

虚假宣传是指在商业活动中，经营者利用广告或者其他方法对商品或者服务发出与实际内容不相符的虚假信息，导致客户或消费者误解的行为。2016 年 1 月 1 日至 12 月 31 日，部分生产经营者在销售过程中存在夸大宣传、虚假宣传等情况。

（一）保健食品生产企业编造或夸大保健食品功效

2016 年 7 月起正式实施的《保健食品注册与备案管理办法》对保健食品标签、说明书的主要内容作了严格规定。然而，保健食品虚假宣传仍然难以杜绝，手段和方式也不断翻新，一些保健食品生产企业为了追求利润而置法律法规和道德于不顾，编造或夸大保健食品功效。虚假宣传多针对中老年人、少年儿童、身体虚弱者、病人等群体，在药物副作用上做文章，攻击正规药物，有些商家为了提高所谓“疗效”，甚至在保健食品中加入非法添加剂，危害消费者身体健康。这种现象除了与相关法律法规体系不健全、执法部门监管不到位有关，一些媒体基于经济利益，对保健食

品广告宣传内容审查不严，也起到了推波助澜的作用。例如，北京市、天津市和常州市“保健食品存在发布虚假违法广告行为成隐患”；北京市“延庆：食品商家称产品能治病，属违法宣传被工商查处”；“乌苏市工商局查处一保健品‘包治百病’虚假宣传案”；等等。

针对保健食品虚假宣传问题，各城市政府执法部门主动出击，对保健食品生产企业和媒体进行严格监管，有效遏制虚假宣传等违规不良行为。例如，北京市“怀柔琉璃庙食药所专项检查保健食品”“淮安市淮安区市场监督管理局全力抓好春节期间保健食品广告监管”等。

（二）房地产开发商夸大宣传，误导购房者

2016年2月1日起施行的《房地产广告发布规定》要求，房地产广告必须真实、合法、科学、准确，不得欺骗、误导消费者。然而，在房产交易中，一些房地产开发商受到利益驱动，在销售广告和宣传材料中对户型、绿地美化、社区环境以及商业、交通、医院、公园等配套设施情况，有意夸大宣传，或标示“学区房”等字眼吸引潜在购房者，达到促销的目的。由于房地产开发商在其发布的广告中夸大渲染，诱导消费者购买房屋，而交房时往往又无法达到消费者的心理预期，因此引发了大量纠纷。例如，媒体曾报道，“一纸禁令能治学区房广告？山东济南部分地产项目仍违规宣传”；“聊城城区仍有部分房地产广告存违规嫌疑”；龙岩市“违法发布广告，某房地产开发公司被处罚20万元”；等等。

针对房地产开发商虚假宣传问题，各城市政府严格落实相关法律法规，不仅加大对房地产企业的监管力度，还加强对电视广播、报纸杂志、网站、自媒体等媒体的监督检查，把日常监管与专项整治有机结合起来，对违法媒体依法严加惩处。例如，“北京严查房地产中介炒作学区房，违规将入黑名单”；“惠州严查虚假违法房地产广告，炒作‘深圳东’或被罚”；“东方市楼盘广告表述升值许诺违反广告法，被处三倍罚款”；等等。

（三）医疗机构虚假宣传危害患者身体健康

医疗机构虚假宣传问题向来是医药卫生领域的整治重点。国家卫生计

生委要求医疗机构必须依法执业，禁止出租或变相出租科室、发布虚假医疗广告等违法违规行为。然而，虚假医疗广告并未杜绝，反而有愈演愈烈的趋势，一些医疗机构将低收费、高疗效和知名专家出诊等作为宣传点，吸引患者前来就医，使就诊者落入“医疗陷阱”之中，严重危害患者身体健康和正常医疗秩序。例如，“唐山遵化某医院医疗广告满天飞，主管部门：查处须三个月”；“三家医院涉虚假违法中医广告被通报，天津权健肿瘤医院上榜”，天津市和大连市医院“上榜”；等等。

针对医疗机构虚假宣传问题，各城市在加大查处力度，提高医疗机构和媒体违法成本的同时，实行责任追究制度，净化医疗广告市场，并加强对医学和法律知识的宣传，增强患者维权意识。例如，“海口加强监管网络医疗广告”“秦皇岛全面整治虚假违法医疗广告”“灵武市市场监管局召开城乡环境治理医疗广告单位约谈会”等。

七、环保造假禁而不绝，影响环保工作成效

环评造假违规、篡改伪造环保监测数据是环境保护领域面临的典型问题，其导致的环境污染问题严重破坏了生态环境，对人民群众的人身健康造成极大的威胁。2016 年，多个城市均出现了此类问题。

（一）环评造假违规行为多发

为了预防污染、保护生态环境，建设项目必须通过环评机构的环境评估才可以开工建设。然而多数环评机构的工作人员不具备环评师资质，环评机构出具的环评文件质量不合格。而且环评机构和建设单位之间存在利益关系，部分环评公司为顺利拿到建设单位给予的酬劳，不惜进行环评造假现象。

2016 年 1 月 10 日，陕西省汉中市环保执法人员检查时发现，天天洗涤有限公司在没有办理环评的情况下，违规生产运行 4 年多，洗涤后的污水任意排放，更为严重的是，企业负责人拿出伪造的环评报告，企图蒙混

过关。2016 年 8 月，江西省萍乡市环保局查出一例环评造假案，江西九龙石膏矿业有限公司于2015 年 8 月上报的环评报告中，公众参与调查的统计表存在严重造假问题，近 1/3 公众确认并未参与调查。天津蓟县垃圾焚烧发电厂于2016 年4 月正式投入使用，之后周围环境污染严重，市民多次举报反映，经调查该厂存在环评造假问题。

针对环评造假违规问题，2016 年 12 月，国家出台了有针对性的政策措施，对企业、环评机构的信用行为起到了有效规范作用。例如，“两高明确环境影响评价造假的刑事责任追究问题”“环评公众意见将单独报送”等。国家政策的出台，加大了对环评造假的惩戒力度，提高了社会对环评造假问题的关注度，有力地推进了政府环保工作有序进行。

（二）篡改伪造环保监测数据问题较为严重

2016 年，重庆市、萍乡市、绍兴市、福州市、莆田市、唐山市等多个城市存在企业、环境检测设备运维单位在线监测数据作假、故意逃避监管问题。2016 年 1 月初，重庆市环境监察总队会同涪陵区环保局查处了全市首例环境在线监测数据造假案件，拓源污水处理有限公司下属李渡大耍坝污水处理厂负责人为防止被处罚、影响该厂绩效，修改了在线监测设备修正值。2016 年 7 月，萍乡市上栗县环境保护局依法向上栗县公安局移送了中材萍乡水泥有限公司篡改在线监测数据案，中材萍乡水泥有限公司存在氮氧化物排放数据造假问题，人为降低了脱硝装置仪表显示数据。

政府部门下设环境空气自动监测站进行数据造假。2016 年 2 月，国家监测总站直管的西安市长安区监测站站长利用职务之便，安排该监测站工作人员多次潜入长安区监测站内，利用棉纱堵塞采样器的方法，干扰监测站内环境空气质量自动监测系统的数据采集功能，造成该站自动监测数据多次出现异常，影响了国家环境空气质量自动监测系统正常运行。

针对篡改伪造环保监测数据的违法行为，多个省市积极开展专项整治工作，加大违法企业打击力度。例如，“浙江严查环保数据作假，一公司被通报查处”；“山东处罚两企业环境在线监测数据造假，分别罚款 10 万”；等等。

八、公职人员怠于履职，监管工作流于形式

政府工作人员怠于履职、不作为是政务诚信的守信践诺领域的重要失信问题，严重损害了人民群众的合法权益，败坏了政府形象。2016 年，多个城市出现了此类问题。

2016 年 3 月，贵阳市白云区艳山红镇刘庄村存在严重生活垃圾污染问题，人民检察院多次督促艳山红镇人民政府清理该处垃圾，艳山红镇人民政府却并未采取有效措施处理污染问题，给周围居民生活环境造成严重影响。2016 年 10 月，陕西省咸阳市三原县人民检察院在履行职责中发现，大程镇人民政府在辖区污水排放监管过程中未依法履行职责，三原县大程镇大程村南排污口超标排放污水，污染清河，致使社会公共利益受到侵害。南安市丰州泰田建材有限公司非法排放粉尘污染环境，该公司因环境污染问题被罚后，依然继续生产，南安市环保局并未继续督查，2016 年 12 月 9 日，福建省南安市人民检察院因南安市环境保护局不依法履行职责，依法向南安市人民法院提起行政公益诉讼。

针对政府部门不作为失信问题，各城市采取了多项措施，加大整治力度，努力确保人民群众合法权益不受侵犯。一是积极开展专项检查与治理工作。例如，“昆明集中整治‘不作为乱作为’”“海东专项整治庸政懒政不作为”“临沧市工商局‘五抓’整治‘不作为乱作为’顽症”等。二是制定有针对性的制度与方案，规范政府行为。例如，地方政府下发了《张掖市人民政府办公室关于印发张掖市行政审批不作为慢作为乱作为行为举报办法的通知》《关于印发〈永城市懒政怠政“不想为不能为不敢为不作为”专项治理活动第一阶段督查方案〉的通知》《高平市人民政府办公室印发关于开展“不作为慢作为假作为”专项整治工作方案的通知》等。通

过多个城市制定切合实际有针对性的制度和方案，多措并举积极开展专项整治工作，与2015年相比，2016年政府怠于履职、不作为失信事件有所减少。

九、骗保事件屡禁不绝，阻碍社保制度可持续发展

社会保险基金是国家为保障劳动者由于年老、疾病、失业、工伤等原因导致生活水平下降甚至无法维持基本生活而建立的具有特定用途的资金，是劳动者的“救命钱”。2016年，出现了许多骗取医疗保险基金、骗取养老保险基金的事件，严重损害了其他参保人员的社保权益。

（一）医疗机构骗取医保基金，侵害参保人合法权益

2016年，部分城市出现了医院经营者、医生等通过伪造或者使用虚假病历、处方、检查化验报告单、疾病诊断证明等医疗文书，骗取医疗保险基金的不良事件。

安徽庐江县一民营医院的正、副院长于2016年被庐江县检察院批准逮捕。据悉，该民营医院对前来就诊的病人“小病大治”，让其办理住院，甚至在病人出院时以为其家属做免费检查为由，让家属也办理住院手续，通过虚开治疗药物，制作虚假住院病历资料等骗取医保基金数十万元，严重侵害了参保人的合法权益。

针对此类失信事件，各城市开展了专项整治行动，尤其对民营医院加大监管力度，同时还大力发动群众参与，开设投诉举报专线，鼓励公众曝光。例如，重庆市“江津：重拳出击，联合整治民营医疗机构‘骗保骗助’”；“兰州、天水：举报社保基金管理违法违规最高奖励2万元”；“重庆黔江专项整治民营医疗机构‘骗保骗助’”；等等。在多部门的联合整治和监管之下，民营医院骗保事件得到了有效遏制。

（二）伪造证明材料，骗取养老保险基金

河北省邯郸市峰峰矿区检察院2016年查明了多个社区管理处工作人

员，利用职务之便侵吞社保资金的犯罪事实，个别负责养老金发放和管理的工作人员利用退休职工死亡信息不对称这一漏洞，延迟上报职工死亡时间，套取冒领养老金数十万元。

针对养老金骗领、冒领等不良事件，国家人社部决定在多个省份对涉及退休人员合法权益和养老保险基金安全的事项，开展企业职工退休审核审批专项检查。检查对象包括企业职工退休审批行政部门、社会保险经办机构，根据工作需要抽查的参保单位、参保和待遇享受人员等，具体内容包括制度建设执行、退休审核审批、退休待遇核定、档案管理、待遇发放等。对检查中发现的涉及基金征缴、支付、管理等方面的社会保险违法违规问题，均将依法依规严查，情节严重者将绳之以法，绝不姑息迁就。在国家有关部门的大力督导下，骗领、冒领养老保险金的现象得到了一定程度的遏制。

十、失信"老赖"逍遥法外，损害社会诚信环境

"老赖"，是我们对欠人钱财却赖着拒不履行法院生效判决债务人的俗称。这些人一方面虽然债台高筑，但依然追求生活上的享受，肆意挥霍；另一方面拖欠农民工工资或交通肇事案的受害人赔偿或其他款项，使农民工或受害人因为不能及时拿到工资或赔偿款而难以维持生计。2016 年，山西省运城市秦某某拖欠 12 名工人的工资款，经工人多次讨要未果，之后秦某某被诉至法院，在法院判决生效后，秦某某一直躲避，拒不履行。经调查，秦某某长期从事搭建彩钢瓦职业，有固定收入，家中尚种植有 3 亩果树经济林，属于有能力履行但拒不履行的"老赖"。江苏省宿迁市一名"老赖"欠钱不还，拒不履行法院判决，却在朋友圈晒出大量现金"炫富"，并称"要好好玩玩犒劳下自己"，被举报后遭法院追加处罚。

为破解执行难问题，压缩恶意抗拒执行者的"生存"空间，加大对"老赖"的惩罚与制裁，让失信被执行人感受到法律的威慑力，各城市进

一步扩大联合信用惩戒的范围和力度，如对失信被执行人在消费、金融、教育等方面进行有效限制。对失信采取相应措施，包括限制摇号购买机动车，禁乘飞机、高铁等交通工具，“信用分”消费级别降低，限制网购，无法通过互联网平台预订票务、酒店等，使失信被执行人在履行责任义务之前寸步难行。例如，“深圳法院多措并举惩戒‘老赖’”“成都2万多老赖被纳入‘失信黑名单’限制高消费”“朝阳法院公布惩戒‘老赖’举措”“360搜索公布失信人名单”“南通中级人民法院创新机制多措并举，紧盯‘老赖’，全力破解‘执行难’”等。在各部门的联合惩戒之下，已经有不少“老赖”主动到法院履行债务。例如，在濮阳市，“失信老赖坐不了高铁影响生意，主动到法院要求还款”；又如，在松原市，“因失信贷款遭拒，逃债‘老赖’赔款道歉”；再如，玉林市“‘黑名单’限制消费，‘老赖’主动把债还”；等等。

第三章　重点领域信用体系建设的现实状况

一、旅游：涉旅机构违规问题突出，专项整治旅游乱象

2016 年 1 月 1 日至 12 月 31 日，旅游领域的信用信息总量共计 1446 条，其中优良信用信息为 1220 条，不良信用信息为 226 条。

（一）优良信用信息分析

从监测的情况来看，2016 年 1 月 1 日至 12 月 31 日，旅游领域的优良信用信息分布如下：市场监管加强占 54.3%、旅游安全工作占 16.7%、旅游服务完善占 11.2%、价格诚信建设占 5.0%、信用制度建设占 4.3%、诚信红榜占 2.8%、从业人员规范与培训占 1.7%、倡导文明旅游和行业自律各占 2.0%。

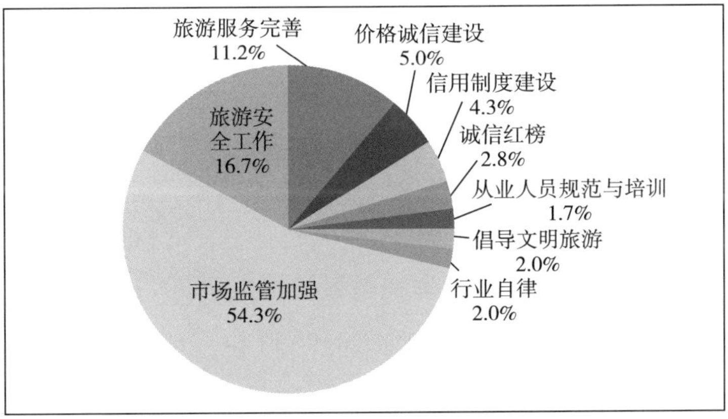

图 3－1　2016 年旅游领域优良信用信息分布

从优良信用信息内容来看，主要表现在以下几方面：

1. 开展专项行动整治旅游市场乱象，规范旅游市场秩序

2016 年 1 月 1 日至 12 月 31 日，加强对涉旅机构失信违规行为的整治与打击是多个城市规范旅游市场、提升旅游业诚信水平的重要举措。多个城市都开展了旅游市场的秩序整治与专项检查工作，尤其是在节假日期间，重点打击宰客欺客、违法经营、黑导黑车、霸王条款、强迫消费等旅游行业的失信行为。例如，“北京市旅游委联合北京警方出重拳打击非法从事领队业务现象”；“长治开展旅游市场专项整治，向旅行社违规行为‘开刀’”；“景德镇旅游市场开展专项整治活动，对存在违法经营等问题的 28 家旅行社下达《限期整改通知书》”；“丽江市开展联合整治专项行动，力保暑期旅游市场规范有序”；等等。

2. 强化安全检查与管理，保障旅游环境安全

2016 年 1 月 1 日至 12 月 31 日，多个城市进一步加强景区安全运营管理，开展各项安全检查，督查食品安全、交通安全、消防安全、地灾防治等，提升治安管理水平，营造平安有序的旅游环境。例如，“南京市江宁区开展节前旅游景区食品安全大检查”；“大庆市旅游局部门联动开展 2016 年岁末年初旅游安全大检查”；吉安市“落实主体责任消除安全隐患，安福全面排查旅游景区特种设备”；“洛阳：规范‘导游专座’，确保旅游客运安全”；等等。

3. 规范旅游行业品质，提升旅游服务质量

2016 年 1 月 1 日至 12 月 31 日，多个城市注重提升景区的旅游服务质量与管理水平，尽力为游客营造良好诚信旅游氛围。例如，在成都市，“成都旅行社诚信评级，游客可享‘星级’标准服务”；“桂林市建立旅游经营服务不良信息公示制度”；深圳市的“30 位深圳市民获聘担任旅游服务质量社会监督员”；“根河市市场监督管理局发倡议书号召全市旅游行业诚信经营、优质服务”；等等。

4. 整治“不合理低价游”，落实明码标价

2016年1月1日至12月31日，价格诚信建设也成为旅游诚信建设的重要内容。多个城市规范旅游行业价格监管，严打价格欺诈与天价宰客等行为。例如，“南京开展‘不合理低价游’专项整治，清查违法违规和严重失信旅游网站”；“铜陵着力加强价格诚信建设杜绝旅游消费‘天价’事件”；等等。

此外，还有部分城市针对旅游行业的信用体系建设出台相关总体规划，推进信用信息的共享管理与公示应用，建立信用评价机制等。例如，舟山市有关部门发布了《舟山市旅游委员会舟山市发展和改革委员会关于加强旅游市场信用体系建设的实施意见》；又如，媒体曾报道“沈阳旅游部门今年建立导游和领队诚信评价机制”；再如，“太原：探索建立旅游行业诚信记录公示制度和不文明信息通报制度”；等等。

（二）不良信用信息分析

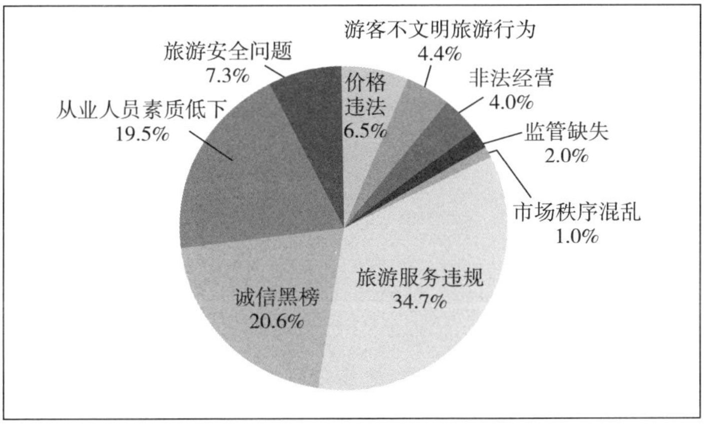

图3-2 2016年旅游领域不良信用信息分布

从监测的情况来看，2016年1月1日至12月31日，旅游领域的不良信用信息分布如下：旅游服务违规占34.7%，诚信黑榜占20.6%，从业人员素质低下占19.5%，旅游安全问题占7.3%，价格违法占6.5%，游客

不文明旅游行为占4.4%，非法经营占4.0%，监管缺失占2.0%，市场秩序混乱占1.0%。

从不良信用信息内容来看，主要问题集中在以下三个方面：

1. 旅游景点、旅行社等涉旅机构违规问题突出，影响游客旅游体验

2016年1月1日至12月31日，多个城市发生了旅游违规行为，主要涉及旅游景点和旅行社。问题包括以下三个方面：

一是发生欺诈游客、强迫消费的恶劣行为。例如，“三亚‘海上游天涯’黑景点：上百人轮流骗游客赚钱”；“游客西双版纳遭改行程并要求购物，涉事旅行社及有关人员被罚8万元”；“暗访北京黑一日游：彪形大汉威逼游客加钱看杂技”；等等。

二是违规收取费用。例如，“潍坊个别旅行社对老年人额外收费遭投诉”“滕王阁景区拆迁空地成收费停车场”等。

三是虚假宣传误导游客。例如，“虚假宣传误导消费者，昆明一旅行社陕西营销中心被撤销”“九江畅游旅行社收钱后承诺的服务打折扣”等。

2. 导游从业人员素质较低，“黑导”“野导”现象制约旅游行业信用水平提升

2016年1月1日至12月31日，部分城市的旅游行业中导游素质偏低，且存在不少“黑导”“野导”，发生打骂游客、违规揽活、乱收费用、拿高额回扣等事件，制约了旅游行业整体信用水平的提升。媒体对一些恶性事件进行了报道，例如，“网曝西双版纳导游骂游客‘一毛不拔’”；“游客不愿在丽江马场消费遭殴打”；“游客在峨眉山游玩，被导游收取15元‘猴子险’”；“三亚9000余元海鲜账单背后：的哥导游拿高额回扣”；等等。

3. 旅游安全存在隐患，伤亡事故时有发生

2016年1月1日至12月31日，部分城市的旅游景区存在安全隐患。例如，在合肥市，“翡翠湖景区救生圈遭‘捆绑’引争议，园方回应：会及时观察‘松绑’”；在南昌市，“滕王阁景区停车场无视公众安全”；邯郸市则出现了"邯郸5A级景区娲皇宫缆车手续不全安全无保障无人监"现象；等等。一些城市甚至发生了严重旅游安全事故，造成人员伤亡。比如，"凤凰峡游、客大暴雨天气漂流，遇山洪8人遇难"；"广元翻船事故：18人名单确认，14人失踪1人死亡"；"河南开封一游览区发生漏电事故，三人触电死亡"；等等。

二、医药卫生：违规操作威胁患者生命健康，多措并举整治医疗秩序

2016年1月1日至12月31日，医药卫生领域的信用信息总量共计1629条，其中优良信用信息为1314条，不良信用信息为315条。

（一）优良信用信息分析

从监测的情况来看，2016年1月1日至12月31日，医药卫生领域的优良信用信息分布如下：医疗秩序整治占48.2%、药品药械安全监管占27.9%、医疗机构信用评价与诚信创建占12.0%、医药诚信体系建设工作推进占8.1%、公共卫生安全保障占1.8%、药品与医疗服务价格规范和医疗行业诚信自律各占1.0%。

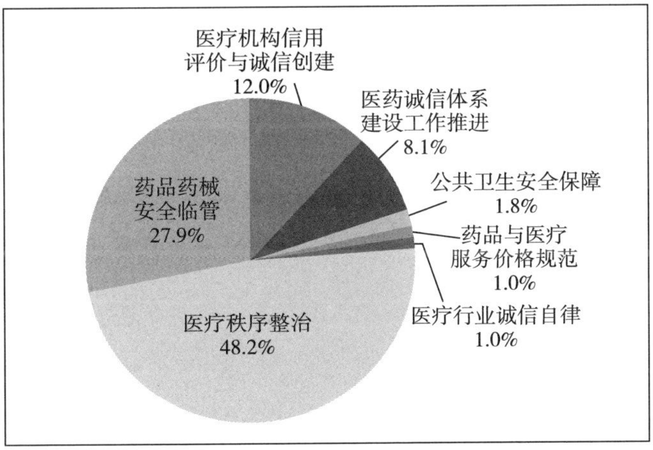

图3－3　2016年医药卫生领域优良信用信息分布

从优良信用信息内容来看，主要表现在以下三个方面：

1. 监管部门严厉打击违法违规乱象，规范整治医疗秩序

2016 年 1 月 1 日至 12 月 31 日，各城市针对医药卫生领域的违法违规行为，采取了多种措施进行整治与惩戒。

一是开展专项检查与整治活动，规范执业行为。例如，“整治医疗机构不良执业行为，深圳卫监打出组合拳”“江阴启动新一轮打击非法行医专项整治行动”“南昌严查中医医疗机构各类违法违纪行为”等。

二是通过建立“黑名单”整治非法行为。例如，“南昌整治‘号贩子’‘网络医托’，将建号贩子黑名单”；东莞市“医疗机构雇‘医托’将上‘黑名单’曝光”；等等。

三是出台相关办法与方案，从制度上规范医疗执业行为。例如，上海市有关部门下发《关于印发〈2016 年嘉定区防范和打击无证行医工作实施方案〉的通知》，永安市有关部门下发《永安市卫计局关于印发〈永安市整治医疗机构违法违规医疗行为专项行动方案〉的通知》等。

2. 集中排查非法疫苗，利用社会监督力量消除药品安全隐患

2016 年 1 月 1 日至 12 月 31 日，各城市为保障药品安全，开展了多项专项检查活动，排查药品生产销售安全问题，惩处了多家违规药品销售单位。例如，“晋中市食药监开展‘两节’期间食品药品安全监督检查”；“调兵山市市场监督管理局对药品经营企业进行抽查”；“烟台食药监突查药店，确保市民春节期间的用药安全”；等等。尤其是在 2016 年 2 月山东非法疫苗案件被揭露以后，各城市纷纷迅速开展非法疫苗排查工作。例如，“延安食药部门严密排查非法疫苗涉延线索，有情况可举报”“亳州市迅速开展非法经营疫苗专项监督检查”，北京市下发《北京市食品药品监督管理局关于进一步加强疫苗监督管理的紧急通知》，等等。

此外，多个城市针对食药品违法行为出台了相关举报奖励办法，有助于利用社会监督力量发现和消除药品安全隐患。例如，“湘潭市出台食品药品违法行为举报奖励办法”“衡阳市发布《衡阳市食品药品违法行为举报奖励办法（试行）》并实施”等。

3. 推进医药领域信用评价，开展诚信机构和从业人员评优

2016 年 1 月 1 日至 12 月 31 日，多个城市对医疗机构和医药企业开展了信用等级评定工作，尤其是对民营医院推行信用等级管理，有利于敦促相关机构提高自身信用水平，完善医疗系统信用监督管理。例如，“潍坊对食药行业进行信用评定，严重失信企业将被公示”；“宿迁市对民营医院实行信用等级考核”；等等。此外，医药监督管理部门评选多家医疗机构及医护从业人员为优秀诚信单位或个人，促进医药卫生领域诚信体系建设。例如，媒体报道了宿迁市的相关做法——“我市一医疗器材有限公司获‘优秀诚信单位’称号”；“徐州市评选出 12 家诚信守信民营医疗机构”；等等。

（二）不良信用信息分析

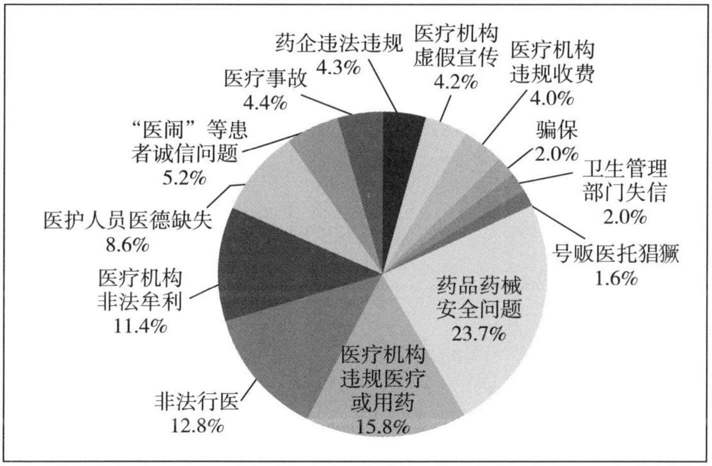

图 3－4 2016 年医药卫生领域不良信用信息分布

从监测的情况来看，2016 年 1 月 1 日至 12 月 31 日，医药卫生领域的不良信用信息分布如下：药品药械安全问题占 23.7%、医疗机构违规医疗或用药占 15.8%、非法行医占 12.8%、医疗机构非法牟利占 11.4%、医护人员医德缺失占8.6%、“医闹”等患者诚信问题占5.2%、医疗事故占4.4%、药企违法违规占4.3%、医疗机构虚假宣传占4.2%、医疗机构违规收费占4.0%、骗保和卫生管理部门失信各占2.0%、号贩医托猖獗占1.6%。

从不良信用信息内容来看，主要问题集中在以下三个方面：

1. 药品药械质量不合格仍是医药卫生领域的突出失信问题

2016年1月1日至12月31日，有多起药品药械假冒伪劣案件和质量检查不合格的问题发生。这一方面是因为药品药械的生产者利欲熏心、信用意识缺乏，无视人民群众生命健康安全；另一方面也说明医药监督管理部门的监管水平还有提升空间。例如，“8批次药品抽验不合格，亳州市佰世信中药饮片有限公司生产的地龙上黑名单”；济南市“母女售将过期疫苗涉案5.7亿，有疾控部门人员涉案”；在什邡市和成都市，“违法生产销售银杏叶提取物及制剂，4家四川药企被罚”；等等。

2. 医疗机构违规医疗行为威胁患者生命健康

2016年1月1日至12月31日，有多家医院、诊所等医疗机构医德缺失，发生了违规医疗操作或使用过期变质药物等失信行为，对患者的生命权、健康权造成了严重侵害。例如，“陕西商洛26名血液透析患者感染丙肝，系医务人员违规操作”；“成都9家‘钉子户’诊所违规抗生素输液，面临处罚”；“哈尔滨延寿医院给14名患儿用过期注射液”；“河南林州24位患儿被注过期点滴，市各部门已联合介入调查”；等等。

3. “黑诊所”“无证医生”横行，非法行医屡禁不止

2016年1月1日至12月31日，非法行医现象仍然是影响医药卫生领域诚信建设的一大痼疾。未取得职业资格的“黑诊所”、无证医生横行，扰乱正常医疗秩序，遭到相关监管部门的打击和惩处。例如，“肥西47岁男子感冒输液突然身亡，涉事医生无行医资质”；“长沙市长沙县一黑诊所再三非法行医，当事人或获刑”；等等。

此外，以美容院为代表的生活美容机构也是非法行医的重灾区，这些“小作坊”犯案方式隐秘，加之处罚条例滞后，导致监管查处难、惩戒力度小。例如，在上海市，“文眉走红美甲师摇身变‘医生’，专家：属于医疗美容有风险”；又如，在武汉市，“城区三女子打针中毒，卫生部门：美容也要看资质”；等等。

三、金融：金融诈骗等问题突出，加大失信违规行为监管

2016 年 1 月 1 日至 12 月 31 日，金融领域的信用信息总量共计 1835 条，其中优良信用信息为 1147 条，不良信用信息为 688 条。

（一）优良信用信息分析

从监测的情况来看，2016 年 1 月 1 日至 12 月 31 日，金融领域的优良信用信息分布如下：打击诈骗行为占 23.4%、打击非法集资占 22.3%、行业信用体系建设占 21.8%、金融市场秩序监管占 18.7%、创新金融信用产品占 7.6%、信用信息征集管理占 2.2%、金融机构诚信自律和金融领域诚信评定各占 2.0%。

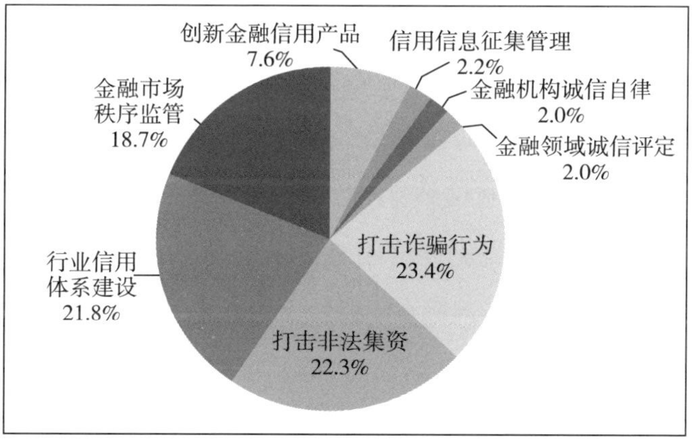

图 3－5 2016 年金融领域优良信用信息分布

从优良信用信息内容来看，主要表现在以下三个方面：

1. **打击非法集资与诈骗行为是打造诚信金融环境的重要工作**

2016年1月1日至12月31日，多个城市针对非法集资与诈骗行为采取了相关防范与惩戒措施。

一是出台防范与处置非法集资的工作方案，对打击非法集资工作作出系统性部署。例如，南京市政府下发了《南京市政府关于进一步做好防范和处置非法集资工作的实施意见》，天津市政府下发了《天津市人民政府办公厅关于进一步做好防范和处置非法集资工作的意见》，“阳市出台方案：打击非法集资，共建和谐家园”，等等。

二是深入开展防范非法集资与诈骗的宣传教育，启动各类专项行动，多部门联动打击非法集资与诈骗行为。例如，“仁怀开展防范打击非法集资宣传活动”“岳阳市启动专项行动向非法集资犯罪‘亮剑’”“盐城市持续打击非法集资与电信诈骗”等。还有一部分城市专门成立了反诈骗中心，重点打击电信网络信息诈骗，全面提升反诈骗能力。例如，“周口市反虚假信息诈骗中心威力初显”；“晋江设立反诈骗中心，警银联手实现快速止付”；“泉州市成立反诈骗中心，多部门将24小时合署办公”；等等。

2. **强化金融领域诚信制度建设，积极防范金融风险**

2016年1月1日至12月31日，多个城市强化行业信用制度建设、积极防范金融风险。

一是完善金融领域信用制度建设。例如，衢州市有关部门下发了《衢州市关于印发〈完善金融诚信体系建设实施方案〉的通知》，“烟台融资担保行业新规出台，将逐步完善信用查询及失信惩戒机制”。

二是出台防范金融体系风险的相关工作方案，尤其对互联网金融领域的风险隐患给予了高度重视。例如，“鄂尔多斯市印发互联网金融风险专项整治工作实施方案”，泰州市政府下发了《泰州市政府办公室关于印发泰州市互联网金融风险专项整治工作实施方案的通知》，等等。

3. **加大对金融行业失信违规行为的规范整治力度**

2016年1月1日至12月31日，多个城市都开展了各类专项行动，加大宣传教育力度，打击与整治金融机构及其从业人员的失信违规、扰乱市场秩序的行为。例如，“宜都市局把握‘四个重点’集中清理规范民间投融资类机构”；“济宁市安排部署整治逃废金融债务专项行动”；北京市“丰台工商分局稽查大队重点打击投融资平台违法‘承诺收益’行为”；“恩平市公安局打击整治盗刷银行卡犯罪分项行动再添战果”；等等。

（二）不良信用信息分析

从监测的情况来看，2016 年 1 月 1 日至 12 月 31 日，金融领域的不良信用信息分布如下：诈骗行为占 48.6%、金融机构或其从业人员失信违规占 21.5%、骗保骗贷或骗取国家资金占 14.0%、非法集资占 9.4%、企业或个人债务违约占 4.5%、企业财务违规和非法金融交易各占 1.0%。

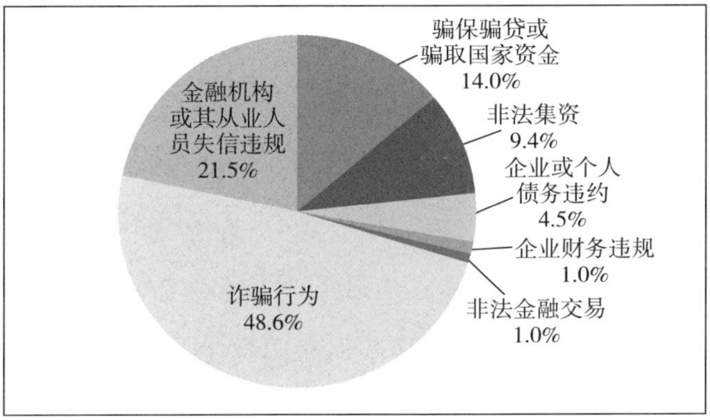

图 3－6　2016 年金融领域不良信用信息分布

从不良信用信息内容来看，主要问题集中在以下几方面：

1. 金融诈骗形式多样，波及范围较广

2016 年 1 月 1 日至 12 月 31 日，多个城市出现了各类诈骗案件，形式多样，波及范围较广。例如，“福州摧毁一‘推荐牛股’诈骗团伙，受害人遍布 10 余省份”；“嘉兴警方捣毁特大诈骗团伙，294 名嫌疑人涉案 1.5 亿”；“涉嫌合同诈骗 4.6 亿多，上海浦发银行鄂尔多斯分行原行长等人受审”；宿迁市“假冒军官骗军属，招摇撞骗被公诉”；等等。

值得注意的是，随着信用卡在消费者日常生活中占据越来越重要的地位，各式信用卡诈骗也层出不穷，在诈骗类不良信用信息中，信用卡类诈骗行为占34%的比重。例如，在日照市，发生“谎称办理信用卡贷款，骗取他人信息套现”事件；又如，在广州市，“最新诈骗曝光：非法信用卡套现被骗28万”；再如，在大庆市，“信用卡‘垫还’牵大案，诈骗团伙入庆作案5起涉案金额22万”；等等。

2. 金融机构及其工作人员违纪违规行为较突出

2016年1月1日至12月31日，多家银行、券商、保险等金融机构出现了操作违规问题，暴露出金融业信用监管存在薄弱环节。例如，“湖北银行襄阳违规经营监督疏漏，致贷款资金被挪用”；“中国人寿巴彦淖尔违法编制虚假资料”；“泰安银行被曝违规揽存，回应称‘不清楚’”；“南京银行基金当理财卖，证监机构认定涉多项违规”；“国海证券‘萝卜章’火烧连营，公安机关已立案”；等等。

另外，部分缺乏职业道德的金融从业人员利用职业便利牟取私利，部分案件影响范围较广。例如，在彭州市，“一条征信信息20元，银行职员卖征信信息被捕”；“深圳一银行客户经理被指伪造贷款用途被举报”；绵阳市“银行员工出售征信报告，涉及信息200余万份”；“建行宿迁一行长借巨款后失联：多人报警，单位称其已被开除”；等等。

3. 骗保、骗贷、骗补等违法行为破坏金融市场秩序

2016年1月1日至12月31日，多个城市出现了利用金融系统监管漏洞，骗取保险理赔、骗取银行贷款或骗取国家补贴资金等不良事件，严重危害了金融业市场秩序。例如，蚌埠市“男子非法骗贷亿元，冒用伪造骗保骗贷向社会非法吸金上千万”；武汉市“修理厂伪造豪车车祸骗保，涉案金额达百万元”；广州市“嫌疑人伪造公司印章，骗取7家银行4.1亿元贷款”；等等。

四、食品安全：制售不合格食品行为屡禁不止，力促诚信体系逐渐完善

2016 年 1 月 1 日至 12 月 31 日，各城市在食品安全领域的信用信息总量共计 2403 条，其中优良信用信息 1874 条，不良信用信息 529 条。

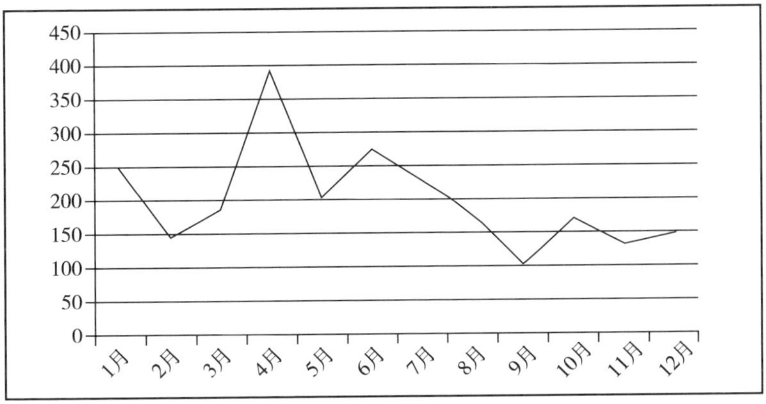

图 3－7　2016 年食品安全领域信用信息时间分布

（一）优良信用信息分析

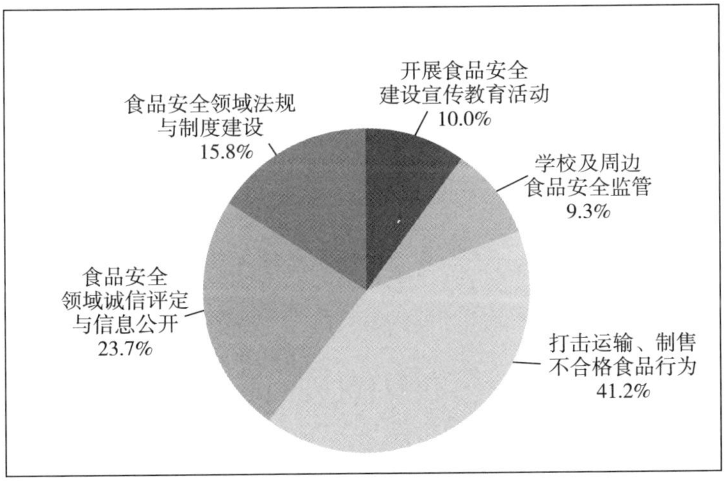

图 3－8　2016 年食品安全领域优良信用信息分布

从监测的情况来看，2016 年 1 月 1 日至 12 月 31 日，食品安全领域的优良信用信息分布如下：打击运输、制售不合格食品行为类信息占比最高，为 41.2%；食品安全领域诚信评定与信息公开，以及食品安全领域法规与制度建设类信息分别占 23.7% 和 15.8%；开展食品安全建设宣传教育活动和学校及周边食品安全监管类信息分别占 10.0% 和 9.3%。

从优良信用信息内容来看，主要表现在以下三个方面：

1. 加快推进食品安全诚信体系建设

2016 年 1 月 1 日至 12 月 31 日，各城市在促进食品安全诚信体系建设方面做了大量工作，主要集中在以下两方面：

一是持续出台食品安全相关法规和制度，从严规范食品生产、运输和销售行为，建立健全食品安全保障体系。例如，上海市有关部门下发《关于印发〈2016 年嘉定区食品安全风险监测实施方案〉的通知》，阜新市政府出台《阜新市人民政府关于进一步加强食品安全工作的意见》，岑溪市政府下发《岑溪市人民政府办公室关于印发岑溪市食品药品监管体制改革实施方案的通知》，等等。

二是根据实际情况，将包括学校、幼儿园、培训机构等教育机构在内的重点企业作为试点对象，制定、推广食品生产、运输和销售企业信用等级评定与信用信息共享机制，将其食品安全情况纳入企业信用评价体系中，并建立健全红“黑名单”制度。例如，“济南试点食品药品安全信用分级分类管理工作”，安康市有关部门下发了《安康市食品药品监督管理局关于印发〈安康市食品药品安全“红黑榜”管理办法（试行）〉的通知》，“北镇市全面启动食品生产企业风险分级监管”，等等。

2. 加强运输、制售不合格食品行为管控

2016 年 1 月 1 日至 12 月 31 日，各城市进一步健全食品安全监管体系，深入开展食品安全治理整顿。

一方面，加大食品集中交易市场、城乡结合部、中小学校园及周边等

重点区域和场所的检查力度，加强对制售有毒有害食品的“黑工厂”“黑作坊”和“黑窝点”等非法食品经营单位的监管和处罚。例如，“西宁市食品药品监管部门严查食品小作坊和食品摊贩”“张家界市全面启动制售分离食品生产加工小作坊专项整治”“张家港市市场监督管理局三大组合拳加强食品小作坊监管”等。

另一方面，在2016年“3·15国际消费者权益日”曝光网络订餐平台管理混乱之后，很多城市开始自查本市网络订餐平台存在的问题，推出多项监管和整改措施。例如，“济南检查网络餐饮单位611家，加强网络订餐食品安全监管”；“佳木斯市食安龙江百日行动加大对网络食品安全监管”；常熟市“市场监管局经济技术开发区分局开展网络订餐食品安全专项整治工作”；等等。

3. 深入开展食品安全宣传教育活动

2016年1月1日至12月31日，多个城市加强对食品安全的宣传和科普教育，充分调动人民群众参与食品安全治理的积极性和主动性。

一方面，充分发挥政府、企业、行业组织、社会团体和各类媒体的作用，在社会上对食品安全建设的重要性进行广泛宣传，表彰食品安全诚信示范企业，努力营造“人人关心食品安全、人人维护食品安全”的良好社会氛围。例如，“重庆渔人湾码头打造食品安全与诚信经营示范市场”“盘锦市开展‘食品安全百姓放心示范单位’创建活动”“迁安市扎实开展保健食品诚信示范单位创建活动”等。

另一方面，普及食品安全法律法规及食品安全知识，提高公众食品安全意识和科学素养。例如，“山东青岛：开展进口消费品质量安全宣传活动”；“太原工商人员教百姓识别假冒伪劣产品”；荣成市“滕家镇中心卫生院开展食品安全宣传教育”；等等。

（二）不良信用信息分析

从监测的情况来看，2016年1月1日至12月31日，食品安全领域的不良信用信息分布如下：生产不合格食品类信息占比最大，为42.1%；运输、销售不合格食品类信息次之，占39.0%；学校及周边制售不合格食品、相关部门监管不到位和餐具消毒不达标类信息占比较低，分别为8.7%、5.9%和4.3%。

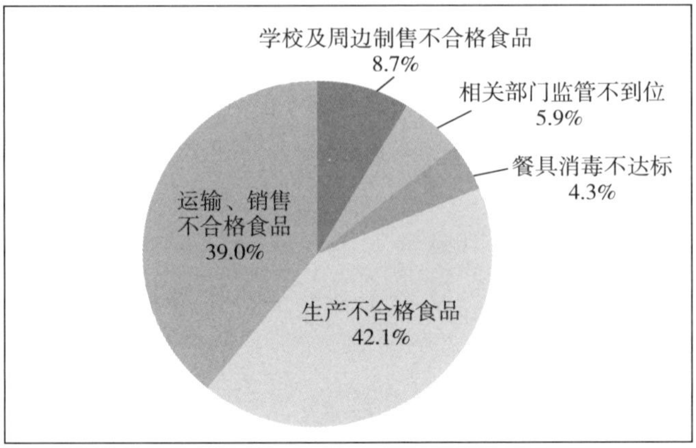

图3－9　2016年食品安全领域不良信用信息分布

从不良信用信息内容来看，主要问题集中在以下几方面：

1. 制售不合格食品行为屡禁不止

2016年1月1日至12月31日，生产、销售不合格食品行为仍是食品安全领域最严重的问题。其中，危害最大的是非法无证企业生产销售有毒有害食品的行为，严重损害了消费者的身体健康。例如，“长春南关区隆泰清河坊小区小作坊生产食品，露天摆放连包装都没有”；“食材随地放，消毒餐具已过期，嘉兴小餐饮卫生真揪心”；“南平邵武市取缔一家无证无照非法油炸食品小作坊”；等等。

此外，食品非法添加问题应引起相关监管部门重视。一些食品生产企业为谋求经济利益，通过非法添加或过量添加食品添加剂来增强食品的色泽、味道，延长食品保质期，部分商店、市场、超市等食品销售单位对进货质量把控不严，导致有毒有害食品流入百姓餐桌。例如，乌鲁木齐市的“‘日圣’‘颐养堂’保健酒非法添加受处罚”；漯河市“大面筋抽检发现添加糖精钠，漯河新卫龙食品公司被通报”；媒体在2016年报道了寿光市和荣成市的非法食品添加事件——“今年山东省首期食品抽检：七批次酱腌菜‘砒霜’超标”；等等。

2. 校园食品安全问题亟待整治

2016年1月1日至12月31日，虽然校园食品安全一直受到政府和相关执法部门严密监督，但校园食品安全问题仍时有发生。部分城市在学校食堂管理及校园周边治理工作方面存在欠缺和不足，缺少行之有效的监管制度。学校对学生的食品安全教育重视程度不够，没有采取有效措施及时制止学生购买校园周边不合格食品的行为。例如，“山东海阳学校食材问题3人被拘6人被停职”；“无证快餐送进南昌孺子学校，校长自称不懂业务”；“北京校园周边食品调查：超标辣条等问题零食充斥”；等等。

五、教育：“毒跑道”等隐患威胁校园安全，严打教育培训机构违规经营

2016年1月1日至12月31日，各城市在教育领域的信用信息总量为2901条，其中优良信用信息1881条，不良信用信息1020条。

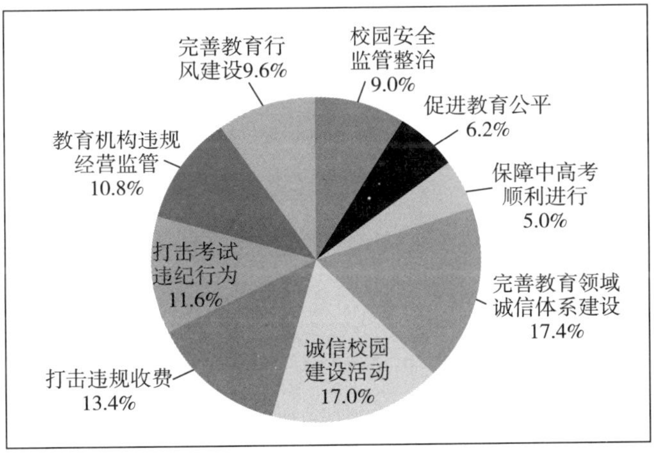

图3－10　2016年教育领域优良信用信息分布

(一) 优良信用信息分析

从监测的情况来看，2016 年 1 月 1 日至 12 月 31 日，教育领域的优良信用信息分布如下：完善教育领域诚信体系建设类信息占比最高，为 17.4%；诚信校园建设活动类信息占比次之，为 17.0%；打击违规收费和打击考试违纪行为类信息分别占 13.4% 和 11.6%；教育机构违规经营监管、完善教育行风建设和校园安全监管整治分别占 10.8%、9.6% 和 9.0%；促进教育公平类信息和保障中高考顺利进行类信息占比较低，分别为 6.2% 和 5.0%。

从优良信用信息内容来看，主要表现在以下三个方面：

1. 加大对教育培训机构违规经营行为的打击力度

2016 年 1 月 1 日至 12 月 31 日，各城市采取多项措施，整治教育培训机构违规经营乱象，维护教育培训市场正常秩序。

一是针对社会培训机构虚假招生、无证办学现象，相关监管部门通过严格执法，查处清理无教学资质的教育培训机构，对违规办学行为予以坚决打击。例如，“长春市教育局查出没有办学许可证的黑班”，湛江市媒体报道称“我市多部门联合清理整治无证幼儿园”，“仙游县四举措加强无证民办园治理”，大同市政府下发《大同市政府关于进一步清理整治非法办学机构和无证幼儿园的通知》，等等。

二是集中力量加强对中小学、大学招生环节的监管工作，杜绝提前收取学杂费、举办“小升初”考试、违规分班、虚假宣传等招生违规行为。例如，“西安加强‘小升初’招生管理，违法违规招生吊销办学许可证”，“今年平顶山市中学招生严格落实公开透明制度”“新郑市：严肃考风考纪，确保今年招生考试公平公正”等报道见诸媒体。

三是通过完善制度建设，规范教育机构行为。例如，太原市有关部门下发《关于进一步规范民办学校招生简章和广告备案的通知》，达州市政府下发《达州市人民政府办公室关于进一步规范中小学办学行为的若干规定的通知》，等等。

2. 加强教育系统工作人员作风和职业道德建设

2016年1月1日至12月31日，多个城市均采取多项措施，规范教育系统工作人员行为。其中，教育系统公职人员滥用职权、贪污受贿等行为成为整治重点之一。通过加强纪律教育、加强机关作风建设、加强执纪监督工作等手段，提高公职人员遵纪守法意识，坚决遏制腐败蔓延势头。例如，“岳阳市通报10起教体系统违纪案，涉多所学校”；“吴川教育局开展‘机关作风整顿年’活动”；等等。

与此同时，教育监督执法机构加强教师“师德师风”建设工作，提高教师队伍职业道德水平，教师管理工作取得重大进展。例如，“合肥将重点查办‘课上不讲课后讲’等败坏师德行为”；“大庆市教育局下发通知加大对教师有违师德行为的查处力度”；“蛟河二中开展教育行风专项整治，严查教师违规办班补课”；等等。

3. 多举措维护校园安全

2016年1月1日至12月31日，各城市致力于强化校园安全治理工作，健全管理机制，确保校园安全稳定。

首先，坚持“安全第一，预防为主”的原则，完善校园安全领域立法，积极开展校园安全教育培训活动，强化校园安全监督检查工作。例如，“昆明或迎校园安全条例，‘校闹’拟纳入依法处置范畴”；“锦州市教育局开展学校安全教育培训”；“郫县红光镇开展幼儿园安全检查”；等等。

其次，有序开展学校食品、饮用水质量专项整治行动，通过建立健全学校食品安全责任制度，严把食品安全准入关，保障师生身体健康。例如，青岛市“黄岛区食药监局大村所加强农村地区学校食堂饮用水监管”；“牡丹江市食药监管局采取‘四严查’‘三加强’，加大对托幼机构食堂食品安全监督检查”；“海门积极构建学校食品安全共治机制”；等等。

最后，在关注学生学习成绩、思想品德、身体健康的同时，更加关注学生的心理健康和人格发展，多方面、多渠道地做好校园欺凌行为的排查和预防工作。例如，“南昌专项治理校园欺凌，要求学校制定处理制度”；“洛阳市开展治理中小学校校园欺凌专项治理活动”；“乾县教育系统开展校园欺凌专项治理”；等等。

（二）不良信用信息分析

从监测的情况来看，2016 年 1 月 1 日至 12 月 31 日，教育领域的不良信用信息分布如下：教育机构违规经营类信息占比最大，为 22.3%；教育系统工作人员违法违纪行为类信息次之，占 18.2%；考试违纪行为类信息占比居第三位，为 17.9%；教育机构违规收费行为、校园安全问题和教育行政执法部门失职类信息分别占 16.7%、13.0% 和 9.8%；学术造假行为类信息占比最低，为 2.1%。

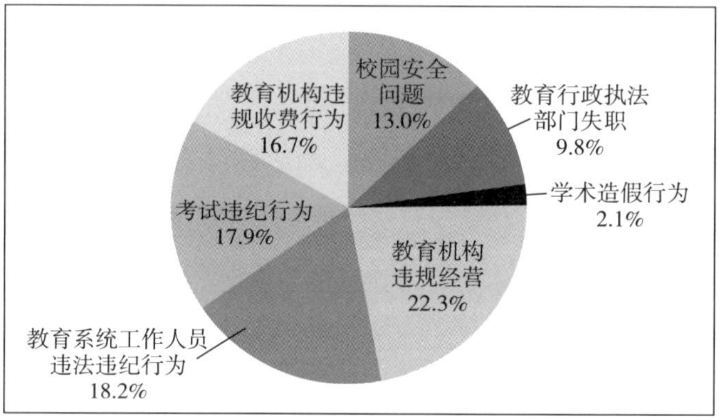

图 3－11　2016 年教育领域不良信用信息分布

从不良信用信息内容来看，主要问题集中在以下几方面：

1.“毒跑道”成校园安全新隐患

2016 年 1 月 1 日至 12 月 31 日，校园安全一直是政府执法部门的严格监管对象，受到社会的密切关注，但校园安全事件仍时有发生。

首先，多个城市的学校使用不合格建材装修，危害学生身体健康。为了节省成本，一些学校使用劣质材料整修校园，却让在校学生为其不负责任的行为买单。例如，“北京第二实验小学一分校多名学生同天流鼻血请假”；保定市某学校“‘毒跑道’原料来自废轮胎废电缆，黑窝点藏身河北”；“常州一中学搬新址493名学生身体异常，环保部将调查”；等等。

其次，教师违规体罚、虐待、侮辱学生行为未得到有效遏制，对学生的身心健康造成极大不良影响，加剧了家庭和学校之间的矛盾。其发生的根本原因在于部分教师法律意识不强、职业道德水平低下，相关执法部门对类似违法行为的惩处力度不够。例如，“北京一幼儿园多名儿童疑遭针扎，公安机关介入调查”；绵阳市“幼儿园教师体罚学生被行拘，3名管理者被撤职”；“河北霸州一幼师被曝虐童‘脚踹拖拽’，警方已介入”；等等。

最后，校园食品安全问题仍呈频发状态。治理学校食堂和校园周边问题食品，仅靠执法部门集中检查不可能杜绝，有待建立长效监管机制。例如，“西安高校学生食堂就餐后上吐下泻，86人留观”；“柳州问题饮品销往幼儿园，当地政府部门已介入”；海阳市发生的校园食品安全问题被曝光——“山东一学校食堂疑给学生吃猪食，几百家长讨说法”；等等。

2. 考试作弊向团伙趋势发展

2016年1月1日至12月31日，考试违纪行为仍是教育领域亟待整治的问题之一。其中，考试作弊行为造成的后果最为严重，不仅破坏了公平竞争的规则，使考试的衡量功能无法得到正常发挥，而且严重败坏学风，不利于考生心理健康发展。例如，“烟台职称外语考试‘揪’出84名违纪者，记入考生诚信档案”；瑞安市“找人替考被判刑，挑衅考试作弊入刑规定”；等等。

值得注意的是，团伙作弊行为日渐猖獗。利用专业考试的机会，提前寻找作弊考生收取保过费，再通过考场拍试题、请人做题、无线电宣读答案的方式帮助交钱考生作弊，高超的技术手段给侦破工作带来一定难度，极大地破坏了考试公平。例如，“西安市艺考作弊团伙落网，考试接收器不发声不震动及其隐秘”；蚌埠市“研究生考试多人作弊案发”；许昌市公安部门抓获涉及高考舞弊的犯罪团伙，媒体对此报道称，“河南警方打掉三个涉高考舞弊犯罪团伙，一嫌犯住处查获80台作弊设备”；等等。

3. 政府和相关执法部门对教育领域失信行为整治不力

2016年1月1日至12月31日，部分城市仍存在教育部门怠于履职的现象。行政机关工作人员责任心不强，不能严格秉公执法，对应该查处的失信事件没有及时查处，导致学生和家长的合法权益频受侵害。例如，“郑州考点外‘假名校招生办’存在多年，各部门均不管”；“违规问题频发，海口秀英区教育局主要负责人被约谈”；“江阴一小学因成绩差拒绝学生转学！教育局：不合理但也不违规”；等等。

教育事业发展任重而道远，教育领域失信行为须引起各城市政府和相关执法部门高度重视，并切实采取有效措施进行监管，进一步规范教育培训机构经营行为，提高教育系统工作人员和教职员工职业素质和道德修养，完善相关制度体系建设，调动各种积极因素，为学生健康成长创造良好环境。

六、公共安全：非法排污等威胁公共安全，加大违法犯罪活动打击力度

2016年1月1日至12月31日，各城市在公共安全领域的信用信息总量为4325条，其中优良信用信息2509条，不良信用信息1816条。

（一）优良信用信息分析

从监测的情况来看，2016年1月1日至12月31日，公共安全领域的优良信用信息分布如下：企业生产安全监管类信息占比最高，为21.0%；环保失信行为监管与食品安全监管类信息分别占17.3%和16.8%；交通运输违法行为监管、公共安全领域制度建设和消防隐患监管类信息分别占10.1%、

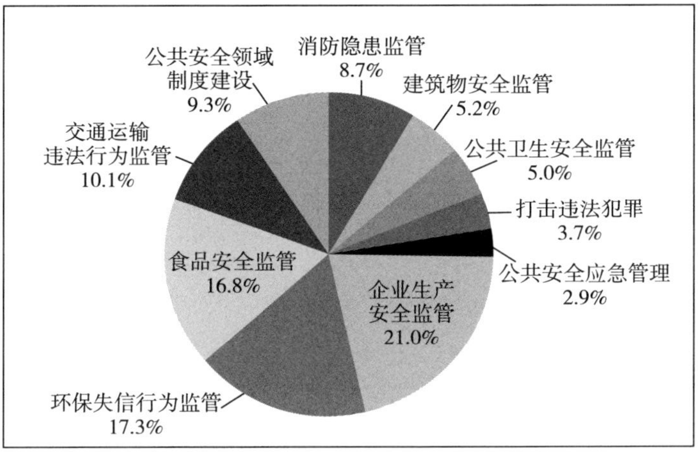

图3-12 2016年公共安全领域优良信用信息分布

9.3%和8.7%；建筑物安全监管、公共卫生安全监管、打击违法犯罪、公共安全应急管理类信息占比较低，分别占5.2%、5.0%、3.7%和2.9%。

从优良信用信息内容来看，主要表现在以下几方面：

1. 加强防控电信诈骗等违法犯罪活动

2016年1月1日至12月31日，多个城市集中力量，严厉打击违法犯罪活动，进一步增强人民群众的安全感。

一方面，针对日益猖獗的电信网络诈骗犯罪，积极开展防范电信网络诈骗专题培训活动，改进公安机关案件侦办技术手段，提高办案人员能力，加强电信网络犯罪动态管控。例如，南京市“公安机关半年共破获电信诈骗案5.7万起”；“齐齐哈尔站前派出所加大宣传力度防范网络电信诈骗”；“宣汉县公安局积极宣传防范通讯网络新型违法犯罪”；等等。

另一方面，通过开展打击违法犯罪行为专项行动，加大破案攻坚力度，偷盗抢劫、敲诈勒索、传销等社会治安案件的发生得到有效遏制。例如，“拉萨市公安局深入开展打击‘盗抢骗’专项行动”；“百色市右江区‘五强化’提升群众安全感”；“常宁公安全力维护社会治安，确保市民过祥和快乐的节日”；等等。

2. 加大消防隐患排查力度

2016年1月1日至12月31日，各城市从多方面着手，加大消防隐患排查力度，力促消防安全体系建设。各城市保障消防安全的措施主要集中在以下两方面：

一是通过开展消防宣传教育活动，在社会上普及消防法律法规和消防基础知识，提高广大人民群众预防火灾、扑救火灾和逃生自救等能力，有效地推进消防工作社会化进程。例如，“昆明市呈贡区环保局开展消防安全知识讲座培训”；“安顺9部门联合印发消防安全宣传‘七进’工作意见”；“敦化宣传员进‘九小场所’，业户学习火场自救方法”；等等。

二是对加油站、液化气站、危险品生产企业、地下建筑、学校、居民楼等消防重点区域和场所进行消防隐患集中排查，及时发现并督促整改，排除消防隐患，进一步加强火灾防控工作。例如，“北京开出首张个人消防罚单，10余种个人消防违法行为可处罚”；“安庆开展遏制较大火灾事故专项整治”；“阿图什市政府督导工业园区火灾隐患整改工作”；等等。

3. 持续完善公共安全应急管理体系建设

2016年1月1日至12月31日，为了保障企业、居民的生产生活安全，维护城市和社会的正常秩序，各城市持续加强应急管理体系建设，根据突发公共安全事故性质和严重程度，完善应急职能和机构设置，提高应急管理体制的科学性和完整性。

一方面，不断完善自然灾害应急管理体系，有效应对干旱、洪水、泥石流、寒潮、台风、地震、森林火灾等自然灾害，将损失降到最低。例如，长沙市“消防演练进学校，千名师生‘2分钟’逃生”；安庆市政府下发《安庆市人民政府办公室关于印发安庆市气象灾害应急预案的通知》；韶山市“落实日常巡查制度，确保韶山核心景区森林消防安全”；等等。

另一方面，完善应急联动中心与平台建设，提高城市应对火灾、爆炸、建筑物倒塌、公共疾病暴发等突发公共安全事件的能力，加强专业救灾抢险队伍建设，提升市民自救与互救能力。例如，“重庆制定火灾事故应急预案，建立火灾预警发布机制”；鹤壁市“多部门联合开展消防知识培训和消防应急演练活动”；“台山举行2016年火灾事故应急救援演练”；等等。

（二）不良信用信息分析

从监测的情况来看，2016年1月1日至12月31日，公共安全领域的不良信用信息分布如下：环境污染类信息占比最大，为39.4%；消防隐患、事故与生产事故类信息分别占15.8%和14.1%；建筑物及内部设施安全事故类信息占10.2%；交通运输危害公共安全、政府执法部门监管不力、医疗和公共卫生事故类信息占比较低，分别为8.0%、7.6%和4.9%。

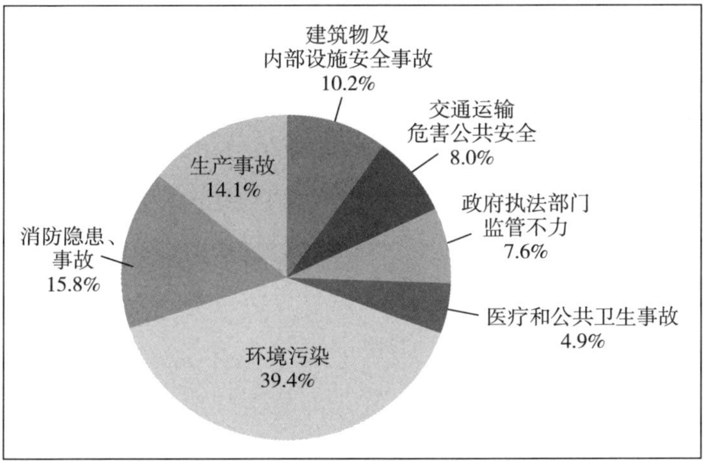

图3-13 2016年公共安全领域不良信用信息分布

从不良信用信息内容来看，主要问题集中在以下三个方面：

1. 非法排污危害公共环境问题突出

2016年1月1日至12月31日，企业非法排污危害公共环境行为仍是公共安全领域最为严重的问题之一。

首先，由于一些工厂、饭店肆意违规排放废气，部分企业和个人违规焚烧垃圾，不符合环保标准的车辆违规上路行驶，各城市空气污染问题较为严重。例如，“长沙10多家餐馆常年违规对外排放，油烟废气含致癌物”；“安庆被环保部约谈：治理大气不力，曾被提出过警告”；等等。

其次，违规排放污水和随意掩埋工业、生活垃圾行为，造成农耕土地、灌溉用水和饮用水水库污染，威胁粮食作物的生长、畜牧业的发展和人民群众的食品、饮用水安全，对农业生产造成较大危害。例如，广州市“废旧机油‘黑作坊’，污染物直排河涌”；贵阳市“溶洞流出污水流进阿哈水库，有关部门正设法治污”；“恩施市村民出现腹泻等症状：饮用水污染所致”；等等。

最后，一些建筑工地和运输企业随意运输和倾倒建筑垃圾和渣土，造成严重的扬尘污染。例如，“天津部分工地扬尘污染严重，挡板后成‘大土箱’”；“商丘因大气污染被环保部约谈，工地扬尘能糊一脸”；“邹城市鲍店煤矿周边储煤场扬尘污染亟待整治”；等等。

2. 公共卫生安全失信事件多发

2016年1月1日至12月31日，公共卫生安全一直受到政府和相关执法部门的严格监管以及社会的密切关注，但与制售假药、假针剂、假疫苗等行为有关的公共卫生安全失信事件仍时常发生。一方面是因为制假售假者道德败坏，为牟取非法利益不惜铤而走险；另一方面则是因为药品、针剂和医疗器械生产流通市场管理混乱，部分医疗机构和从业人员职业道德素质低下，给了犯罪分子可乘之机。例如，济南市“探访山东问题疫苗仓库：垃圾遍地，仓库存奶粉”；“涉案金额高达800万，七台河警方破获特大生产销售假药案”；乳山市“19人被抓，乳山警方端掉一特大制售假药窝点”；等等。

3. 政府和执法部门对公共安全失信监管不到位

2016年1月1日至12月31日，部分城市仍存在政府相关部门对公共安全领域失信行为监管不到位的情况。

一方面，未能及时发现并治理存在的公共安全隐患，由于井盖丢失、路面塌陷、消防隐患、违规作业、违法建设而导致的公共安全事故屡屡发生。例如，“郑州一废弃防空洞存安全隐患，却成孩子们的游乐场”；“焦作一路面破损严重半年多未处理，市民叫苦不迭”；英德“市区一下水道盖破损存安全隐患”；等等。

另一方面，未能及时有效应对公共安全突发事件，应急处置机制不够健全，行政执法人员履职不到位现象仍然存在。例如，西安市“电梯故障多发救援慢，多家维保单位和物业公司被通报”；“永昌‘4·06’寻衅滋事案，出警人员等8人履职不到位被问责”；等等。

七、交通运输：非法营运难以杜绝，大力整治交通违法行为

2016年1月1日至12月31日，交通运输领域的信用信息总量共计5448条，其中优良信用信息为4825条，不良信用信息为623条。

（一）优良信用信息分析

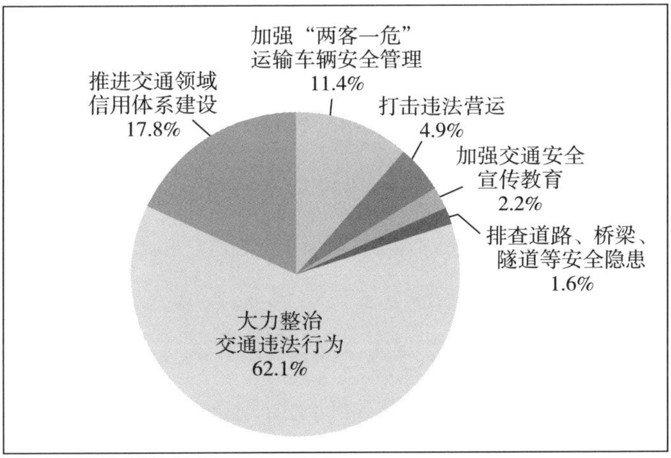

图3－14 2016年交通运输领域优良信用信息分布

从监测的情况来看，2016年1月1日至12月31日，交通运输领域的优良信用信息分布如下：大力整治交通违法行为类信息占比最高，为62.1%；推进交通领域信用体系建设类信息和加强“两客一危”运输车辆安全管理类信息分别占17.8%和11.4%；打击违法营运类信息、加强交通

安全宣传教育类信息，以及排查道路、桥梁、隧道等安全隐患类信息占比较低，分别为4.9%、2.2%和1.6%。

从优良信用信息内容来看，主要表现在以下三个方面：

1. 加大对交通违法行为的查处力度，消除交通安全隐患

2016年1月1日至12月31日，为确保良好的出行环境，2016年各城市全面排查交通安全隐患，强化源头和路面综合治理，着重对违停、超载、酒驾醉驾、疲劳驾驶、随意变更车道、涉牌涉证等交通违法行为开展集中查处，及时发现、纠正违法违规行为，切实有效地防止道路交通事故发生。例如，“南京夫子庙景区违章停车多，管理部门多项举措帮缓解”；“天津滨海新区交警严查超员违法行为”；“西宁市交警借助‘大数据’严查涉牌、涉证严重交通违法行为”；吴忠市“同心交警大队打击涉牌涉证交通违法行为”；“肇庆高要交警联合多部门开展高速专项整治行动”；“洮南交警严厉打击酒驾醉驾违法犯罪行为”；等等。

2. 各城市稳步推进交通运输领域信用体系建设

2016年1月1日至12月31日，各城市稳步推进交通运输领域信用体系建设工作，不断增加信息公开数量，拓宽信用评价范围，加大信用管理深度，推进交通运输领域信用体系建设成效初显。多个城市积极推进信用奖惩措施落实，建立诚信红榜和失信黑榜，同时加强与相关部门的联合惩戒工作。例如，“西安将建交通违法失信‘黑名单’，严重交通失信面临联合惩戒”；“盐城让交通失信者列入‘黑名单’将受联动惩戒”；株洲市建立驾驶人“黑名单”信息库，媒体进行报道——“即日起交警严查三类车，将建立驾驶人‘黑名单’信息库”；等等。

3.“两客一危”车辆安全管理工作卓有成效

2016年1月1日至12月31日，多个城市加大对“两客一危”（旅游包车，三类以上班线客车①和运输危险化学品、烟花爆竹、民用爆炸物品的道路专用车辆）运输车辆的整治力度。例如，“淄博市开展旅游包车客运市场秩序整治专项活动”；“呼市交管支队全面加强长途、旅游客运、危化等重点车辆管理，强化安全隐患排查并及时查获超员客车”；“银川道路交通检查开启‘春运模式’，重点检查‘两客一危’”；等等。

另外，多个城市的交管部门深入危险化学品运输企业，对危险化学品企业及相关人员进行法律法规普及和安全意识教育，对危险化学品运输车辆驾驶人的运输过程进行安全抽检，进一步加强运输企业、车辆和驾驶人的安全监管。例如，“沪重点整治危险货运企业交通违法”；宿州市“三部门联合约谈危险品运输企业”；“如皋市多部门联合约谈部分危险化学品运输企业负责人”；“贵溪交警大队联合消防部门深入危险品运输企业开展安全大检查活动”；等等。

（二）不良信用信息分析

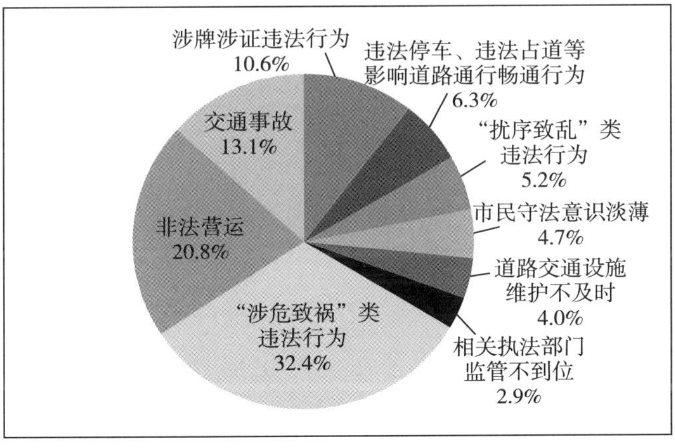

图3－15　2016年交通运输领域不良信用信息分布

① 一类客运班线，指地区所在地与地区所在地之间的客运班线或营运线路长度在800公里以上的客运班线；二类客运班线，指地区所在地与县之间的客运班线；三类客运班线，指非毗邻县之间的客运班线；四类客运班线，指毗邻县之间的客运班线或县境内的客运班线。

从监测的情况来看，2016 年 1 月 1 日至 12 月 31 日，交通运输领域的不良信用信息分布如下：酒后驾驶、三超一疲劳、闯红灯等“涉危致祸”类违法行为信息占比最大，为 32.4%；非法营运类信息占比次之，为 20.8%；交通事故类信息和涉牌涉证违法行为类信息，分别占 13.1% 和 10.6%；违法停车、违法占道等影响道路通行畅通类违法行为信息，机动车随意变更车道，不依次等候等“扰序致乱”类违法行为信息，市民守法意识淡薄类信息，道路交通设施维护不及时类信息，以及相关执法部门监管不到位类信息占比较低，分别占 6.3%、5.2%、4.7%、4.0%、2.9%。

从不良信用信息内容来看，主要问题集中在以下几方面：

1.“涉危致祸”类问题较为突出

2016 年 1 月 1 日至 12 月 31 日，酒后驾驶、超速、超员、超载、疲劳驾驶、闯红灯等“涉危致祸”类违法行为是交通运输领域最严重的问题之一。此类事件的屡屡发生，在造成安全隐患的同时更危及群众的生命财产安全，严重影响道路交通安全形势。例如，“西安一核载 7 人面包车塞 17 人，高速上与半挂车剐蹭”；“春运安全调查：廉江吴川等地车辆超载严重”；等等。

2. 非法营运扰乱市场秩序

2016 年 1 月 1 日至 12 月 31 日，非法营运现象在全国各地普遍存在，由于治理难度高、涉及面广，虽然各地运管部门一直没停止对非法营运车辆的打击治理，然而却总是禁而不绝，严重危害交通安全。非法营运的司机既没有合法的营运证，对乘客的利益也没有任何保证；为了追求低成本、高收益，绝大多数“黑车”都不会购买商业保险；为了赶时间，超速、闯红灯、危险驾驶、中途甩客等情况常常发生。这些行为在埋下重大安全隐患的同时，严重扰乱了正常的市场运营秩序。例如，在天津市，“扎堆乱停违法揽客，地铁站外拥堵顽疾何时休”；又如，“西宁南山公园路口黑车扎堆扰乱交通”；再如，在乌鲁木齐市，“交通违法多以及营转非客车多，旅游季旅游客车隐患凸显”。此外，芜湖市“营运不打表，还把乘客赶下车”；白银市媒体称，“我市‘黑车’为何屡禁不止，需完善‘大交通’网络体系”；等等。

3. 部分城市相关执法部门监管不力

2016 年 1 月 1 日至 12 月 31 日，仍存在相关部门对交通运输领域失信行为监管不到位的情况，主要表现为一些部门对道路交通安全工作认识不足，责任落实不到位，失控漏管现象时有发生，须引起各城市政府和相关执法部门重视。例如，在福清市，“福建福清交警放任渣土车违规行驶”；在兰州市，“乱象愈演愈烈，监管处罚不痛不痒”；“南昌多地商家违规占道停车依旧，交管部门‘打太极’”；在哈尔滨市，“疯狂超载！黑龙江交警收钱竟放行超载车”；等等。

八、电子商务：网络消费欺诈问题突出，加快推进信用体系建设

2016 年 1 月 1 日至 12 月 31 日，电子商务领域的信用信息总量为 766 条，其中优良信用信息为 624 条，不良信用信息为 142 条。

（一）优良信用信息分析

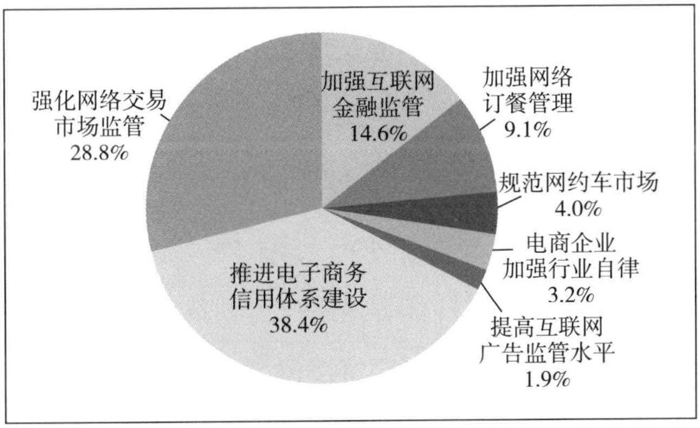

图 3－16　2016 年电子商务领域优良信用信息分布

从监测的情况来看，2016 年 1 月 1 日至 12 月 31 日，电子商务领域的优良信用信息分布如下：推进电子商务信用体系建设类信息占比最高，为 38.4%；强化网络交易市场监管类信息和加强互联网金融监管类信息，分别占 28.8% 和 14.6%；加强网络订餐管理类信息、规范网约车市场类信息、电商企业加强行业自律类信息和提高互联网广告监管水平类信息占比较低，分别为 9.1%、4.0%、3.2% 和 1.9%。

从优良信用信息内容来看，主要表现在以下三个方面：

1. 积极推进电子商务领域信用体系建设

2016 年 1 月 1 日至 12 月 31 日，多个城市采取措施，建立健全电子商务信用体系，完善电子商务企业信用记录，严格信用监督和失信惩戒机制，全面建立违法失信“黑名单”管理制度，为我国电子商务健康有序发展提供了良好的环境。例如，“北京市电商违法失信将实现在线惩戒”“成都范围内的失信电子商务企业被‘黑名单锁定’”等。

另外，有部分城市建立起专门针对网络交易平台第三方商家的信用管理体系，积极推动电子商务信用体系建设，打造可信网络交易环境。例如，“助推电商发展，郑州要建信用评价体系”；“广州首创电商流通领域商品质量管控标准体系”；宁波市“海曙电商廉洁诚信管理逐渐体系化”；“北京网贷协会率先推出信息披露系统，开启合规之路”；“瑞金以信用监管促电子商务规范发展”；等等。

2. 强化网络市场交易监管

2016 年 1 月 1 日至 12 月 31 日，多个城市进一步加强网络市场交易监管，通过积极开展专项行动，规范网络经营主体，加强网络交易商品质量监管，打击网络商标侵权、刷单炒信等违法行为，着力营造公平竞争的网络市场环境和安全放心的网络消费环境。例如，“南宁工商重拳整治网络市场，‘刷单炒信’纳入整治重点”；“北京工商打击网络诈骗，百度下线千个违法网站”；宁波市“网店刷单伪造信誉，检察机关发检察建议”；“青岛重拳整治网络市场，网售商品纳入质量抽检”；“5月起，宜宾深入开展网络市场监管专项行动”；“依法管网以网管网，梧州工商加强网络市场监管”；等等。

3. 加强互联网金融领域监管

2016年1月1日至12月31日，多个城市为整治互联网金融领域乱象，全面加强监测预警，强化事中事后监管，充分发挥对金融机构的监测防控作用，努力推动区域金融风险防范和处置取得实效。例如，“广州将加大对互联网金融企业的风险防控和处置力度”；“北京整治非法集资开打组合拳”；“南通海门专项整治互联网金融风险，规范第三方支付等”；“京沪深摸底首付贷齐防金融风险，多部委联合排查”；襄阳市当地媒体称，“我市培育金融信用服务新平台”；等等。

另外，针对“校园网贷”问题，各城市金融办加紧了对校园网贷的监管，广州、重庆、深圳等地相继出台了“校园网贷”的整改措施，凸显监管整治的决心。例如，重庆市“校园贷再度被规范，网贷平台且行且谨慎”；“广州整治违法违规校园网贷”；“深圳九项规定把守校园贷”；等等。

（二）不良信用信息分析

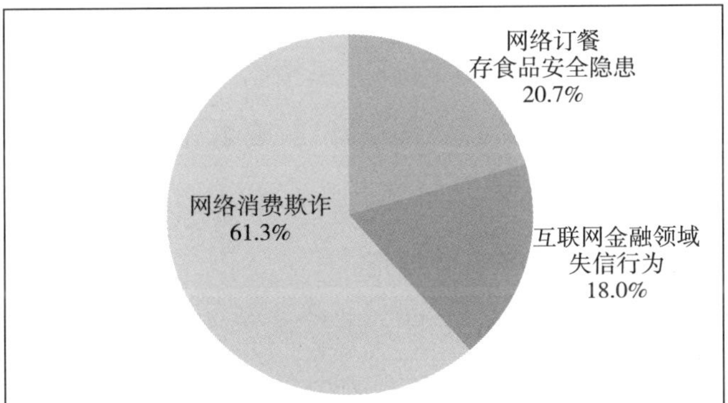

图3－17 2016年电子商务领域不良信用信息分布

从监测的情况来看，2016年1月1日至12月31日，电子商务领域的不良信用信息分布如下：网络消费欺诈类信息占比最大，为61.3%；网络订餐存食品安全隐患类信息占比次之，为20.7%；互联网金融领域失信行为类信息占比相对较小，为18.0%。

从不良信用信息内容来看，主要问题集中在以下几方面：

1. **网络消费欺诈问题严重**

2016年1月1日至12月31日，网络消费欺诈行为是电子商务领域较为严重的问题之一。部分电商平台和网店经营者通过虚假宣传、花钱买好评、恶意刷单、销售假冒伪劣产品、侵犯知识产权等不法方式赚取利益，严重侵害了消费者权益。例如，“合肥一网店售假‘剑南春’，法院判赔偿20万”；上海市“多商家投诉‘拼多多’：涉嫌无照经营，怂恿商家刷单”；宁德市“网店卖眼镜‘蹭名牌’，法院判网店赔偿4万元”；绵阳市“暑假急着找兼职，两名学生跌入刷单陷阱”；金华市“听说顾客要退货，商家竟把对方‘拉黑’”；等等。

2. **网络订餐存在食品安全隐患**

2016年1月1日至12月31日，网络订餐持续火爆，但食品安全问题也令人担忧。许多外卖平台上的餐饮企业屡屡发生信息虚假、无证经营、超范围经营、加工环节简单、加工环境脏乱差等问题，引起人们的关注。例如，“长春工业大学林园校区附近居民楼暗藏无证黑餐饮加工点，靠美团、饿了么送餐”；“北京三无‘外卖村’，聚集百余黑店”；“‘私厨’平台在京成规模，卫生难保障，‘回家吃饭’违规送外卖”；等等。

3. **互联网金融市场秩序亟待规范**

2016年1月1日至12月31日，虽然多个城市加大了对互联网金融领域的监管和整治力度，但是仍有不少投资理财公司、网络借贷公司以互联网金融之名，行非法集资之实。此类事件一般涉及人数多，涉案金额高，严重侵害了互联网金融消费者的合法权益，甚至在局部范围内影响了社会稳定。监测显示，此类事件大多集中在经济较为发达的城市。例如，深圳市“网贷平台违规突破红线：雅堂金融涉嫌‘自融’”；上海市“快鹿旗下融资平台被立案侦查”；合肥市“又一金融互助平台‘金钥匙’塌方，合肥上百人被骗”；“深圳一团伙利用虚拟货币非法集资约10亿，涉及全国多地5800多人”；等等。

九、环境保护：超标排放影响恶劣，不断完善环评制度

2016年1月1日至12月31日，环境保护领域的信用信息总量为11311条，其中优良信用信息为9939条，不良信用信息为1372条。

（一）优良信用信息分析

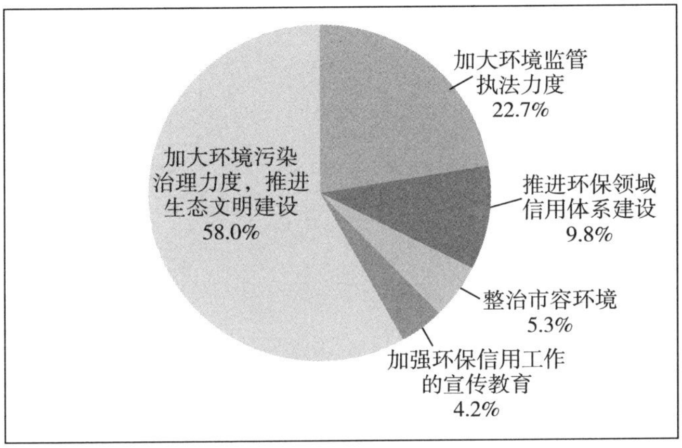

图3－18　2016年环境保护领域优良信用信息分布

从监测的情况来看，2016年1月1日至12月31日，环境保护领域的优良信用信息分布如下：加大环境污染治理力度，推进生态文明建设类信息占比最高，为58.0%；加大环境监管执法力度类信息次之，占22.7%；推进环保领域信用体系建设类信息占比居第三位，为9.8%；整治市容环境类信息和加强环保信用工作的宣传教育类信息占比较低，分别为5.3%和4.2%。

从优良信用信息内容来看，主要表现在以下几方面：

1. **各城市加快推进环保信用体系建设**

在2016年1月1日至12月31日，各城市扎实推进环保领域信用体系建设工作。主要表现如下：

一是建立环境信用评价制度，将环境违法企业列入“黑名单”并向社会公开，将其环境违法行为纳入社会信用体系，让失信企业一次违法、处处受限。例如，“厦门深化自贸区环评审批改革，环保失信进‘黑名单’”；“西宁启动企业环境信用评价，‘红牌’将不予新增贷款”；“青岛推进企业环境信用评价，信息纳入信贷管理”；“台州建立环境违法‘黑名单’管理制度”；“靖江试行环保信用‘黑名单’制度”；等等。

二是加强企业环境信用信息系统建设，完善信息化基础设施，推进环保部门与其他部门之间的信用信息共享。例如，深圳市“坪山新区对排污企业建信息公开数据库”；“青岛市重点排污单位环境信息公开平台正式启用”；“重庆市丰都县三措施落实环境信息共享工作”；张家口市“涿鹿县环保局四项措施加强环境信息化管理”；东营市“河口环保分局切实强化环境信息公开工作”；等等。

2. **多措并举治理环境污染**

2016年1月1日至12月31日，面对雾霾天气、水质下降、土壤污染等多种环境问题，各城市采取多项措施，加大环境污染治理力度，提升生态文明建设水平，切实将环保工作落到实处。具体表现为以下三个方面：

一是推进大气污染治理工作。各城市采取多项措施遏制车辆尾气污染，开展汽车尾气达标检验专项治理行动，推进黄标车及老旧车淘汰，持续改善城市环境空气质量；狠抓燃煤污染治理，严控燃煤总量，完成燃煤机组超低排放改造，确保大气污染物达标排放；全面整治扬尘污染，着重开展建设施工扬尘、城市道路扬尘、堆场作业扬尘等整治工作，严格监管城市渣土运输车辆，切实改善城市空气质量。例如，“南宁市大力推进机动车尾气污染防治”；包头“市环保局：推进大气污染防治工作，全面加强机动车尾气检测管理”；“四川省成都市重拳整治燃煤锅炉污染，中心城区燃煤锅炉已全部淘汰”；“汉川市重拳整治燃煤锅炉污染改善大气环境质量”；南京市“雨花台区三项措施加强扬尘污染控制”；青岛市“城阳区加强对扬尘源的督查，防止污染反弹”；保定市“徐水区住建局强化措施整治建筑工地大气扬尘”；“铜陵市深化石料矿山扬尘治理为大气‘减负’”；等等。

二是切实加强水污染治理，深入推进重点流域、内河（湖）污染整治和生态修复，消除河道黑臭现象，确保群众饮用水安全。例如，成都市“温江区环保局多措并举强化水环境治理”；“北京顺义区推进黑臭水体治理”；“清镇多举措治理红枫湖生态环境，保护好贵阳‘水缸’”；“溧阳大力整治水环境，7 条黑臭河已变得碧波荡漾”；等等。

三是积极做好土壤污染防治相关工作，强化被污染土壤的环境风险控制，提升土壤环境监管能力。例如，“厦门危险废物处置将全程‘盯住’，加强土壤污染防治”；上海市“完善环境监测体系，定期给土壤污染做‘体检’”；“张掖市摸清污染状况，做好土壤污染排查工作”；“铁岭市启动全市土壤污染防治工作”；“宣威市推进土壤环境保护和综合治理工作”；等等。

3. 加大环境监管执法力度

2016 年 1 月 1 日至 12 月 31 日，多个城市保持高压态势，加大环境监管执法力度，主要表现为以下四个方面：

一是加强行政执法和司法联动，推进环保与公安部门环境执法联动机制建设，提升执法联动机制运行水平。例如，昆明“市、区多部门联动执法，联合开展打击环境污染犯罪巡查监察工作”；中卫“市环保局、公安局联合开展打击涉危废物环境违法犯罪行为专项执法检查”；鹤壁市“淇县公安、环保等部门联合集中对环境污染进行检查”；黄骅市“羊三木乡政府联合执法整顿污染企业”；等等。

二是组织开展环境监管网格化工作，建立完善市、区、镇（街道、乡）、村（居委会）四级环境监管网格体系，为全面提升城市环境质量、保障生态环境安全提供有力支撑。例如，北京市“昌平区环保局多举措推进网格化环境监管工作”；“哈尔滨市将建网格化环境监管体系，制止环境违法行为”；“沈阳建立网格化环境监管，启用无人机执法环境污染”；齐齐哈尔市“龙沙区环保局环境网格化监管实现‘全覆盖’”；鄂州“市环保局全力推进网格化环境监管体系建设”；等等。

三是大力开展环境监管执法业务培训，对监察执法人员进行业务培训和职业操守教育，不断提升环境监管人员的业务素质和能力。例如，福州市“台江区环保局召开大气污染防治环保监督员培训会”；“兰州永登公安、环保联合举办打击环境污染违法犯罪执法培训”；青岛市“城阳环保分局举办环境行政处罚执法培训讲座”；“贺州市平桂管理区召开环境执法大练兵培训大会”；常德“市环境监察支队组织环境行政处罚案件办理业务知识培训”；等等。

四是加大对违法违规建设项目的查处力度，全面清理整顿环保违规建设项目。例如，“郑州启动违规项目清理行动，不按要求整改强制断电”；“重庆市环保局四到位扎实开展违法违规建设项目清理”；“太仓‘五大举措’全面清理环保违法违规项目”；“兴宁清理环境违法违规项目，同时启动造纸行业专项整治”；等等。

（二）不良信用信息分析

从监测的情况来看，2016 年 1 月 1 日至 12 月 31 日，环境保护领域的不良信用信息分布如下：企业或个人违法排污、超标排放类信息占比最大，为 57.6%；固体废弃物污染类信息占比次之，为 9.4%；扬尘污染类信息和环境应急设施不完善等环境安全隐患类信息占比位居第三和第四，分别为 8.0% 和 5.4%；建设项目环评未批先建类信息、相关部门监管不力类信息和噪声污染类信息占比紧随其后，分别为 5.0%、4.2% 和 3.6%；

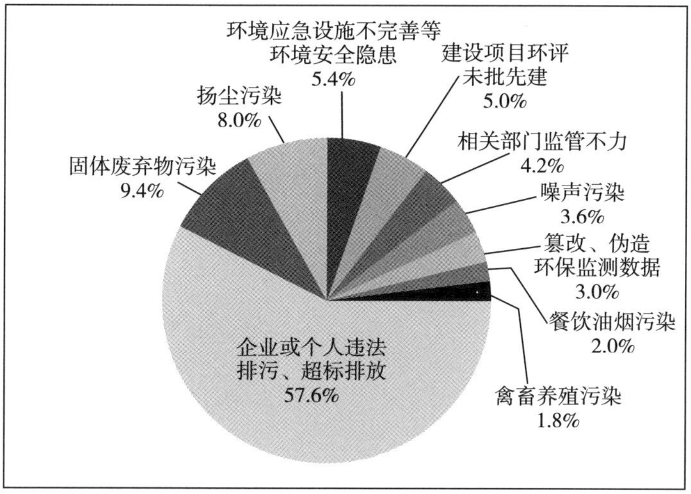

图 3－19 2016 年环境保护领域不良信用信息分布

篡改、伪造环保监测数据类信息、餐饮油烟污染类信息和禽畜养殖污染类信息占比相对较小，分别为 3.0%、2.0% 和 1.8%。

从不良信用信息内容来看，主要问题集中在以下三个方面：

1. 违法排污、超标排放影响恶劣

2016 年 1 月 1 日至 12 月 31 日，企业违法排污、超标排放仍然是环境保护领域较为严重的问题之一。部分企业为节约生产成本，没有安装或使用防污设备，直接排放生产过程中产生的有害气体或废水，对大气、水和土壤造成严重污染。例如，银川市“废旧塑料加工厂非法排污，造成环境严重污染”；福州市“闽侯荆溪镇关口村多家工厂冒黑烟，呛得工人辞职”；义乌市“佛堂一海绵厂违法排污，内部环境脏乱差”；“潍坊诸城一电镀厂偷排污水废水，村里河水被污染发黑难闻”；等等。

另外，生活污水直排问题也需要引起关注。一些城市污水管网建设相对滞后，雨污管道混接或雨污分流不彻底，建成的设施运行维护不到位，导致部分设施未充分发挥应有的效能，部分生活污水处于直排状态，严重污染河道。例如，西安市“农家乐污水排入金沙河，井水不敢用村民爬山

拉水”；南京市“河西南半数以上河道重度污染，多为小区、工地乱排污水所致”；武汉市“沙湖港岸边多处排污汇入长江，水务部门称是生活污水”；金华市“荷店塘村污水纳管不彻底，下游村庄水质遭破坏”；等等。

2. 建设项目环评未批先建问题依然存在

2016 年 1 月 1 日至 12 月 31 日，建设项目未办理环评就开工建设或者环评未通过就投入生产等问题依然时有发生。例如，在福州市，“未环评就开工福清一家混凝土公司污水直排矿坑”；在巢湖市，“安徽一 25 年老厂一直未过环评，被责令停产仍带污工作”；在合肥市，“千平米厂房内机器轰鸣粉尘飞舞，家具厂环评未通过违规生产”；在本溪市，“本溪太子河上游矗立玻璃厂，办环评期间仍生产”；在泰安市，“未落实环评，宁阳一橡胶厂违法生产被举报”；等等。

3. 环境监管不到位问题仍时有发生

2016 年 1 月 1 日至 12 月 31 日，相关执法和监督部门对环境保护领域仍存在失信行为监管不到位、处置不得力的问题。面对群众的举报投诉，负有环境监管职责的有关部门和工作人员不作为、乱作为，严重失职渎职的问题依然存在。例如，“深圳一印染厂肆意排污惹人忧，多部门监管缺失”；“河北辛集市企业污染严重凸显环保局监管缺位”；“邢台沙河：企业肆意排浓烟，监管部门无回应”；烟台市“胶厂十多年无监管，严重污染居民生活环境”；五大连池市“五大连池自然保护区企业污染彰显环境监管缺失”；桦甸市“环境污染企业非法生产民不聊生，政府监管部门执法不力如打太极”；等等。

十、重点失信行为频繁发生，引起社会广泛关注

2016 年 1 月 1 日至 12 月 31 日，各城市发生了较多涉及网络诈骗、非法集资诈骗、刷单炒信、恶意毁约、恶意逃漏税、恶意拖欠工资及货款、债券违约和严重质量问题等方面的事件，引起了社会各界的关注。在各类

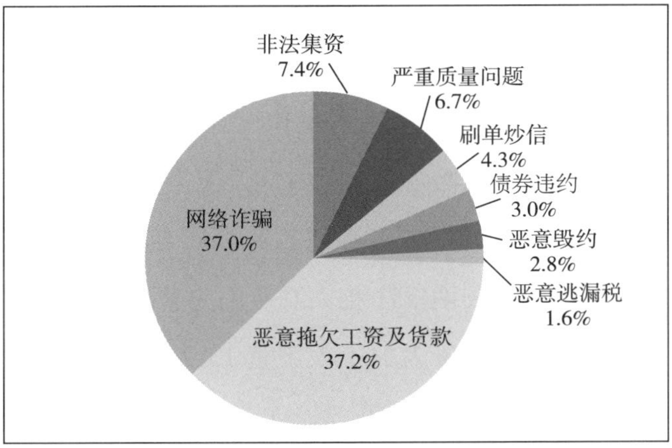

图3－20 2016年重点关注类不良信用信息分布

不良信息中，恶意拖欠工资及货款类信息占比最大，为37.2%；网络诈骗类信息占比次之，为37.0%；非法集资和严重质量问题类信息，分别占7.4%和6.7%；其他占比情况依次为刷单炒信类信息占4.3%，债券违约类信息占3.0%，恶意毁约类信息占2.8%，恶意逃漏税类信息占1.6%。

不良信用信息主要集中在八个方面，具体分析如下：

（一）恶意拖欠工资及货款类事件屡屡发生

2016年1月1日至12月31日，恶意拖欠工资及货款类信息主要集中在社会保障领域和工程建设领域，分别占62.0%和38.0%。

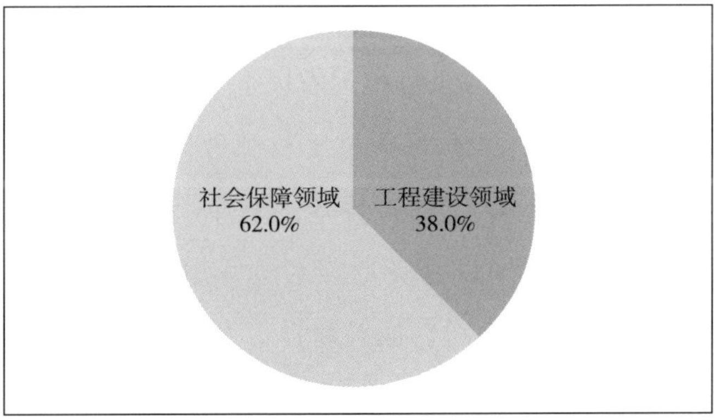

图3－21 恶意拖欠工资及货款类信息分布领域

从信息内容来看，社会保障领域中的恶意拖欠工资及货款类信息主要表现为以下两方面：

一是劳动密集型加工制造、住宿餐饮、煤炭等行业欠薪问题明显增多，逐步成为新的“欠薪风险源”。例如，天津市“服装厂老板拖欠工资跑路，抓回谎称陷‘三角债’”；“滁州三家饭店老板突然‘跑路’，百余员工工资没了着落”；“郑州两家净雅大酒店陷欠薪门，多名员工表示遭拖欠工资”；“昌邑一纺织厂负责人欠工人工资13万拖家带口跑路”；“资兴市白马江煤矿拖欠矿工工资”；等等。

二是一些教育、娱乐、服务机构，如教育培训中心、早教中心、娱乐会所、美发会所等，因经营不善、资金周转不灵，老板“跑路”，甚至“失踪”，致使员工工资被大量拖欠，学员或会员的学费、预存款无法找回，严重侵害了员工和消费者权益。例如，“长春一娱乐会所老板消失店易主，18名员工的13万元工资，该找谁要”；“北京一英语培训机构突然关门，拖欠了90多名员工的工资及数百学员学费”；“日照一培训机构拖欠工资，员工讨要老板‘躲猫猫’”；等等。

三是工程建设领域中恶意拖欠工资及货款类信息主要集中在建筑市政、交通、水利等工程建设领域，施工总承包企业或分包企业以工程款未到位等为由克扣或拖欠农民工工资，将合同应收工程款等经营风险转嫁给农民工。例如，“兰州海鸿居然之家项目拖欠工程款上亿元，未验收工程运营一年多”；“哈尔滨一棚改工程拖欠农民工280万”；“海口玉沙广场项目拖欠工程款，多名农民工没钱回家过年”；“遵义百套别墅烂尾因开发商资金紧缺，大量民工被拖欠工资”；等等。另外，一些建筑项目因各种原因运作不规范，甚至个别项目存在欺诈行为，引发拖欠农民工工资。例如，“儋州幸福家园因违规搁浅，拖欠数百工人千万元工资”；“汾阳滨河壹号项目或违建欠农民工工资1500余万元”；抚顺市媒体报道称“辽宁一‘四无’地产违法上马，160名农民工讨薪无门”；等等。

（二）网络诈骗发生频繁

2016 年 1 月 1 日至 12 月 31 日，网络诈骗类信息主要集中在流通领域和金融领域，分别占网络诈骗类信息总量的 88.0% 和 12.0%。

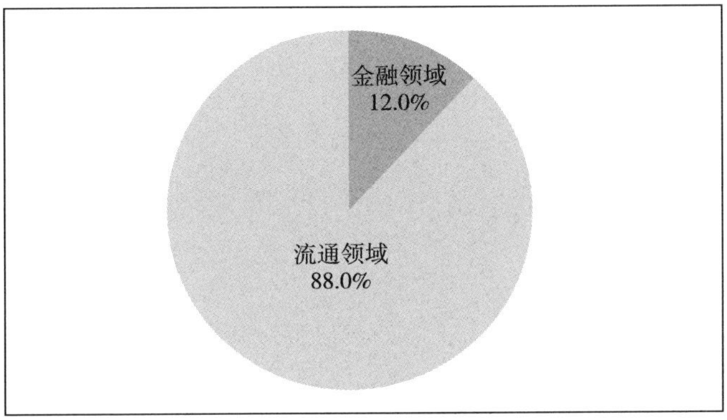

图 3 -22 网络诈骗类信息分布领域

流通领域的此类事件以电信网络诈骗为主。近一年以来，骗子利用伪基站、改号软件、木马病毒、钓鱼网站等手段实施的电信网络诈骗犯罪活动持续高发。由于电信网络诈骗犯罪技术含量高、时空跨度大、波及人数多、手段隐蔽，普通群众常常防不胜防。骗子一旦得逞，往往给被骗群众造成巨大财产损失，有时甚至引发次生危害后果。例如，重庆市发生“点了‘同学’发的短信，他银行卡被转走 2. 3 万”事件；北京市出现“男子点击短信链接，银行卡被盗刷 11 万”的情况；“韶关一男子点银行短信后卡内余额被全部转走”；“山东临沂发生 3 起电信诈骗学生案件，疑导致两人猝死”等诈骗案件纷纷被媒体报道。

金融领域的网络诈骗，多为仿冒真实网站发布虚假消息或通过微信、QQ 等社交平台实施诈骗。例如，在天津市，“‘中介公司’发假信息，招聘双簧骗了多名大学生”；“广州现假冒公司微信 QQ 群转账诈骗，警方提醒多方核实”；在深圳市，“两团伙克隆网站诈骗 2000 多万，深圳警方抓 35 人”；“禹城：网上虚构投资项目‘男扮女’诈骗百万”；等等。

（三）非法集资屡禁不绝

互联网金融业的快速发展在降低交易成本、激活民间投资等方面发挥了重要的推动作用，但一些网络借贷平台由于缺乏标准、规范和监管而存在巨大风险，不法分子利用网络借贷、网上理财等名义，以高息回报为诱饵，大肆进行非法集资等违法犯罪活动。2016 年 1 月 1 日至 12 月 31 日，非法集资类事件全部集中于金融领域。表现出涉及人数众多、集资规模较大、跨区域案件多发等特点。例如，“福州一公司非法集资 500 多万元，受骗者多为老年人”；榆林市“一对夫妻非法集资 6 千万高消费，房子像办公楼”；德兴市“3 年非法集资 2000 多万，德兴‘女老板’被判刑十二年”；阳江市“‘拆东墙补西墙’支付利息，5 人集资骗贷超 7 亿元”；等等。

（四）严重质量问题引人关注

2016 年 1 月 1 日至 12 月 31 日，严重质量问题类信息主要分布于工程建设领域和生产领域，分别占 39.0% 和 36.0%。此外，流通领域占 19.0%，公共安全领域占 6.0%。

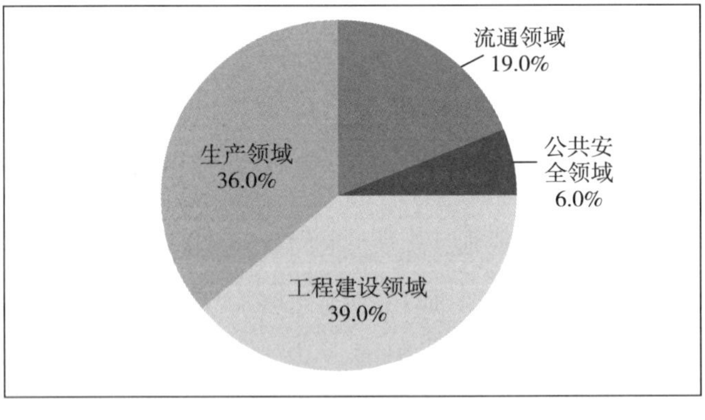

图 3－23　严重质量问题类信息分布领域

从信息内容来看，工程建设领域的严重质量问题以建筑工程质量问题为主，其中住宅工程是“重灾区”，表现为楼板、墙体开裂，屋面、外墙、门窗以及厨卫渗漏等质量问题。例如，在天津市，“居民家中墙体多处开裂，维修遭遇‘霸王协议’”；在沈阳市，“中海沈阳别墅业主扛煤气罐做饭，质量问题频现”；“来宾市一楼盘天花板掉下成块水泥渣，吓坏装修工人”；在淄博市，“恒兴里程小区刚交房裂纹就上墙，属质量问题可依法维权”；等等。

生产领域的信息多关系到食品安全和制造业领域的质量问题。例如，长沙市“烤肉店员工自曝牛肉为鸭肉做，得意称骗过全世界”；北京市“小米空气净化器质量问题严重”；毕节市“买回的猪肉内切出针头，市民质疑质量问题”；“哈市一家酒业有限公司投诉‘买了450吨钢管里面竟掺20余吨沙子’”；等等。

（五）“刷单炒信”类事件增多

2016年1月1日至12月31日，“刷单炒信”类事件有愈演愈烈的趋势。商家通过“刷单炒信”以假乱真、提高网店的排名及销量、获取销量及好评，以吸引顾客的现象普遍存在，并且已呈现出职业化、专业化的特点，成为影响互联网行业健康发展的一颗毒瘤。“刷单炒信”不仅使消费者的知情权和公平交易权受到严重侵害，也严重危害了电商间公平竞争的市场秩序。例如，在成都市，“外卖平台区域经理与他人勾结，虚构店铺恶意刷单400余万元”；柳州媒体报道称，“我市三家公司帮淘宝店铺‘刷单’各被罚一万元”；等等。

另外，不法分子以“刷单炒信”为诱饵进行诈骗的事件也明显增多。例如，“厦门现新型诈骗，帮人网购刷信誉上的竟是假天猫”；“桂林一团伙假借帮网店刷信誉诈骗200多万”；淄博市“网上刷单被骗，求助‘客服’又遭骗”；等等。

（六）恶意逃漏税事件仍时有发生

2016年1月1日至12月31日，尽管各城市加强了对税收违法行为的打击力度，但企业逃税漏税行为仍时有发生。一些企业通过多头开户、隐瞒收入、虚假纳税申报、伪造企业性质等手段逃税漏税。例如，“长春某房地产公司偷税合计滞纳金罚款800余万"；"霸州市华鑫电动车辆有限公司偷税案移交公安机关处理"；"三河市某企业偷税1800万，被列入重大税收违法案件名单"；等等。甚至有的城市也出现了官员违规出具虚假证明材料，帮助企业逃税的事件。例如，"北京门头沟国资委原副主任助企业逃税160万元"等。

（七）债券违约多发于产能过剩行业

2016年1月1日至12月31日，债券违约事件多发生在钢铁、有色、煤炭等产能过剩行业，且呈现从民企向央企扩散的趋势。例如，在大连市，"东北特钢四面楚歌：47.7亿债券连环违约，债权人围剿"；在南宁市，"广西有色金属集团5亿债券违约，公司进入破产重组程序"；在朔州市，"煤炭央企首现债务违约：华昱能源6亿短融无法兑付"；等等。

（八）恶意毁约事件分布在多个领域

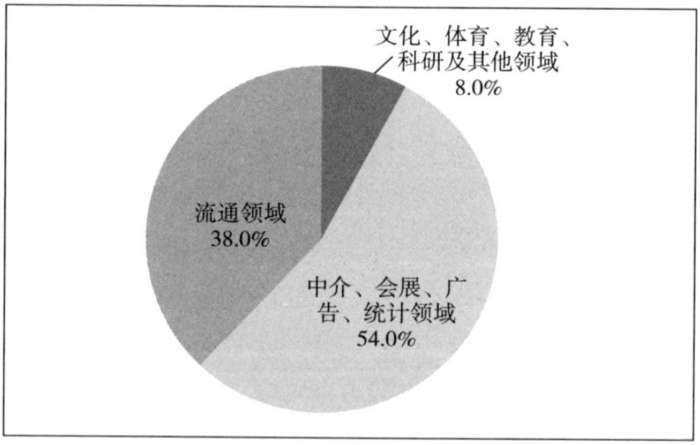

图3-24　恶意毁约类信息分布领域

2016年1月1日至12月31日，恶意毁约（不履行合同）类信息分布在中介、会展、广告、统计领域，以及流通领域和文化、体育、教育、科研及其他领域。其中，中介、会展、广告、统计领域的恶意违约信息占54.0%，主要是部分中介肆意违反合同约定，侵犯租房者、房主权益的不良事件。例如，济南市“山东汇鲁房产中介一再违约屡遭投诉”；舟山市“房产中介抬高售价企图‘吃差价’，法院判决违约”；等等。另外，也出现了二手房卖家违约的不良事件。例如，“涨价后北京房主拒卖房，房主被判赔违约金89万及中介费12万”；“深圳房价暴涨，买家买二手房连遇卖家违约不卖”；等等。

流通领域的恶意毁约事件占38.0%，集中于酒店行业和房地产行业，包括酒店和开发商故意毁约。例如，在武汉市，“酒店违约涨价找借口，五一长假消费要当心”；在南京市，“南京边城V时代项目开发商故意违约，拒收尾款”；在淄博市，“沂源‘金杉秀水湾’：延迟交房，违约金强抵物业费”；等等。

文化、体育、教育、科研及其他领域的恶意违约事件占8.0%，涉及教育培训机构的违约。例如，北京市“舞蹈课被停学员退费遭拒，律师：可追究违约责任”；等等。

创新篇

全国典型城市信用体系建设的创新做法

由于当前我国各地区、各城市的经济发展水平不同，当地民众的诚信素质、道德水平也存在差异。因此，各城市营造出来的信用环境各有特点，信用体系建设工作处于不同的发展水平。

在推进城市信用体系建设的过程中，一些城市结合自身的特点，大胆创新，锐意进取，取得了明显的成效。其中，北京市、上海市、杭州市、南京市、厦门市、沈阳市、广州市、苏州市、宿迁市、烟台市、温州市、惠州市、淮北市、黄石市、荣成市、义乌市 16 个城市信用体系建设开展得较好。汇集上述城市各具特点的创新做法，供各城市在工作中参考借鉴，以期共同提高城市信用建设水平。

第一章　北京市：推动政府治理模式创新，提升信用工作价值

随着信用体系建设的深入推进，信用管理作为公共管理的一个有效的新机制，其重要价值日益显现。北京市统筹建设了全市统一的公共信用信息服务平台，实现了企业、个人、社会组织、事业单位等市场主体信用信息的聚合，并通过建立联合奖惩机制、新型市场监管机制，创新区域综合治理模式，推动社会应用创新等具体举措，将信用工作与政府治理需求有机融合在一起，释放出信用工作支撑经济社会发展的巨大活力，形成了相互促进、协同发展的信用工作创新推进路径。

一、建设联合奖惩信息系统，形成长效运行机制

2017 年 4 月 1 日，北京市政府印发了《关于建立完善信用联合惩戒制度加快推进诚信建设的实施意见》，提出了以失信主体行为清单、联合奖惩措施清单、红黑主体名单为核心的信用联合奖惩发起响应机制，在北京市公共信用信息服务平台上搭建了全市统一的信用联合奖惩信息系统。依照“统一部署分工、统一数据管理、统一平台服务、统一接口标准、统一绩效考核”的原则，实现了红“黑名单”信息的集中管理，形成了奖惩措施标准化编码，建立了奖惩信息查询、信息比对、绩效反馈的在线服务接口。系统的搭建推进了将联合奖惩信息的查询使用嵌入各行政审批和日常监管流程中的进程，做到了信用联合奖惩绩效信息统一管理和展示，最终

达到全市联合奖惩发起响应、信息推送、执行反馈的全流程动态协同。同时，北京市以落实国家有关部门联合签署的一系列信用联合奖惩合作备忘录为契机，整合形成全市统一的《信用联合奖惩措施清单》，并依托联合奖惩新系统，有效加快推进了信用联合奖惩各项措施的落地工作。

截至目前，已累计将 18 万家企业列入异常经营名录，限制任职资格 1653 人次；累计将 65 家企业列为重大税收违法案件当事人，将 123 名法定代表人列为限制出境对象，实际阻止出境 26 人次；累计将 10 万余人次列入失信被执行人“黑名单”，实际阻止购买高等级车票 2 万余人次；累计冻结违法建设当事人房产 3665 处。目前，在全市联合惩戒机制的威慑下，16% 的“老赖”自动履行义务或与权利人达成和解，近 50% 的重大税收违法当事人补交了税款，21% 的违法建设当事人自动拆除违法建筑。

二、开展信用评估分级，构建新型市场监管机制

北京市以工程建设、产品质量、环境保护、安全生产、食品药品、旅游文化、税收缴纳等行业领域为重点，不断完善行业领域信用记录，依托北京市公共信用信息服务平台，积极探索信用评估分级，在构建以信用为核心的新型市场监管机制、加强事中事后监管效能方面取得了较好成效。

例如，北京市住房城乡建设委不断完善市场主体信用信息记录，制定了建筑施工总承包企业、工程监理企业、质量检测机构以及注册建造师、注册监理工程师等监管对象的信用评价标准和分类监管制度，依托北京市公共信用信息服务平台，实现了对严重违法失信主体的联合惩戒和联防共管。北京市安全监管局创建了北京市安全生产信用信息平台，开展了安全生产信用等级评定工作，将严重非法违法和发生较大以上生产安全责任事故的企业纳入“黑名单”系统，依托市信用联合奖惩信息系统，实行联合惩戒。北京市国税局和市地税局联合开展了纳税信用等级评定工作，对纳税 A 级企业进行表彰，对纳税信用等级低的企业进行联合惩戒，并会同海

淀区联合开展“税银互动”等工作。

三、紧扣热点重点需求，提升区域综合治理能力

近年来，北京市各区和产业园区结合本区域经济发展、社会治理等工作的实际需要，积极探索区域信用体系建设，建立完善信用管理制度，不断扩大信用产品创新应用，在提升区域综合治理能力方面成效显著。

例如，石景山区建设了企业信用监管服务平台，通过企业信用信息网实现了辖区市场主体监管信息的统一归集整合、统一共享共用、统一协同监管，形成了跨部门、跨领域全程协同触发、共享、反馈和追溯的信用全景闭环式监管机制，为空气清洁行动、疏解整治、“开墙打洞”、无证照经营等专项整治行动提供了有力支撑。

又如，东城区崇外街道21个职能站所共同组建了基层信用监管小组，搭建了崇外街道商事主体信用信息平台，对百姓关注的金融企业、餐饮行业、消费预付卡经营等焦点问题，以及辖区问题多发的企业进行统计分析，充分挖掘监管风险点，进一步提高了监管的预判性和协同监管的效能。

再如，朝阳商务中心区（CBD），针对近年来频发的金融诈骗等违法失信事件，充分运用大数据技术整合公共信用信息和社会信用信息，建设了CBD区域企业征信大数据库。针对新迁入、新注册和存量企业分别建立了信用综合评价指标体系，实现了对企业信用状况的实时监控与预警。截至目前，有关部门已对区内170余座商务楼宇的1500家企业进行了风险评估，对316家风险企业提出了警告，清退了97家中高风险企业。

四、鼓励社会化应用，提升公众对信用的感知度

为了进一步推进公共信用信息与社会信用信息的交汇融合，北京市积极探索信用在社会服务中的应用机制，加强全社会守信联合激励机制建设，使诚信主体拥有更多实实在在的获得感，引导全社会共建“信用北

京”，共同推进社会信用体系建设。

北京市公共信用信息服务平台自开通以来，为信息主体提供信用信息查询服务，并探索推进信用平台在部分商业银行、互联网企业等社会机构中的应用。例如，将个人公共信用信息纳入蚂蚁金服公共服务平台，为信用分值高的市民提供优惠租车，免费借用雨伞、电池和图书等便民服务。北京热力集团开展了热力用户信用联合惩戒工作，将严重拖欠供暖费的用户信息纳入市公共信用信息服务平台，对社会进行公示并实施信用联合惩戒。海淀区开展了支持优秀中小企业发展的“海帆计划”，对申报政府专项发展资金的企业开展信用评价。截至目前，已审核发布三批“海帆企业”1469 家，发放贷款超过 500 笔，累计发放信贷资金近 25 亿元，其中发放信用贷款 12.6 亿元。

五、充分运用先进技术，创新督导推进机制

近年来，北京市运用大数据和云计算等现代信息技术，探索建立了面向各区、各重点行业领域的信用状况监测机制，定期发布监测结果，为全面掌握全市信用环境状况、有针对性地指导和督促各行业领域不断加强信用体系建设提供了有力支撑。具体包括：通过购买社会服务的方式，北京市经济信息化委加强与第三方信用服务机构合作，研究制定各区、各重点行业领域信用状况监测指标体系，委托第三方机构利用大数据和云计算等现代信息技术，对 16 个区的综合信用状况开展月度监测，每季度出具监测分析报告。同时，以建筑房地产、旅游文化、环境保护、生活服务等 12 个重点行业领域的信用状况监测为重点，委托第三方机构充分运用大数据监测技术，整合公共记录信息和社会信用记录信息进行统计分析，对各重点行业领域的信用状况进行季度监测，并出具分析报告。信用监测工作实施以来，显著提升了各区、各部门对信用工作的重视程度，也为有针对性地提高区域信用环境水平提供了决策依据。

第二章　上海市：首推地方信用综合立法，加快建设社会信用体系

上海是国内最早开展社会信用体系建设的省份之一，并始终把信用制度建设作为核心任务来推进。近年来，上海积极贯彻落实《社会信用体系建设规划纲要（2014—2020年）》和社会信用体系建设部际联席会议精神，按照国家发展改革委的要求，先行先试，加快推动地方信用立法，稳步推进社会信用体系建设。2017年6月23日，《上海市社会信用条例》草案正式提请上海市人大常委会表决，将于2017年10月1日正式施行。上海市积极推进社会信用立法以及相关工作开展，有关经验做法有以下四方面：

一、深入开展前期调研，奠定立法工作基础

上海早在2009年便开始探索社会信用立法，政府有关部门做了大量的前期工作。2014年，上海市人大常委会组织了社会信用体系建设的专项监督工作，通过调研和专题询问等，充分证实了深化社会信用建设迫切需要法制的支撑，社会各界在社会信用立法必要性上达成共识。2015年，上海市人大牵头开展了为期一年的重点立法调研，会同市经信委、发展改革委、工商局、人民银行上海总部等多个部门，组织有关高校、科研机构等方面的专家，认真梳理了立法中的疑难问题，确定了“立法定位”“信用信息归集、共享”“联动惩戒”等7个专项，开展了专题研究，形成了一

系列的调研成果，为后续的立法工作夯实了基础。2015 年底，社会信用立法被列为上海市人大常委会 2016 年度立法计划的预备项目，进入了正式起草阶段。

二、创新立法工作机制，齐聚社会各界智慧

社会信用立法是上海创制性地方立法，其首创性、综合性和平衡性等特点既是本次立法的特色，也是本次立法的难点所在。一是没有直接的上位法，国家有信用立法的规划，但尚处于调研阶段，还没有形成草案。二是缺乏兄弟省份立法参考，目前进行综合性社会信用地方立法的唯有上海一家，其他地方都是针对信用建设的某一方面作出规定。三是调整关系错综复杂，既要对公共权力机关作出规范，也要对市场行为加以引导；规范的对象既包括自然人，也包括法人和非法人组织；在法律关系上，不仅涉及经济法，而且涉及行政法、民法，有些还涉及国家专属立法权；在具体内容上，大到体制机制问题、市场体系和社会治理建设问题，小到信息查询问题，林林总总，均需兼顾平衡。

考虑到信用立法的重要性和复杂性，为确保立法工作的顺利推进，本次信用立法由上海市人大主导，在组织架构、推进思路等方面采取了以下创新模式：

（一）创新机制，建立人大、市政府领导双组长工作机制

上海市人大常委会、上海市政府高度重视社会信用立法工作，主要领导多次专题听取立法工作汇报。为真正发挥人大在立法中的主导作用，市人大常委会和市政府组成联合推动立法的“双组长”领导小组，领导小组前后举行了 4 次专题会议，对立法中的一些重要问题进行了充分的讨论。同时，上海市发展改革委、市政府法制办、工商、公安、高院、人民银行上海总部等重点领域主管部门的领导也共同参加，分阶段对重大问题进行讨论研究，及时协调立法过程中的相关问题。在领导小组的指挥部署下，

各家单位在立法讨论中充分碰撞思想、交流观点、相互理解、相互支持，最终在大部分重点问题上逐渐达成共识，也为条文未来的实际落地操作奠定了良好的协作基础。

（二）创新思路，平行起草立法条文

与上海以往立法模式不同，在此次立法的全过程中，上海市人大创新建立“平行起草”工作机制，组织成立政府部门起草组和专家起草组。两组人员以背对背的起草方式，分别开展立法大纲和草案建议稿的编制工作，上海市发展改革委主要承担立法大纲（政府版）和草案建议稿（政府版）的起草工作。2016 年初，上海市人大成立了立法专家咨询组，组织有关政府部门的领导和专家，历时三个月平行起草了政府版和专家版两个版本的立法大纲，并再次召开专题讨论会，研究确定了立法大纲的主要内容。2016 年 4 月至 6 月，根据统一的大纲组织力量分头起草了政府版和专家版两个版本的立法建议稿。2016 年 7 月，两组人员将两版建议稿的精华部分合二为一，博采众长，形成了统一的草案。这种平行起草的工作方式较好地避免了部门利益色彩过浓、立法脱离实际的弊端。采取“2 - 1 - 2 - 1”“分—总—分—总”的模式，能够从政府部门和专家的不同视角，深入审视社会信用立法的主要问题，全面扩展视野，充分展现特色，有效结合立法的理论性与实践性。

（三）创新形式，坚持开门立法、广纳民意

由于《上海市社会信用条例》是一部综合性的地方法规，在起草过程中，上海市人大严格按照《中华人民共和国立法法》民主立法、科学立法、公开立法的基本原则，广泛开展社会意见征求工作。条文在交付正式表决前，面向社会各界先后开展两轮范围广泛的意见征询，包括征求全体市人大代表的意见、部分市政协委员的意见、联席会议全体 66 家成员单位的意见，企业、行业协会、律师界的意见，以及嘉定、浦东国家信用建设示范区、立法联系点的意见等。同时，考虑到本次立法的地方先行性，

上海市人大财经委、市发展改革委积极向国家发展改革委汇报上海市信用立法进展和成果，听取国家对地方信用立法的指示和建议，并在后续的修改完善过程中积极吸收国家发展改革委对草案的指导意见，促进上海市规范与国家信用制度的对接协同。

（四）创新宣传，营造信用立法良好氛围

本次立法积极开展信用立法宣传工作，以宣传促参与，以参与促改进。

一是成功举办上海市“社会信用立法高峰论坛”，邀请国家有关部门领导、法学专家和行业代表等各界人士就社会信用的制度创新展开讨论研究，为妥善解决有关法律难题提供有效路径。国家有关部门的领导和专家在会上充分肯定了本项立法工作，上海信用立法先行先试的做法和成果也得到了各界的高度评价。国家发展改革委高度赞扬了上海信用立法工作取得的成果，指出“上海社会信用立法在无先例可循、无经验借鉴的背景下，先行先试、率先突破，即将出台的《上海市社会信用条例（草案）》是我国首部关于社会信用体系建设的综合性地方行政法规，具有很强的创新性、适用性和针对性，将为地方社会信用立法探索提供重要参考，也为全国社会信用立法实践提供重要支撑，具有重要引领作用和深远意义”。

二是联合新媒体，探索新模式，开展丰富的法制宣传工作。采取“微创新”形式，以新鲜、接地气的方式广纳意见并进行法制宣传，如赴浦东洋泾街道召开社区居民参加的立法“微听证”，设计微信“信用家族辩论赛”，与芝麻信用、喜马拉雅广播等共同举办“寻找知信达人”信用知识竞赛，以及“讲我身边的诚信故事”等活动。通过这一系列活动，在社会上很好地宣传了社会信用立法工作，也收获了很多宝贵意见。

三、把握立法总体思路，积极突破难点重点

上海社会信用立法注重坚持“依法立法”，主攻重点条款，注重“有

所为有所不为”，以积极的“微创新”寻求突破。立法始终坚持以“突出针对性、强调操作性、考虑前瞻性”为总体思路，以“中观”视角切入信用，加强信用信息管理规范，促进政府、市场协同联动，保护信息主体合法权益，支持信用行业壮大发展。

（一）突出立法针对性，确定社会信用定位

一方面，避免大而不全，聚焦重点要点，从解决实际问题出发，在地方立法的权限内“有所为、有所不为”。对于更多的需要在道德层面去调整的“诚信”问题，在草案中通过宣示性条款予以涵盖；而对于社会信用建设中广泛应用的通行规则，如信用信息的归集、采集，信用的奖惩，则进行了较为详细的规定。

另一方面，将条例锁定在社会信用范畴内，通过反复研究国家政策，梳理相关理论，对“社会信用”的概念进行了明晰，确定“社会信用”的核心在于兼具市场经济属性和社会管理属性，将其定义为“具有完全行为能力的自然人、法人和其他组织，在社会活动中履行法定义务或者遵守约定义务的状态”。由此也延伸划定了信用信息范围，即本条例所称的：“社会信用信息”是与守法、履约状况关联的客观记录，并非所有的信息都是信用信息。

（二）注重制度操作性，加强实际工作指引

社会信用体系建设离不开对社会信用管理活动的规制和调整，信用信息的记录、归集、公开、应用等问题贯穿社会信用管理活动的全过程，而这也是当前上海市社会信用管理建设中存在并迫切需要解决的问题。

条例分别对公共信用信息、市场信用信息的归集、采集、查询、使用和应用进行规范，为信用工作的实际开展提供了翔实有效的对照依据。对公共信用信息实行目录管理，妥善解决政府部门存在的“应归不归”和“无序归集”等问题。实施目录管理，要求按照目录严格进行采集，目录列明的，必须归集；既不允许以各种理由不提供，也不允许将没进目录的

信息无序向平台导入。同时，条例设定了目录的编制要求和流程，保证目录内容合理、程序编制公正。

条例要求严格规范市场信用信息采集行为。市场信用信息的采集涉及广大市场主体和千家万户的切身权益，因此条例要求市场信用信息采集要遵循真实、客观、必要的原则。尤其对于比较敏感的个人市场信息，条例参照了国务院《征信业管理条例》，规定了禁止采集的几种情形。

条例的出台加大了信用信息融合共享力度，强化了上海市信用平台枢纽作用，加快了上海市政府部门之间以及上海对接国家信用信息共享平台、地方平台的数据共享进程。加大信息公开和公示力度，以公开为原则，以不公开为例外，建立企业信用信息公开查询机制。加强查询便民服务，通过现场查询、互联网查询等多种方式向社会提供便捷的查询服务。

（三）发挥信用能动性，构建联动奖惩大环境

社会信用的核心价值在于应用，根据《关于建立完善守信联合激励和失信联合惩戒制度　加快推进社会诚信建设的指导意见》（国发〔2016〕33号文）要求，草案以专章形式对信用联合激励和约束工作进行制度安排。宏观层面，明确在上海市构建“行政机关、司法机关、市场主体共同参与”联合激励和惩戒机制，行政机关、司法机关要起到示范作用；微观层面，规范严重失信行为和严重失信主体名单的认定程序，列举对守信主体可以采取的行政激励行为和市场优惠政策。这些规定使得行政机关、市场主体在开展信用联合奖惩工作中有法可依，有据可循。

（四）彰显立法前瞻性，切实保护信息主体合法权益

随着2017年《中华人民共和国民法总则》颁布实施，以及《最高人民法院、最高人民检察院关于办理侵犯公民个人信息刑事案件适用法律若干问题的解释》等文件相继出台，对个人信息的保护将成为主要趋势。

权益保护是百姓最关心的问题，也是能够体现立法社会价值的重要内容。草案特别设置第四章，对权益保护进行了集中规定。一是赋予了信息

主体的知情权，使其有权查阅自己的信用状况和记录；二是规定了记录消除权，参照《征信业管理条例》的规定，设定失信信息查询期限为五年；三是赋予了信息主体异议权，为可能发生的信用信息记录错误给予救济渠道；四是规定了失信主动修复权，与消除权一样，都是鼓励信息主体积极向善，引导其改过自新，同时规定严重失信行为不适用修复规定，且修复要获得原失信信息提供方的认可。

（五）加强政策引导性，促进信用服务行业发展

上海在全国虽然处于信用产业发达地区，但与征信发达国家相比，信用产业仍处于刚刚起步阶段。草案以专章形式对规范和促进信用服务产业进行了规定，希望通过一系列政策效应叠加，打造具有国际影响力的信用服务机构。首先，在资金支持上，明确已有的信用建设专项资金要扶持信用服务企业发展，要为行政采购第三方信用服务提供资金保障。其次，在政策引导上，鼓励各级政府部门在政府采购、招标投标等环节使用信用报告；鼓励在重点行业管理中引入信用服务机构，参与行业信用建设和监管；鼓励信用服务机构创新产品；等等。

四、勇于创新，依法推进上海市信用建设工作

根据国家发展改革委有关要求和条例的各项规定，上海市社会信用体系建设工作将继续按照坚持制度、应用、数据、平台、行业“五位一体”，以及建设“三清单”（数据清单、行为清单、应用清单）覆盖“三阶段”（事前告知承诺、事中评估分类、事后联动奖惩）的全过程信用管理模式的总体工作推进框架，以“一突破”（突破重点领域的信用应用）、“两带动”（带动平台等信用基础设施服务能力提升、带动信用服务机构供给侧能力增强）为年度工作主线，重点抓好以下工作：

（一）积极开展立法宣贯，推进制度落地实施

《上海市社会信用条例》即将于 2017 年 10 月 1 日正式实施。上海市

发展改革委将配合市人大做好信用条例解读、释义和宣贯工作，并督促各级行政机关，结合自身工作，研究起草和出台与信用条例相配套的实施细则和办法，在工作中落实。

（二）抓紧出台一批政策意见，落实国家合作备忘录

抓紧研究出台政务诚信实施意见，抓好依法诚信履职、提高决策透明度、严格监督检查等关键环节，发挥政府部门及其工作人员在全社会的信用示范引领作用。以失信被执行人、严重失信纳税人、经营异常企业、海关高级认证企业为重点，全面落实国家已签署的信用联动奖惩合作备忘录，出台一系列重点领域联合奖惩政策意见。

（三）推动实施一批重点信用项目和工程

支持上海市信用平台二期建设项目，进一步强化市信用平台枢纽、窗口和载体功能，建立信用联动奖惩发起和反馈机制，以“制度 + 科技”的方式，为实施各重点领域信用联动奖惩意见、构建以信用为核心的市场监管机制、加强事中事后监管提供支撑。会同有关区打造信用服务产业基地，培育、孵化、扶持、壮大信用服务行业，促进信用服务和产品创新，对标国际，形成信用服务产业集聚区。广泛实施信用惠民工程，依托“诚信上海”APP 和微信公众号，打造信用惠民统一门户，集成政府、市场、行业、社会各类信用惠民措施，让信用应用逐步渗透融合到衣食住行，不断提升市民对信用价值的获得感。

第三章　杭州市：
构建“四位一体”杭州模式，探索城市信用建设新路径

近年来，杭州市在市委、市政府的高度重视和正确领导下，在国家发展改革委、浙江省发展改革委的精心指导和杭州市各有关部门的通力合作下，社会信用体系建设成效显著，在平台建设、信用惠民、信用服务、奖惩联动等方面实现了较大突破。2015 年，杭州市被国家发展改革委和中国人民银行联合确定为全国首批“创建社会信用体系建设示范城市”，2014 年、2016 年两次入选杭州市精神文明建设十件大事。杭州信用体系建设多次获得国家发展改革委连维良副主任的高度评价，2017 年 3 月 3 日，杭州市委书记赵一德一行拜访国家发展改革委时，连维良副主任指出，杭州市在信用建设方面先行先试，久久为功，希望杭州市在信用体系建设方面有更多创新举措，向全国输送经验。

一、以平台建设为支撑，开启信用建设新篇章

（一）构筑信用大数据平台，实现政府信息全量归集

早在 2008 年，杭州市就启动了杭州市公共信用信息平台建设，通过构建统一的信用标识和信用记录标准，将分散在各部门的信用信息归集整合至公共信用信息平台，并应用元数据技术，将碎片化的部门信息整合后，赋予其信用含义，集合成自然人和法人两大信用记录。2016 年，杭州市依托政务云服务，在市公共信用信息平台的基础上，对信用数据进行资

产化管理，通过对数据价值的深度挖掘，实现业务的数据化运营，全面构建面向社会治理和公共服务创新的信用大数据平台。截至2017年5月，已形成1300余万份自然人信用记录和120余万份法人信用记录，完全覆盖了全市常住人口、流动人口及注册法人（包括所有企业、个体工商户、行政机关事业单位、社会团体等），实现了政府信用信息的全量归集。其中，涵盖全市55家市级行政机关，水、电、公交等9家公用事业单位，13个区、县（市），共335类2908项1.3亿多条信用信息。平台实现了与浙江省信用平台、兄弟城市信用平台、人民银行“浙江省企业信用信息辅助系统”、阿里巴巴网络信用体系的对接，并延伸至13个区、县（市）。

（二）实施信用信息分类管理，实现信用平台多维开放

为了实现公共信用信息的有序开放，2014年，杭州市编制并发布了《杭州市公共信用信息分类等级管理目录》（以下简称《目录》），是全国首个提出并建立信用信息分类开放机制的城市。《目录》将公共信用信息分为社会公开A类、授权查询B类、部门共享C类，兼顾了信息开放和隐私保护，确保信息依法公开。一是互联网开放，通过公共信用信息发布平台、“信用杭州”手机APP和微信公众号实现A类信息的查询，目前查询数量累计已达173033次；二是开设现场查询窗口，授权查询法人和自然人信用记录（包括A类和B类信息），目前已开设16个窗口，覆盖所有区、县（市），累计查询25216次；三是开通城市信用报告，经本人授权后，在支付宝平台实现了移动端个人信用记录（包括A类和B类信息）查询，累计查询总数已达7114096次；四是政府内部查询，在政务外网上通过CA证书登陆公共信用信息平台的政府联合监管系统，查询A类、B类、C类三类信息，实现信用信息的政府内部应用，近两年来累计查询量达937558次。

杭州市公共信用信息平台开放以来，引起了媒体的高度关注。报刊、电视、网络等各类媒体报道及转发超过1700万条次。《新华每日电讯》

《光明日报》《浙江日报》《杭州日报》《钱江晚报》《都市快报》等报刊均发表了专题文章，对这一平台的开放给予好评。国家发展改革委连维良副主任曾批示："公共信用信息平台打破了部门分割，建立了长效机制，值得全国共享交换平台建设时借鉴；信用信息分类科学，服务功能较强。"

（三）运用嵌入式调用技术，实现平台跨界深度融合

为提升信用平台的服务能力，杭州市以"统分结合、共建共享，应用联动、互惠互利"为原则，推进信用应用与部门行政管理业务的深度融合。房管部门进行公租房、廉租房资格核查时，在房管业务平台上通过接口调用，自动进行信用核查，截至 2017 年 5 月，累计核查量已近 8 万条。在政府采购网上商城、公共资源交易平台上，供应商、采购方、代理机构和专家都可以直接查询、打印基于 A 类信息的供应商信用记录。杭州市将信用平台与网约车监管平台融合对接，建立网约车经营者和驾驶员信用记录，促进网约车监管平台对网约车经营者和驾驶员的有效监管。运用嵌入式调用技术，将平台的信用核查等功能融入政府采购、公共资源交易、房产管理、人力社保、项目审批、交通运输等业务平台，形成面向政务领域的大数据信用监管服务，实现信用平台无形化应用，切实提高行政管理效率。

二、以信用惠民为理念，引领信用生活新体验

（一）实施信用支付，打造"无现金城市"

杭州市为推进"智慧城市"建设，以信用平台与第三方平台跨界融合为突破口，通过各类信用积分载体，实现市民信用生活多方位"信用支付"惠民应用落地。

一是担保支付，畅通"行"在杭州。与阿里巴巴探索合作模式，以市民的信用为基础，在交通领域"免押金租借汽车、免押金租借共享单车"，逐步推动"信用出行"成为杭州市内日常出行的标准服务模式，减少私家

车的使用，让杭州市道路更畅通，市民、游客出行更方便。

二是延迟支付，舒心“住”在杭州。与支付宝合作推进“免押金信用住”，已有8万人次的杭州市民享受到了“免押金信用住”服务，免除预授权押金超过6400万元，平均入住时间压缩至45秒，平均退房时间下降到18秒，节省了更多时间成本。

三是额度支付，简单“用”在杭州。自2016年10月20日起，依托“市民诚信卡”，杭州市在全市10家市属医院全面推出智慧医疗信用支付“医信付”服务。全市900万名市民卡的持卡人可享受在就诊过程中“先诊疗后付款”，目前最高额度为1000元。随着这一应用的不断推进，市民还将拥有自己的市民诚信分，并以此享受1～5000元不等的预付额度。

（二）实现信用借还，体验简单生活

打造信用借还公益服务，感受信用让生活更简单。

一是推行“雨伞和充电宝”借还服务。2016年G20峰会期间，杭州市推出了“免押金信用借还”公益服务，全市共设置315个信用借还点，芝麻信用评分600分以上的用户使用支付宝扫一扫雨伞和充电宝上的二维码，就能免押金、免费借用这些物品，一周之内归还即可。该服务覆盖了机场、地铁等主要的交通枢纽、交通线路以及超市、星巴克、肯德基等连锁店，借还服务让外宾、记者、游客和杭州市民体验到了“信用生活”的便捷。

二是推行“信用图书馆”服务。2017年4月23日的世界读书日，杭州市发展改革委联合杭州市图书馆和芝麻信用启动“信用+阅读”项目，“享信用，爱生活”开启全新的阅读模式，杭州区域内只要芝麻信用评分满600者，即可享受“免押金、免办卡、线上借、送到家”服务。这是杭州市信用惠民项目的又一重要举措，广大市民足不出户便可完成图书的借阅和归还，享受了极大便利。

三是推行“景区信用借还”服务。目前，虽然杭州市景区的配套设施

非常齐全，但服务尚未达到国际通行的“借还服务”标准，杭州市进一步优化合作模式，使游客可免费借还讲解器、WiFi 等常用的基础配套设施，方便广大游客出行，提升城市形象。

（三）烫金信用名片，彰显信用价值

杭州市积极推进信用信息社会应用，努力将信用塑造成市民名片和身份象征。

一是实行“信用积分落户”。目前，守法诚信已成为《杭州市流动人口积分落户办法》中的重要内容。如果存在近 5 年内因其他行政处罚信息或失信行为被列入国家、省信用信息平台及杭州市公共信用信息平台的失信信息，那么出现一次此类失信信息将被扣 10 分，占总信用积分很大比例，信用积分让守法诚信变得有价可量，使人们的生活更加便利。

二是推出“市民诚信卡”信用名片。杭州市与市民卡有限公司合作，以惠民征信系统为基础，结合公共信用信息平台数据，全力打造“市民诚信卡”，使之成为全体杭州市民的“信用名片”。在校园健身、交通出行、社会公益等方面，实现信用惠民政策落地的一卡通。在校园健身方面，助推全民健身活动，同时降低校园安全风险，为“诚信评分”较高的市民提供更为便利、优质的健身体验；在交通出行方面，针对市民卡在公交、地铁、水上巴士等公共交通领域的应用，对“诚信评分”较高的市民给予一定可透支额度；在社会公益方面，将志愿者服务、无偿献血、垃圾分类等社会公益行为及道德荣誉记入“信用银行”，可用于兑换公益奖励或社会福利。杭州市以上述应用场景为突破点，致力于逐步将信用名片推广到民生保障、商务流通、公共服务、普惠金融等领域。

三、以信用服务为导向，构筑社会信用新生态

（一）以信用前置为抓手，创新政务诚信

杭州市将信用核查、信用预警融入行政审批，行政办事大厅的窗口人

员在受理业务时先查看信用记录，通过信用前置助力“最多跑一次”改革。

一是将信用记录作为“容缺受理”的参考。对于存在不良信用记录的个人、企业，窗口人员根据各自职责审慎实施“容缺受理”措施。

二是将信用记录作为补全信息的重要手段。公共信用记录的来源是政府部门，通过在行政审批过程中引入信用记录，减少办理人员提交材料和工作人员审查资料的数量，既能方便百姓，也能提升行政效率。2016 年，杭州市人力社保局在就业保险业务、失业保险金等业务办理过程中，通过调用信用记录，免去了工作人员录入企业信息的工作环节，大幅提升了受理效率。仅 2016 年一年，累计查询企业就达 65 万余次。

三是引入“人脸识别”技术。杭州市已在个人纳税证明、公积金申请办理、社保查询等行政事项中实现了“刷脸”认证的应用，完成了办事从“最多跑一次”向“足不出户”的逐步转变。目前，已有超过 51 万人次通过“人脸识别”技术办理了相关业务。

（二）以电商信用为抓手，创新商务诚信

根据国家《关于全面加强电子商务领域诚信建设的指导意见》精神，依托中国（杭州）跨境电子商务综合试验区的创建优势，以“来源可追、去向可查、风险可控、责任可究”的工作思路，以“信息共享、信用评价、信用担保、负面清单、追本溯源”的具体举措，探索构建“线上线下联动”的跨境电商信用体系。

一是汇聚各方数据，建立信用主题库。信用主题库不仅与市公共信用信息平台实现了实时数据交互，还搜集了金融保险机构、电商平台、社交媒体和国外征信机构的企业信用信息、个人信用信息、商品质量信息、服务评价信息。

二是建立指标体系，开展综合评价。平台以企业外部环境、企业资质、经营管理、历史信用记录、发展前景、企业财务状况、企业实体考察

7 个要素构建了杭州跨境电商信用评价指标体系，并委托第三方信用服务机构对 1.4 万家平台入驻企业进行了信用评价。

三是引入信保基金，构建信用保障体系。依托政府保障资金，与阿里巴巴信保共同构建跨境电商信保资金池，以信用评价结果为依据，将符合条件的企业纳入信用保障服务体系。截至 2016 年底，杭州市已为跨境电商企业提供了 19 亿美元信保额度，预计能撬动 60 亿美元出口额。

四是实施负面清单，优化事前、事中、事后管理。依托信用评价结果，将入驻企业进行分类分级，将信用级别低的企业和个人列入信用管理负面清单，并建立负面清单系统，对风险程度较低的信用风险进行预警发布，在事前准入禁止，事中全面检查。

五是整合供应链，共建溯源体系。借助二维码和物联网技术实现交易信息、物流信息的实时跟踪，提升跨境电商的风险防控能力，共同构筑可信的交易环境。

（三）以信用社区为抓手，创新社会诚信

杭州市将社区作为信用文化宣扬的主基地，鼓励各社区组织丰富多彩的活动，弘扬诚信文化，构建社会诚信。

一是推广“时间银行，信用养老”的激励互助模式。上城区湖滨街道在辖区内的社区推广“银龄互助”结对帮扶活动，鼓励身体健康的老年志愿者就近帮助生活不便的邻里街坊，服务时长能够兑换成老年大学学习机会、居家养老服务券、沿街商铺代金券等。

二是打造“诚信邻里港湾”。拱墅区祥符社区在 2016 年开展了“诚信邻里港湾”活动，在小区内设置了诚信成语墙、诚信文化桥、诚信公约、诚信格子铺、诚信菜摊、诚信护照、诚信书屋和诚信最美家园等。“诚信菜摊”，即买菜的居民只需将钱投入箱子内，就能拿走相应标价的蔬菜；“诚信护照”，即居民凡是参加一次活动或是出现拾金不昧等诚信行为，就可获得一枚诚信章，年底社区将根据获得诚信章的数量给予一定精神奖

励，诚信章还将作为社区“最美诚信人”的评比依据；“诚信格子铺”，即所有的格子都是打开的，可免费借用手电筒、打气筒、雨伞等生活应急物品。

四、以奖惩联动为抓手，开创社会治理新模式

（一）“1+3+X”体系先导，保障联合奖惩措施落地

杭州市建立“1+3+X”的制度体系，通过制度保障联合奖惩措施落地。

一是“1”个指引。杭州市以《在行政管理中使用信用记录和信用报告的事项清单》为指引，引导杭州市各行政管理部门在履职过程中查询和使用信用信息，变单一监管为联动监管。

二是“3”个依据。杭州市以国家出台的备忘录、《杭州市信用红“黑名单”发布制度》和《杭州市社会法人守信激励和失信惩戒管理办法》为依据，从多方面对失信执行人实施惩戒，落实惩戒措施。一方面，按照国家要求，依照目前已经出台的备忘录，对失信人实施联合惩戒；另一方面，通过《杭州市信用红“黑名单”发布制度》明确红“黑名单”列入及退出机制，确定期限退出、整改后退出和红名单被列入“黑名单”退出三种退出方式。同时，将《杭州市社会法人守信激励和失信惩戒管理办法》运用到对企业的日常监管中，对失信企业实施惩戒。

三是“X”个细则。为促进联合奖惩措施落地生效，杭州市各相关部门按照国家多部委签订的联合奖惩备忘录精神，分别制定了奖惩措施实施细则。例如，杭州市发展改革委在审核财政专项资金申报资格时明确，对具有税收、环境评级、食品药品等五方面不良信用记录的法人或其他组织，实行一票否决制，取消其申报资格。杭州市卫计委在推进信用联合奖惩工作实施细则中规定，信用不良的社会法人将被撤销相关领域的荣誉称号，禁止其参与评优评先，降低其相关评估等级。截至目前，杭州市各单

位共出台了19个在日常行政管理中落实奖惩措施的具体实施细则。

（二）重点领域探索先试，实现联合奖惩多措并举

杭州市在青年诚信、交通文明、户籍管理、金融、税收、旅游、医疗卫生、社会保障、食品安全等19个重点领域进行探索，采取列为日常重点监管对象、撤销荣誉称号、降低信用评级、列入异常名录、取消政策优惠、限制交易、限制市场准入等多项惩戒措施，实现联合奖惩、多措并举，激发联合奖惩落地动力。

在青年诚信领域，由杭州市发展改革委、团市委牵头，以杭州“志愿汇”系统作为志愿者数据储存平台、管理平台和数据采集平台，实现与杭州市公共信用信息平台互联互通，推动政府部门和社会资源加快落实青年守信联合激励措施。2015年，滨江区率先实现志愿服务助外来务工子女积分入学。在积分管理指标体系中，信用记录已成为其中的重要内容，志愿者的服务可以折算为公益信用积分。截至2017年4月，已有448名外来务工人员申请了信用积分入学，其中43名家长享受到了志愿者服务的公益信用加分。

在交通领域，杭州市于2016年出台了全国首个交通文明领域的联合惩戒备忘录。《杭州市关于对严重交通违章当事人实施失信联合惩戒的合作备忘录》（以下简称《备忘录》）由杭州市中级人民法院、公安局、人力社保局、监察局等11个部门签署，对毒驾等29种严重交通违法行为当事人提出了10条联合惩戒措施。由杭州市公共信用信息平台负责对“交通违法黑名单”进行公布，实施联合惩戒的相关部门在办理业务时，登陆市公共信用信息平台，核查交通安全信息后对相关当事人实施联合惩戒。2016年，杭州市梳理并公示“交通违法黑名单”数据共计422条（截至2016年12月，通过“信用杭州”网站对外公示178条），向交通运输部门通报机动车驾驶人违反道路交通安全法律法规逾期未处理记录1245条，毒驾行为记录5条，根据《备忘录》实施联合惩戒的案例达到20余起。

(三) 信用修复理论先行，完善联合奖惩关爱机制

为有效推进守信联合激励和失信联合惩戒机制落实，打消部门顾虑和百姓忧虑，杭州市于2015年提出了构建信用修复机制的工作设想，探索为失信行为主体提供重塑自身信用的合法途径。在此背景下，杭州市联合南京市、宁波市和无锡市四个城市共同开展了“信用修复机制研究”，针对信用修复机制进行深入研究。该课题研究取得了以下三方面的成绩：

一是信用修复的基本概念更加清晰。信用修复的概念在国内尚存争议，存在不同的解释和定义。为理顺工作思路，课题组把信用修复与异议处理区分开来，并将信用修复定义为信用主体按照既定规则、制度和流程，通过一系列活动，维护和改善自身信用状况的过程。课题组还提出了公共信用修复的概念，认为公共信用修复是指在行政管理和公共服务领域，信用主体针对已被认定的失信行为，按照有关部门制定的规则、制度和流程，采取承诺、改正、补偿等措施，维护和改善自身信用状况的过程。

二是信用修复的操作流程基本形成。课题组为政府开展公共信用修复设计了两套操作流程，分别是纠错式信用修复和补偿式信用修复。纠错式信用修复主要针对错误信息的修复，具体流程包括修复申请和信用承诺、审查、公示、结果调查、结果公告；补偿式信用修复主要针对失信程度较轻、影响较小的行为，具体流程包括发布修复行为目录、修复申请和信用承诺、审核确认和任务分发、组织实施、监督实施和修复确认、修复公示和注销。

三是信用修复的监管体系有所规划。课题组将信用修复的监管体系划分为内部监管和外部监管，通过严格的信用修复行为认定机制、公示和回访机制、失信行为惩戒机制以及监督保障，为信用修复提供强大保障。

第四章　南京市：创新联合奖惩机制，推进信用惠民服务落地

南京市的社会信用体系建设工作开展得较早。2002 年，南京市政府就制定并下发了《关于开展“建信用南京城，做诚信南京人”工作的意见》（宁政发〔2002〕121 号），通过加快诚信道德体系建设和社会信用体系建设，推进政务诚信、商务诚信和社会诚信建设；2008 年，南京市委、市政府又下发了《中共南京市委、南京市人民政府关于加快推进诚信南京建设的意见》（宁委发〔2008〕23 号）。目前，南京市以高水平争创国家信用示范城市为标杆，坚持网络化整体推进、信息化广泛应用、示范性推广提升，全面推进城市社会信用体系建设，在“信用联合激励”“信息化便民服务”“联合惩戒信用信息系统”方面做了一些创新性探索。

一、联合激励，打造“诚信市民卡”

南京市在全市市民卡中加注个人信用信息，对诚信市民给予优惠、优待。鼓励全体市民自觉关注、维护和应用自身信用信息和信用形象，主动关心、支持和参与社会信用体系建设工作。其中，诚信市民主要包括各级劳模、造血干细胞捐献者、献血 4000 毫升以上的志愿者、慈善捐赠人士、市级以上见义勇为人员和道德模范等 1.7 万多人。他们使用“南京市民诚信卡”可享受乘坐公交车 4 折优惠、乘坐地铁 5 折优惠、在金陵图书馆免押金办理读者证、OFO 共享单车免押金服务等，还可享受浦发银行全国范

围内VIP客户待遇和南京分行范围内信贷服务“绿色通道”待遇。其中，对全市首批“诚实守信好市民”在图书馆、公交领域等给予政策优惠，作为2017年央视“3·15晚会”上“政府在行动”环节中的两个典型地方案例之一被播出。

目前，多场景实施诚信激励措施，初步实现“全覆盖、分层次”目标，取得了积极的社会反响。2016年12月以来，南京市义务献血者和献血量迅速增加，一反过去“春节血荒”的现象，血液供给保障水平创下新高。

二、打造联合奖惩信用信息服务系统

南京市出台了《南京市社会法人和自然人守信联合激励和失信联合惩戒暂行办法》，对失信行为和各部门针对严重失信信用主体加强联合惩戒的失信主体进行界定，明确了联合惩戒措施。

（一）覆盖征信系统，完善联合惩戒机制

根据联合奖惩备忘录和地方相关政策，将联合奖惩举措清单化、系统化和结构化，把联合惩戒与信用信息系统融为一体，打造联合奖惩信用信息系统，推进联合备忘录、黑红名单在信用信息系统中的应用。

（二）完善服务账户，实现关联“敏感”

完善“服务账户”属性，建立“清单”“敏感”关联，增强用户敏感性。用户是指联合惩戒信用信息系统中的政府部门的账户使用人，用户的注册信息与单位、行业领域相关联，系统自动扫描提示信息，将公共信用信息数据库中的失信信息、“黑名单”信息推送到政府各部门，一旦输入该企业信息，系统就会自动提醒有关部门该企业已列入严重失信“黑名单”。依据联合奖惩备忘录，通过账户的敏感性关联，使用部门只要登录系统查看该企业，系统即提示该企业的惩戒情况，并详细列出使用部门依据不同“备忘录”对该企业可实施的惩戒措施，输入惩戒结果，点击确认

联合奖惩，即可实现多部门的联合惩戒，同样也可实现多部门的联合激励。

（三）建立“联合信用奖惩措施清单”，实现动态管理

梳理联合奖惩备忘录，形成关键项表格化。联合奖惩备忘录中所明确的“联合奖惩的对象”，通常是由主管部门依据相关法规确定需要奖惩的“当事人”，并与相关部门联合签署备忘录，实施联合奖惩。该备忘录中按部门（行业）、条目明确了对“联合奖惩对象”的具体措施，将联合奖惩备忘录和地方政策中的奖惩类别、对象、实施部门、奖惩依据、措施和结果清单化。在联合惩戒系统中支持对惩戒目录清单的查询和惩戒措施的查询操作，登录系统查找联合惩戒对象信息时就会出现惩戒的自动提醒。

三、信用信息惠民，看得见的“我的信用”

南京市在“我的南京”手机 APP 上强化“我的信用”版块服务功能，大力打造隐形“市民诚信卡”，基于信用大数据建立线上撮合和交易平台，推动信用信息便捷化应用。“激发正能量、鼓励向前看”成为信用工作政策导向、方法创新的典型。通过“我的南京”手机 APP 可以查询个人基本信息、登记信息、资格信息、正面信息和负面信息，实现个人信用信息在线自主查询，把个人信用应用到更多生活场景中。例如，在血液中心献血之后，诚信好市民义务献血信息就会即时传递到 APP 的个人信用的正面信息的献血记录中，献血之后即可查询。

南京市还推出“南京信 e 贷”产品，与相关银行合作，应用信用大数据，支持广大诚信市民积极创业，便利消费。该产品自 2016 年 3 月 12 日上线以来，已有 1.48 万人次享受到无抵押信用贷款服务，贷款额度超过 19.2 亿元，累计投放贷款 30009 笔共计 22.43 亿元，有效地拉动了南京市的信用信息消费。

四、惠民便企，信用信息应用服务自助实现

由南京市公共信用信息中心自主设计开发的全国首台“公共信用信息自助服务终端”，已在南京市政务服务大厅和所辖11个区投入使用。该终端目前提供《南京市社会法人公共信用信息查询报告》和《南京市出入境检验检疫局信用等级评定证明》自助打印，以及南京市全体社会法人、执业律师公证员、医师等14类特殊职业自然人执业信息的查询服务。该终端利用“信用南京”网站线上受理申请、后台资料审查，系统自动生成报告并发送短信提醒；经办人可通过该终端采用“身份证+人脸”方式识别身份而获取报告；报告使用人可利用报告提供的验证码或二维码，通过“信用南京”门户网站或“我的南京”手机APP对报告内容真伪和有效期进行验证。报告所载信息为截止查询日期，在报告有效期三个月内，可通过APP扫描首页中的二维码进入验证平台验证或登陆南京网站信用信息验证平台进行验证。

启用该终端，是南京市积极创建国家信用示范城市、国家文明城市的一项重要创新工作。2016年，南京市公共信用信息中心为各级各部门在行政管理领域内提供的信用审查报告达1028份，涉及企业5352家。启用该终端，旨在“让数据多跑路、让群众少跑腿”，进一步方便广大市民和法人便捷查询公共信用信息。通过公共信用信息的广泛查询和应用，增强联合信用奖惩机制，积极营造信用惠民、信用惠企的社会氛围。

第五章　厦门市：构建信用社会，优化营商环境

厦门市委、市政府将社会信用体系建设作为打造国际一流营商环境的一项重要工作，“全面推进、小步快跑”，在信用制度、信用信息共享平台、信用数据归集、联合奖惩机制等方面的建设上取得了阶段性成效。2016年，厦门市获批全国城建社会信用体系建设示范城市，在全国36个省会、直辖市、副省级城市的信用综合指数排名中位居前列。

一、机制先行——将诚实信用纳入法律规范

厦门市构建了“一套机制、一套代码、一套法规”，为社会信用体系建设奠定了坚实的法制基础。

“一套机制”，即建立信用建设联动机制，包括成立以市委主要领导为组长的社会信用体系建设工作领导小组，设立厦门市信用服务中心，将社会信用工作纳入各部门年度绩效考核，建立社会信用“双随机”抽查工作制度。

“一套代码”，即实施统一的社会信用代码制度，实现编码规则、源头赋码、登记表格、登记受理、档案管理“五个统一”；在全国率先完成存量企业100%转码，截至2016年底，厦门全市企业（含农民专业合作社）及机关事业单位赋码率均达100%。

“一套法规”，即健全社会信用体系法律法规，先后出台了《厦门市社会信用体系建设规划（2015—2020年）》《厦门市公共信用信息管理办法》等规范性文件及失信联合惩戒办法。

二、搭建平台——编织权益保护网

目前，厦门市基本建成全市统一的社会信用信息共享平台，形成“两网、两库、两窗口、一张表、一支撑、一保障”格局，并已实现与省级平台互联互通。

“两网”，即政府信用信息共享内网、“信用厦门”外网及“i 厦门”信息惠民网中的“i 诚信”外网，内外网的信用信息实现同步交换共享。截至 2017 年 6 月 15 日，“信用厦门”和“i 诚信”的网站访问量已超 554 万人次，信用查询数已超 616 万次。

“两库”是以厦门市目前较为完善的“市民法人库”为基础，建成法人信用信息库和自然人信用信息库。目前“两库”已归集 71 个部门共计 606 万条信用记录，约 1.6 亿项信用信息。

“两窗口”，即在中国（福建）自由贸易试验区厦门片区和厦门市行政服务中心开设线下信用查询服务窗口和银行个人征信自助查询终端，该举措获得了市民的一致好评。

“一张表”，即建立信用信息数据标准体系，率先实现全国工商系列企业与国家发改系列社会法人两套信用信息标准“一张表”，全市第一批 53 家单位共有 2997 项信用信息目录于 2016 年向社会公布，信用目录梳理更新常态化。截至 2017 年 5 月底，共梳理 60 家单位的 3464 项信用信息事项，拟于 2017 年年内发布 2017 版信用信息目录。

“一支撑”，即依托市级政务信息共享协同平台搭建信用信息共享协同平台，打通数据交换、服务调用等通道，实现资源目录、统计、审计和权限安全等统一管理。

“一保障”，即在全国率先创新应用个人身份认证系统，完成公安“网上身份认证”系统与全市社会信用信息共享平台、“信用厦门”网站对接，确保信用信息安全。

三、奖惩并举——营商环境更优质

厦门市积极部署、全面推进，建立守信联合激励和失信联合惩戒机制，实现“守信可奖，失信有罚”，并拟定了《厦门市守信激励与失信惩戒办法（试行）》，向社会公开征求意见，近期将正式出台。

（一）重击多个领域，联合惩戒失信企业

在春运、出租车、建筑、安全生产、税收、环保、规划等领域实施失信联合惩戒措施，先后出台了重大税收违法案件当事人联合惩戒措施、《建筑市场“黑名单”管理办法》《生产经营单位安全生产不良记录“黑名单”管理暂行规定》等。目前已对振华能源等17家公司的税收违法案件当事人开展了联合惩戒。

（二）提供融资便利，助力中小微企业

推出为诚信中小微企业提供融资便利的“银税互动”举措11条。截至2017年3月底，全市20家中资银行参与实施，基本覆盖厦门市所有中资商业银行，共有3447家企业获得贷款73.71亿元，其中3091户小微企业获得贷款27.89亿元。

（三）创新监管，优化服务

建立以信用为核心的新型监管和服务体系，推动行政许可和行政处罚须于7个工作日内在各部门门户网站、信用厦门网站上“双公示”。

（四）明确行政管理内容，开展信用审查行动

2017年上半年，市总工会劳模资格信用审查11人次；市科技局科技资金补助信用审查717家企业；市经信局对81家中小企业开展信用审查；失信被执行人信用审查851次；市检察机关第一季度共受理行贿犯罪档案查询4919批次，被查询单位9033个、被查询个人6019人；市环保局公布了2017年度企业环境信用评价市级93家、区级48家参评工业企业名单；

厦门银监局在各银行业金融机构高管任职、机构设立等市场准入事项中开展信用审查12人次；厦门市市场监督局、质监局、财政局、银行等金融机构对经营异常企业采取“联动监管”。

四、试点示范——重点领域显成效

在重点领域积极开展信用建设试点示范，以点带面，重点突破。

实施自贸区社会信用体系建设示范工程。推动信用信息共享平台在中国（福建）自由贸易试验区厦门片区试运行，设立了社会信用查询服务窗口，在全国率先开展自贸区企业信用评价工作，率先实现全省推行企业信用承诺制度。

实施农村信用体系建设示范工程。累计完成15万户农户的建档工作，覆盖60%的农户；创建49个信用村、信用社区；构建了信用评分体系，以此作为农村信贷依据。

全面开展企业环境信用评价试点。制定了《厦门环评机构信用信息采集和管理办法》，将企业环境信用分为四个等级，依次以绿牌、蓝牌、黄牌、红牌表示；在环保行政许可、建设项目环境管理、环境监察执法、环保专项资金管理、环保科技项目立项等工作流程中，增加企业环境信用审核环节。

五、宣扬诚信——文明底色更亮丽

厦门市广泛开展诚信宣传，弘扬诚信美德，营造良好的社会诚信氛围。市发展改革委官方微信及时发布厦门市各项信用规章制度、信用建设动态信息；公布质量诚信“红黑榜”，曝光不诚信企业和被诉热点企业；开展主题系列宣传及信用知识进银行、进校园等活动。厦门市还将在规划建设中的“市民卡”上加载诚信信息，并推广使用个人职业信用报告，鼓励广大市民诚信立身，共建诚信社会。

第六章　沈阳市：
完善法律法规体系，构建失信联合惩戒大格局

一、构建失信联合惩戒大格局，实现信用建设法制化

党的十八大以来，党中央、国务院高度重视社会诚信建设，国务院颁发了《关于建立完善守信联合激励和失信联合惩戒制度加快推进社会诚信建设的指导意见》（国发〔2016〕33号），国家发展改革委联合60多个部委签署了针对失信被执行人、重大税收违法案件当事人等的10余个联合惩戒备忘录，代表了国家对开展联合惩戒工作的重视和决心。

沈阳市作为首批全国创建社会信用体系建设示范城市，在社会信用体系建设重点领域勇于探索创新，从立法入手，以法律为准绳，构建起失信联合惩戒大格局，信用建设工作步入法制化轨道。

二、建立失信联合惩戒制度机制，形成守信的良好社会氛围

多年的实践表明，由于缺乏失信联合惩戒立法，不能形成跨部门、跨领域协同监管和联合惩戒机制，企业失信成本过低，制假售假、商业欺诈等现象屡有发生，营商环境持续恶化。

为解决企业失信成本过低等问题，沈阳市建立跨部门联动响应和失信约束机制，为在全市开展严重失信企业联合惩戒工作提供法律保障。自2014年起，沈阳市开始进行企业失信惩戒立法准备工作，经过调研、起草

和多部门的反复论证，于2017年5月以政府令形式颁布实施了全国首部对“黑名单”企业实施联合惩戒地方性政府规章——《沈阳市严重失信企业联合惩戒办法》(沈阳市人民政府令第67号)。该办法科学界定失信行为，充分运用信用约束手段，加大对严重失信主体的惩戒力度，建立健全信用修复、异议申诉等机制，保护当事人合法权益，形成失信联合惩戒的制度机制。通过信用信息公开和共享，形成社会性惩戒，增加失信主体的失信成本，使全社会形成守信受益、失信受损的良好社会氛围。

三、完成失信企业界定和认定创新，采取“双跨”惩戒措施

《沈阳市严重失信企业联合惩戒办法》在严重失信企业的界定，以及跨部门、跨领域联合惩戒措施等方面做到了适当的突破和创新。

在严重失信企业的界定方面，采用各行业主管部门认定法及综合认定法相结合的方式：企业在沈阳市公共信用信息平台有同一行政机关和有关组织五条以上或者不同行政机关和有关组织八条以上提示信用信息的；企业在市信用信息平台有同一行政机关和有关组织两条以上或者不同行政机关和有关组织三条以上警示信用信息的。

在跨部门、跨领域联合惩戒措施方面，对严重失信企业采取公开失信信息、撤销荣誉称号、取消评优资格、提高贷款利率、限制上市融资、限制新增项目及用地审批核准、限制申请财政性资金、取消享受财政补贴资格、限制资质等级评定、限制高消费等联动惩戒措施。

四、联合惩戒严重失信企业，形成动态协同机制

以《沈阳市严重失信企业联合惩戒办法》为法律保障，沈阳市积极开展严重失信企业的联合惩戒工作，制定失信联合惩戒措施清单，通过沈阳市公共信用信息平台形成发起、响应、信息推送、联合奖惩、案例报送、效果反馈、信用修复、异议处理等动态协同机制。

《沈阳市严重失信企业联合惩戒办法》的颁布和实施，促使沈阳信用管理工作步入法制化轨道。跨地区、跨部门、跨领域的联合惩戒机制基本建立，使沈阳信用建设水平显著提高，企业诚信经营意识明显增强，构建了“一处失信、处处受限”的社会氛围，形成了政府部门协同联动、行业组织自律管理、信用服务机构积极参与、社会舆论广泛监督的失信联合惩戒大格局。

第七章　广州市：探索“以用促建”模式，加大信用信息创新应用

近年来，广州市稳步推进社会信用体系建设，公共信用信息系统建设、信用信息归集等基础性工作已取得阶段性成果。目前，广州市着重加大信用信息创新应用的力度，坚持“以用促建”，推进社会信用体系建设迈上新台阶。广州市信用信息在部分领域创新应用的情况如下：

一、信用信息在进出口贸易质量监管领域的创新应用

中国（广东）自由贸易试验区广州南沙新区片区积极推进进出口商品全球质量溯源体系建设，是利用信用信息进行质量监管的创新典范。全球质量溯源体系依托“智检口岸”公共服务平台，采集商品从生产到贸易、流通直至消费者的全生命周期的碎片化质量信用信息；通过大数据分析和云计算手段，形成以标准、质量为核心内容的全链条、闭环式大质量信用管理机制；以溯源码为介质，实现商品价值的真实传递。

广州市通过“一个平台、三个系统”——“智检口岸”公共服务平台和质量信用信息接入、溯源码标识、质量溯源查询系统的技术支撑，形成了建设理念先进、管理制度完善、信息化系统成熟可靠的全球质量溯源体系，具有共建共享、真实安全、开放便利的特点。其本质是监管理念和管理模式的转变，从单纯的口岸监管转变为事前“源头可溯、风险可控”、事中“守信便利、失信惩戒”、事后“去向可查、责任可究”的全链条闭

环监管；从微观监管转变为宏观与微观并重的大质量监管；从单一部门监管转变为多元共建的社会性体系。

“智检口岸”公共服务平台的运行模式具体为：境内外企业将商品质量信息通过质量信息接入系统导入“智检口岸”平台；商品抵达口岸后，检验检疫机构通过溯源体系实施精准监管、快速验放；商品进入流通环节后，消费者、企业及监管部门可通过溯源码或网页查询快速获取全链条溯源信息及特殊状态提醒，同时可进行咨询、举报或投诉，动员全社会质量相关方通过信息反馈参与质量管理。检验检疫机构可据此及时、全面地掌握反馈信息，科学调整监管措施，精准打击违法违规行为。

全球质量溯源体系目前已实现进出口商品品类全覆盖：涵盖一般贸易、跨境电商、市场采购出口等贸易方式，覆盖食品、消费品、汽车等品类，共发码1832万条，溯源商品货值达390亿美元；获得知名企业高度认可和深度参与，京东、天猫、唯品会等60余家国内外知名企业主动申请加入工厂级溯源；赢得消费者认可和信赖，溯源查询时，只需登录“智检口岸”平台或免费下载安装“CIQ溯源”手机应用软件，扫码即可快速获取商品质量信息，目前已有150万人次进行溯源查询；监管效能大幅提升，验放周期由平均2～3天缩短为16分钟，2016年跨境电商抽检不合格率同比下降61.43%。

二、信用信息在物流领域的创新应用

为创新应用信用信息，促进解决物流领域存在的货款拖欠、信息不对称、过度承诺、泄露客户隐私等失信问题，广东林安物流集团（位于广州市白云区）通过创新运营模式，搭建物流信用信息平台，自主开发物流诚信管理系统，打造物流行业信用标普，形成了可在全国物流行业复制推广的“林安模式”。林安物流集团的诚信管理系统通过实名制、会员制、公证制、司法调解委员会、“黑名单”制、“我要物流”APP和第三方支付系统形成一个诚信生态圈，环环相扣，确保诚信物流的有效践行。

林安物流集团的诚信管理系统主要有以下创新功能：一是信用评级展示和信用信息查询，交易双方分别可以在系统中查询对方的信用标普、是否有信誉保证金、以往成交记录、业务履约能力、信用行为记录等，如果需要看到完整信息，需经过被查询人授权，以保护私隐；二是进行诚信排名和评选诚信之星，根据规模实力、经营情况、交易记录、信用行为记录、信息化水平等进行先后排名，每月排名第一的将被选为诚信之星，公示表扬，并获得礼品和优惠政策；三是信用行为记录和信用评分交易双方在交易时不可避免地会发生纠纷，如放空、运费结不到或者延期、押车不卸货等，信息平台每天处理的纠纷都会及时录入每个客户的信用档案，每天的交易记录会在系统中生成，根据信用度为客户打分。

此外，林安物流集团还设立失信曝光台，通过“交易黑名单”机制通报批评失信的发货商和司机，提醒其他客户避免与之交易，让失信客户无法生存，以反省和自我调整方式来弥补失信行为带来的负面效应。

同时，为解决物流领域信息不对称问题，林安物流集团通过自主开发的手机终端软件“我要物流”APP 发布空车信息的定位位置和货源信息，驾驶员通过手机即可查货配货。如果双方互不信任，则由林安物流集团提供第三方担保，通过信用标普建立诚信交易单，即可实现远程配货交易。同时，“我要物流”APP 通过实时跟踪，可帮助公安部门找到骗货、发生交通事故逃逸的犯罪嫌疑人。

为了解决物流行业存在的资金结算与支付问题，林安物流集团于 2014 年 7 月 10 日正式获批《非金融机构支付业务许可》，成为支付机构。林安物流集团将借助林安公共信息平台强大的辐射力和公信力，为参与交易的双方提供诚信完善的资金结算与支付平台，保证交易双方利益；通过规范行业交易环境、制定行业交易规则，打造诚信、高效、安全的物流信息交易平台和结算体系，从而达到降低物流成本、提高服务效率、打造诚信体系的目的。

三、信用信息在公共资源交易领域的创新应用

为推进公共资源交易领域的信用管理，经广州市政府同意，广州市发展改革委于2016年3月印发了《广州市发展改革委关于加强广州市公共资源交易信用管理的通知》。依据这一文件，2016年12月9日，广州市公共资源交易中心正式上线运行信用指数平台，并率先在政府采购公开招标项目的评标环节中运用，信用指数占评标总分的5%。平台每日计算约12400个供应商、4100个采购人和4060名评审专家的信用指数，动态反映各方主体的信用状况。截至2017年第一季度，累计有364个项目运用信用指数进行了评标。信用指数直接影响中标结果，赋予信用状况好的企业更大的竞争优势，起到鼓励企业诚信经营、引导企业诚信竞争的作用。

信用指数平台立足交易中心自身企业库，以统一社会信用代码为基础，成功对接广州市各行政主管部门和其他地区公共资源交易中心的数据系统，实现了信用数据的共享。目前，信用指数平台日均获取跨部门、跨行业、跨区域数据约19600项，用于信用指数计算，动态更新，真实准确地反映企业跨部门、跨行业、跨区域的综合信用情况。

为减少个别交易主体扰乱开标和评审现场正常秩序的不规范行为，促进交易主体诚信参与公共资源交易活动，交易中心建立了场内不规范行为记录机制，利用信用指数平台强化场内信用管理，实现了公共资源交易过程中发生的不规范行为的申报、审核、公示、记入信用指数平台的全流程电子化。目前，已有1家企业因不规范行为被记入信用指数平台，半年内扣10分。

交易中心始终重视标后信用管理，努力做好标后相关方信用互评工作。第一季度共有968位采购人通过信用指数平台对767家供应商进行了

履约评价，涉及项目 858 个，此举有力地促进了供应商的诚信履约行为，保障了供货和服务质量。同时，信用指数平台进一步开发采购人、评审专家、招标代理等其他交易主体的信用互评功能，扩大信用互评范围，促使各方主体遵守公共资源交易规则，营造诚信有序的市场氛围。

四、信用信息在流动人员和出租屋管理领域的创新应用

流动人员和出租屋管理是目前国内大城市普遍面临的难题，广州市在番禺区试点开展流动人员和出租屋信用监管系统建设，取得了良好成效。

（一）开展出租屋安全星级管理

把住宅类出租屋分成安全星级（分为一星级、二星级、三星级）、监管和重点监管三大类，以安全为重点，逐步建立房屋租赁管理诚信体系，推进出租屋管理从“打”到“建”的全面提升。截至目前，全区已获安全星级评分出租屋共 95578 栋，其中获评安全星级类出租屋占 95.6%（一星级、二星级、三星级分别占 47.3%、49.4%、3.3%），监管类占 4.2%，重点监管类占 0.2%。

出租屋安全星级评分通过“出租屋安全星级工种服务门户网”对外公示，出租屋主和承租来穗人员可在门户网查询出租屋评星情况。出租屋安全星级管理实行“双积分”制度，出租屋安全星级越高，获得的相应民生积分越高，且出租屋主与来穗人员积分计算方式一致。通过与民生卡系统对接，出租人和来穗人员可凭积分享受 13 个职能部门及企业提供的 27 项待遇和服务。2016 年全区共有 4680 名来穗人员家长提出积分入学申请，其中有 2723 名（58%）租住在安全星级出租屋的申请人获得相应积分。而被列入监管和重点监管的出租屋，租赁双方不得积分，若租住重点监管的出租屋，其已获积分归零，从而引导来穗人员入住安全星级出租屋，以市场调节倒逼出租人自觉开展安全整治工作。同时，对“重点监管类”出租屋，在加强整治、执法的基础上，采取“双公示”制度，包括门前公

示、集体公示，避免来穗人员在不知情的情况下入住重点监管类出租屋，同时也给出租人以警示和监督，对涉嫌违法犯罪来穗人员起到挤压作用。

（二）首创手机大数据采集和出租屋智能手机巡查模式

以全面实施手机用户实名制为契机，广州市率先实现利用手机实名制“大数据”精准采集来穗人员信息，及时掌握来穗人员的动态信息，打造以“大数据”为核心、数据资源共享、信息互享互通的新型服务管理平台。同时，依托广州市来穗人员信息系统，充分应用二维码、物联网、云搜索等先进信息技术手段，在全省创新研发“出租屋智能手机巡查系统”，建立集智能手机、“二维码”门牌、数据决策辅助于一体的巡查模式，形成智慧、高效、便捷的服务管理机制，有效促进来穗人员信用体系、房屋租赁市场监管体系建设。

第八章　苏州市：深化应用创新，实现信用体系建设新突破

近年来，苏州市认真贯彻落实国家和江苏省的决策部署，不断加大社会信用体系建设力度，注重应用创新、方法优化，积极探索发挥信用在社会管理和服务中的作用，引导各方力量参与“诚信苏州”建设，推动社会信用体系建设社会化、常态化、市场化、全民化发展。

一、拓展信用产品应用领域，推动信用信息应用社会化

在政府行政行为中，创新开展信用产品应用。苏州市这一制度持续推动各地各部门在行政审批和监管工作中实施事前信用承诺制度，目前已在专项扶持、文明企业推荐等20多项行政管理事项中广泛应用，并上网公示市场主体承诺书。此外，苏州市还大力拓展信用信息审查的应用领域，在评优评先、专项资金申报、各种称号授予等60项工作中开展信用审查。

（一）推出全覆盖的个人信用评价产品

与阿里巴巴蚂蚁金服合作，探索推出“数据+模型+场景”的“桂花分”市民信用评价产品，覆盖全市常住人口，从守信激励入手，对基本条件、品德行为等方面进行量化评分，信用评分满分200分。2017年4月，国家发展改革委连维良副主任到苏州调研时，对苏州市在全国首推市民信用评价产品“桂花分”、首创公共信用信息服务大厅及城市信用监测排名连续数月全国第一等做法给予了高度评价。

（二）开设宽平台的信用服务大厅

本着“让数据多跑路，让市民少跑腿”的原则，在江苏省率先建成苏州市公共信用信息服务大厅，为企业提供信用信息产品和服务，并在各市、区开设信用服务分窗口，以“多点接件，统一审核”的服务方式，优化办事程序，简化办事环节，提高办事效率。大厅自2016年初开始办理业务以来，已累计出具企业信用查询报告3087份、信用审查报告328份，涉及企业23218家。

（三）提供专业化的金融征信产品

成立国资企业信用征信公司，为金融服务实体经济提供专业服务。征信系统上线后，直接服务苏州市域78家金融机构，有效解决了银企信息不对称问题。目前入库企业达到11万家，已提供信用查询14万次，累计为5300余户企业授信1602亿元。

（四）打造示范性的信用建设镇级试验点

与震泽镇政府签订共建“信用+丝绸小镇”的战略合作协议，建设苏州市信用体系建设中的首个镇级试验点。通过建立运用“大数据+信用”的镇域丝绸企业信用数据库，实现对企业的信用引导和资源优化，促进丝绸产业健康发展。

二、健全联合奖惩机制，推动社会主体诚实守信常态化

“褒扬诚信、惩戒失信”，落实奖惩机制。苏州市积极贯彻落实国务院《关于建立完善守信联合激励和失信联合惩戒制度加快推进社会诚信建设的指导意见》要求，在环境保护、金融税务、安全监管、住建、劳动用工等重点领域，联合开展绿色信贷示范应用、“政税银”信用合作应用、企业安全生产差别化授信、房地产行业失信联动惩戒、严重欠薪失信行为联动惩戒等跨部门联动项目等，在全市社会环境中营造诚实守信氛围。

（一）激励直通车——“政税银”信用合作

2015 年，由苏州市政府牵头，市地税局、人民银行苏州市中心支行联合开展的“政税银”信用合作，是国内首个由政府牵头，地税部门和人民银行合作建立的信用体系。“政税银”信用合作实现了三方信息共享，银行可以根据税务部门提供的企业纳税信用记录，对守信企业给予免于抵押、增加授信额度、下浮贷款利率、缩短审批时间等融资优惠；对失信企业则进行融资限制，降低金融风险。这一“以信换钱”措施，从侧面扶持鼓励了中小微企业的诚信纳税行为，推动着地方经济的发展，引导企业维护自身纳税信用，提高企业对税法的遵从度。

（二）直播抓“老赖”—— 苏州中院

2016 年，最高人民法院新闻局、江苏高院、苏州中院共同发起了全媒体 12 小时直播苏州法院抓“老赖”执行活动，对全市 60 多个执行案件强制执行并进行现场直播。中央电视台《新闻联播》栏目和《焦点访谈》栏目对苏州法院抓“老赖”活动进行了报道，充分肯定了苏州法院创新执行工作的成效。通过直播，搭建了法院、被执行人、媒体、网友等多方公开“对话”平台，让“老赖”受到社会舆论的谴责，无所遁形。

进一步完善“红黑名单”社会公示制度，推出诚实守信和违法失信典型，发挥正反典型宣传教育作用，营造出诚实守信的良好发展环境。通过各大网站、微信公众号定期公开发布各类“红名单”、失信“黑名单”、税收违法案件、侵权假冒处罚案件等 1.4 万余人次。

三、培育信用服务市场，推动社会信用体系建设市场化

市场化的信用服务是社会信用体系建设的重要内容。苏州市积极扶持信用服务产业和机构发展，自 2014 年起每年安排信用专项资金用于扶持社会信用项目的应用推广。截至目前，已累计安排超过 1000 万元，扶持信用应用项目 30 多个，充分发挥了信用服务机构在协同政府监管、创新

社会管理、服务民生需求方面的支撑和保障作用，在促进本地征信机构成长壮大的同时，也推动了苏州社会信用体系建设的整体进步。

苏州德融嘉信信用管理技术有限公司受园区中小企业服务中心委托，承担建设工业园区中小企业信用数据和服务平台的工作，搭建基于大数据的“互联网＋信用”的融资直通车平台，依据企业信用信息，筛选有债券融资需求的优质企业，准确推介、对接更有针对性的金融产品，为企业解决融资难题提供导向。该公司的信用卫士系统，为中小企业提供信用掌上服务，可快速诊断企业信用，目前已推出信用跟踪、信用预警等信用扩展服务。

苏州格尔斯信息技术有限公司以本地大学作为试点，针对近年来频繁出现的大学生拖欠助学贷款、消费水平与家庭经济情况不符等典型案例，与校方合作开发大学生征信应用平台，通过收集与大学生诚信相关的日常行为数据，形成个人诚信档案。平台将逐步对接社会征信体系，学生良好的信用记录将为其求职、租房、创业等各方面提供便利，从而提高大学生的诚信意识，引导大学生诚信生活。

江苏汇誉通数据科技有限公司联合多家苏州科技企业、中国科学院虚拟经济与数据科学研究中心和苏州大学组建的江苏省企业联合研发创新中心，是江苏省第一家以信用大数据为主题的研发创新机构。该机构围绕大数据技术在社会信用体系建设领域的应用等展开全面的研究，通过搭建大数据归集平台，研发适用于地方的信用评价指标体系与模型。

四、加强信用宣传教育，力促社会诚信文化全民化

借助多媒体及各种形式的活动，全方位开展舆论引导。苏州市组织开展“诚信宣传周”“互联网＋社会信用体系”高峰论坛、“苏州市民手册”进家入户、中小学生诚信知识竞赛、网络媒体集中采风等活动，结合文明城市创建、社会综合治理，推进诚信文化进学校、进机关、进企业、进

社区。

2015年，以“诚信宣传周”活动为抓手，在全市范围内开展形式多样的诚信宣传活动。组织开展“诚信守法先进企业”“诚信老字号”等评选工作，促进企业依法决策，诚实经营。在全市户外LED电子大屏幕和各大商场楼宇电视公布失信被执行人名单，增强宣传效果，营造强大的舆论压力。工业园区、吴中区分别组织召开社会信用体系建设专家论坛、“互联网＋社会信用体系”高峰论坛，邀请多位信用领域专家作主旨演讲，并对地方信用体系建设模式和未来趋势展开探讨。

2016年，苏州市作风办、文明办、信用办、便民服务中心在市政府联合举行《家在苏州·诚信——2016苏州市民手册》进家入户新闻发布会，通过苏州邮政向全市100万户家庭投递市民手册。另有1万册增加了诚信企业宣传和社会诚信服务内容的《现代苏州——市民手册企业专刊》，向全市诚信企业投递。同时开展线上“我为诚信代言”活动，倡导“讲诚实，守信用”，倡议每个市民和企业都能从自身做起，创造良好的社会信用。

2017年，苏州市文明办、教育局、信用办联合开展了“诚者天道，信以立人”苏州市中小学生诚信知识竞赛，鼓励中小学生学习诚信知识，增强诚实守信意识，坚持诚信做人，共同营造诚实守信社会新风尚。苏州市信用办会同市委宣传部举办了“创建诚信苏州　共筑美丽天堂”网络媒体集中采风活动，邀请新华社、人民网、央广网等20余家国内知名媒体走进江苏亨通光电股份有限公司等省级信用示范企业，进行集中采访报道，以加大社会信用体系建设在全社会的宣传力度，为苏州全力创建国家信用示范城市增光添彩。

第九章　宿迁市：持续推进信用建设，提高信用管理水平

一、加强第三方信用评价管理，拓展评价报告应用

（一）研究制定评价模型

针对工程建设招投标和政府采购活动信用评价，宿迁市先后制定实施2014年版、2016年版《宿迁市企业信用评价指导性标准和规范》（根据实施情况进行适当调整）。评价指标分为施工类、服务类、批发零售类、材料设备制造类四类，每一类均分两个方面，即客观信用信息披露与评估、履约能力评估，每一个方面均设定三个等级指标。通过38个三级指标，客观准确地评定被评对象的实际情况。2016年新拓展的四个领域，实施政府采购方式，由大公宿迁信用信息服务有限公司研究制定各领域的评价模式，充分将信用评价与行业监管有机结合。全市15家信用评价服务机构按照统一的评价模型开展评价活动。

（二）重视加强信用评价运行管理

在信用评价过程中，除企业提供的自身信息以及公共信用信息和金融信用信息查询记录外，宿迁市规定的必查网站达到12家，包括失信被执行人网、裁判文书网、信用中国网、政府采购严重违法失信行为网、省住建厅曝光台等，有效地把失信被执行人等严重失信者拒之于宿迁市招投标市场门外。同时，市信用办对每一份报告进行二次审核，确保质量过关。

每一份报告都要上网公示后方可使用，接受社会监督。

（三）加强信用服务机构管理

围绕加强信用服务市场管理、提高信用评价报告质量，宿迁市采取了三项措施：一是将所有信用服务机构基本情况及从业人员情况在“信用宿迁”网站上公布，既起到社会监督作用，又为需求者提供问询便利。二是研究出台有关政策，加强事中、事后监管，先后出台了《宿迁市信用服务机构管理暂行办法》《关于进一步加强信用服务机构监管的实施意见》《宿迁市信用服务机构监管办法》。三是建立《宿迁市市本级第三方信用评价报告月报》，对第三方信用评价机构报送的报告按月进行分析，及时发现问题，严格控制质量。

二、加快农村社会信用信息归集及应用，推进农村信用体系建设

（一）明确归集对象，落实归集平台

沭阳县重点归集农户、种养大户、乡镇企业的基础信息和行为信息。泗阳县依托现有公共信用信息平台，开发“农村信用信息系统”作为子系统；协调县公安局将农户户籍数据归入县公共信用信息平台，确保归集信息可关联、可应用；三庄乡已完成7100户农户信用信息采集工作，占全乡总农户数的80%。

（二）明确归集内容，开发信用评价模型

沭阳县和泗阳县归集事项30余项，既包含农户基础信息（农户的土地确权信息、劳动力信息、房屋信息、新农保信息、农业补贴信息、农作物保险参保信息、赔损信息、贫困户相关基础信息），也包含农户行为性信息（涉访涉诉、司法矫正、涉贷、受处罚、拖欠贷款以及水电费用、赡养、扶贫救助、受表彰、见义勇为、参军记录等信息）。泗阳县

会同人民银行、相关商业银行及第三方信用服务机构开发了涉及金融信贷、政府奖补、社会治理三个应用领域的“农户信用评价模型”，并将模型植入农村信用信息系统，实现农户信用状况自动评分，为信用信息应用提供支撑。

（三）明确奖惩事项，推进信用信息应用

泗阳县大力推进信用信息在金融信贷、政府奖补及农村基层社会治理等方面的应用，对诚实守信者给予“无担保、无抵押纯信用贷款”等政策激励；在项目安排、财政资金使用上，向诚实守信主体倾斜；在农村“五好家庭”等评优评先、农村产权交易、低保户动态管理、助学贷款发放、村组干部选拔等活动中，优先考虑信用好、无不良记录者；在精准扶贫方面，对贫困户中的“信用户”给予免费技能培训、创业扶持、电商优先入驻等政策便利。同时对失信主体采取提高贷款门槛、限制政府奖补、禁止参与评优等信用惩戒措施，以此来提升农户信用意识，改善农村信用环境，促进农村经济社会健康和谐发展。目前，两县正在依据归集数据开展信用农户、信用村、信用乡（镇）评定工作。

农村信用体系建设正在不断推进，两县数据归集不断完善，应用效果逐步凸显。沭阳县已完成40个乡镇的信息归集工作，入库相关信息179.34万条，并归集100余家“立信企业”信息；列入失信惩戒的企业85家，挽回农民工经济损失和取得经济效益共500多万元。泗阳县的信用信息应用仍在推进之中，预计将在2017年内产生应用成效。

三、打造消费者权益保护信用体系，营造良好的消费环境

（一）完善调解程序，促进消费和解

宿迁市消协在处理消费者投诉时，改变过去采用的电话、现场等通知方式，直接向被投诉的经营者下发《调查通知书》，通知经营者在规定时间内接受调查，同时告知经营者可以在此期间选择与消费者自行和解。若

经营者未按规定时间接受调查，即构成一般失信行为。经营者1年内发生2次以上无正当理由拒绝接受调查的，就构成较重失信行为。自《办法》施行以来，宿迁市消费者协会已下发30余份《调查通知书》，被投诉的经营者均对此极为重视，按时接受调查率、一次性和解率均首次达到100%。其中，调查开始前的自行和解率超过40%。这充分彰显了信用手段的威慑力，既节约了调解工作的资源成本，也有效化解了经营者与消费者之间的矛盾对立。

（二）开展消费调查，督促行业自律

宿迁市消协在开展消费调查、比较试验等工作时，充分运用信用惩戒手段，督促经营者自律整改。2016年10月和2017年5月，市消协针对消费者较为关注的足浴经营场所、宾馆客房的卫生情况，委托专业机构进行了检测。对刀具、毛巾、被单等客用物品细菌超标，已构成一般失信行为的7家足浴店和3家酒店，将其失信信息向市信用中心推送，同时对经营者进行信用提醒，开展诚信约谈，告知其积极采取措施整改，否则将上升为较重失信行为进行惩戒。两次诚信约谈在市区足浴和酒店行业中产生了强烈反响，相关经营者积极对照检测项目，逐项整改到位；同时，加强内部管理，改进卫生条件，切实保障消费者人身安全。

（三）紧扣典型案例，彰显信用威慑

信用手段的威慑力，最终要通过具体案例充分体现。2017年1月，宿迁市消协对引发社会高度关注的两起健身、餐饮行业预付卡逃逸经营者（个体工商户），首次组织专家评审，最终认定其为严重失信行为。市消协将相关信息推送至信用中心，在融资授信、贷款担保、政府采购、招标投标、工商登记等方面，对两名自然人实施多部门联合惩戒。该起典型案例经媒体报道传播，产生了广泛的社会影响，受到群众的高度关注，针对市区预付卡逃逸的投诉也下降了60%。2017年6月，针对市区商品房销售高峰期过后，市民投诉家庭装修费用大幅增长的情况，市消协选择了一起经

营者拒不履行合同义务、恶意注销营业执照的典型案例，支持消费者起诉，并将根据判决结果，对经营者进行失信惩戒。

四、将信用与城市管理相结合，维护城市秩序

（一）开发城市管理诚信平台

宿迁市城市管理诚信平台于2017年2月投入试运行，初步建立了社会法人、自然人基础信息库，及时归集行政处罚数据，通过匹配处罚案由、案由代码，实现系统自动认定社会法人、自然人失信名单。现录入城市管理各类基础信息数据共5500条，上传入库各类违法信息1200条。目前，该平台已在宿城城管分局项里大队辖区试点，建立了沿街店铺、机关单位、居民小区、菜市场、流动摊点等基础信息库，通过视频监控调查取证，对当事人违法行为进行一次警告，通过手机短信告知其自行整改，对不整改的当事人，采取简易程序进行非现场执法处罚；对于在一个年度周期内连续三次以上实施同一违法行为的自然人或法人，将自动认定为失信行为，及时推送至全市信用系统进行联合惩戒。

（二）加强信用宣传与引导

专门印制《城市管理领域诚信建设告知书》，安排城管人员向沿街店铺业主等当事人发放，目前已发放1万余份。在金鹰广场、市府广场以及沿街商铺等处开展宣传劝导，在市区各办公区域、审批中心等窗口张贴诚信建设宣传漫画，同时还依托“宿迁之声”“速新闻”、微信公众号、大型LED显示屏等平台，加大城市管理诚信宣传力度，提升诚信建设知晓率，努力提升市民群众守法诚信意识。

（三）建立信用积分管理系统

制定《沿街店铺创建文明诚信经营户积分管理办法》，按照标准将当事人违法行为进行相应记分（通过视频抓拍、管理人员拍照上传等方式对

沿街店铺存在的违反市容秩序管理规定的行为进行系统自动记分)。按月度、年度进行积分排名，根据沿街店铺全年积分情况，评选一定数量的文明经营户。对于被评为文明经营户的沿街店铺，采取公示、给予适当物质奖励、物业费打折、纳入守信记录、推荐参与上级“文明经营户”评选表彰等激励措施。

（四）强化信用承诺与诚信告知

在户外广告许可、城市建筑垃圾处置核准等行政审批事项中全面推行信用承诺制度，已经与当事人签订城市管理领域信用承诺书 6980 份，在宿迁城管网上开设“信用承诺公示”专栏，公示市场主体信用承诺书 240 余份。在行政执法过程中，每一起行政处罚案件，执法人员都必须向当事人送达《城市管理领域诚信建设告知书》，要求由当事人签收，随卷存档。

第十章　烟台市：力推诚信“红黑榜”，加快监管制度建设

烟台市作为全国首批沿海开放城市之一，在 30 多年的改革开放发展历程中，始终坚持以诚信作为开放型经济发展的奠基石。2016 年，全市实现 GDP6925.66 亿元，同比增长 8.1%，经济总量在全国大中城市中由第 20 位前移至第 19 位，全市规模以上工业主营业务收入 1.63 亿元，居全国城市第 8 位。烟台市拥有 42 家上市公司、43 只股票，在 2016 年中国城市资本竞争力排行榜上居第 19 位。信用建设在助力经济发展稳中有进、稳中提质的同时，促使市场发展活力更加强劲，城市竞争力显著提升，2016 年全市新注册登记各类市场主体 209421 个，同比增长 19.4%；城市美誉度不断提高，连续四次获得全国文明城市、六次获得全国社会治安综合治理优秀城市荣誉称号。

烟台市社会信用体系建设工作起步较早，在 2002 年就作出了“打造信用烟台，优化发展环境，建立健全社会信用体系”的安排部署，2003 年出台了《关于建设诚信烟台的工作意见》，2004 年搭建起涵盖 17 个部门单位的公共信用信息平台。近年来，全市按照山东省的要求和国家发展改革委历次专题会议精神，坚持以诚信“红黑榜”发布工作为突破口，将联合奖惩工作作为社会信用体系建设总抓手，扎实推进建章立制、平台升级、试点示范等重点工作，全市社会信用体系建设工作取得积极进展。

一、夯实诚信“红黑榜”政策制度基础

从2014年开始，烟台市把信用体系建设列入深化改革重要事项，将“信以致远，建设宜商宜居宜游的成功城市”作为“十三五”时期城市发展定位，先后出台了信用体系建设工作方案、五年规划、平台建设方案、运用大数据加强市场监管、建立联合奖惩机制、公共信用信息管理办法等14个纲领性文件。在全国信用大数据监测的21个领域中，烟台市除正在电子商务领域加快制度建设外，在金融、市场监管、税务等其他20个领域全部建立了信用制度规范，为依法依规推进信用建设奠定了坚实的基础。

针对诚信“红黑榜”发布工作，烟台市专门出台了《烟台市建立诚信“红黑榜”发布及联合奖惩制度工作方案》（烟信用办〔2016〕1号）和《关于建立完善守信联合激励和失信联合惩戒制度加快推进社会诚信建设的实施意见》（烟政办发〔2017〕10号），这两个文件规范了诚信“红黑榜”发布的工作规程，明确提出了以诚信“红黑榜”发布为重要抓手，加强信用信息公开和共享，依法依规运用信用激励和约束手段，构建政府、社会共同参与的跨地区、跨部门、跨领域的守信联合激励和失信联合惩戒机制，促进市场主体依法诚信经营，维护市场正常秩序，全面提高全社会诚信意识，打造“信用烟台”，增强城市综合竞争力的总体要求。

二、利用诚信“红黑榜”加强重点领域诚信监管

（一）加强食品药品诚信监管，全力争创“国家食品安全城市”

建立农产品质量安全监管追溯平台，不断完善农产品生产经营单位信用档案，实现农产品动态监管，建立完善食品药品生产经营单位评级分类、不合格产品批次公示曝光机制，建立食品生产经营单位信用档案5.4万份，药品生产经营单位信用档案3812份，评定为信用A级的企业占

65%。培育了张裕葡萄酒、鲁花花生油、龙大食品等一批食品加工知名品牌。

（二）加强产品服务质量诚信监管，全力打造“国家质量强市示范城”

依托山东省工业产品监督管理系统平台，建立企业信用档案 8000 余户，归集基本信用信息 50 万条，还建立了产品质量不合格批次实时曝光机制，鼓励企业积极参选省长质量奖、山东名牌产品和山东省服务名牌。截至目前，烟台市拥有省长质量奖 6 个，山东名牌产品 189 个，山东服务名牌 89 个，逐渐形成品牌聚集高地。

（三）加强旅游服务诚信监管，全力加快“国家全域旅游示范区”创建

构建了“四位一体”诚信旅游体系，创建了烟台政务旅游网、旅游质监执法网等诚信网站，市、县两级成立了旅游工作联席会议制度，旅游部门与公安、仲裁、城管、交通等 12 个政府职能部门建立联动协商机制，成立了“旅游纠纷仲裁中心”，推出“诚信旅游阳光产品”，将全市 291 家旅行社纳入监管，营造诚信旅游发展环境。

（四）加强建筑领域诚信监管，全力规范建筑市场运行

以建筑业为突破口，搭建烟台市建筑市场诚信体系监管平台，将全市 2600 余家建筑市场主体、4 万多名从业人员纳入诚信管理，实施 A 级、B 级、C 级、D 级四级信用等级监管。2016 年 142 家 A 级企业免交农民工工资保证金 3100 万元，对 14 家拖欠农民工工资的企业召开新闻发布会集中曝光，实施 1 年内禁止其参与政府招投标、不予备案投资项目等联合惩戒措施。建筑领域因拖欠农民工工资上访案件数和涉及人数同比分别下降 23.2% 和 28.5%。

（五）加强金融、税务领域诚信监管，全力助推实体经济快速发展

烟台市建立了 6.9 万户企业和 260 万人口的金融信用信息数据库，助

推银企共赢发展。2016年评定为纳税信用A级的纳税人6956户，占全市参加评定企业总数的18%，为全市贡献了74%的税收。实施信用联合激励，与20多家商业银行开展“银税互动”，先后为2500多家纳税信用A级中小微企业提供信贷支持39亿元，营造了诚信纳税的良好氛围。在农村大力推进普惠金融，建立农村信用信息数据库，缓解了“三农”发展中“融资难、融资贵”等问题。通过加强监管形成了良好的信用体系，保障了金融市场的稳定运行，缓解了企业融资困境，诚信监管工作有力地支持了实体经济发展。

三、扩大诚信“红黑榜”应用范围和宣传广度

率先在行政许可、公共资源交易、财政资金安排、评先选优、金融信贷、资质资格认定等领域使用信用信息和信用记录，将“七天双公示”制度纳入全市政务公开工作考核。开通“信用烟台”官网，打造具有地域特色的宣传门户，为市民提供信用信息一站式查询、公示窗口。在全市广泛开展“厚道儒商”“诚信兴商”“诚信企业”等诚信主题实践活动，诚信已融入经济发展中的各个环节，投资环境不断优化，发展活力持续增强。

截至目前，联席会议办公室联合烟台海关、国税、地税、工商、质监、法院等部门发布海关高级认证企业、A级纳税人、重大税收违法案件、国家级“守合同重信用”企业、省长质量奖等共8批次诚信“红黑榜”。同时，在全省率先实行由联席会议办公室和法院一起发布失信被执行人信息，通过网络、广播、报刊等市级权威媒体发布，实现了信息发布广覆盖。

今后，烟台市将以争创国家社会信用体系建设示范城市为目标，以先进城市为标杆，健全信用制度和标准体系，推进信用信息的广泛应用，巩固和完善守信激励和失信惩戒机制，努力提高全社会的诚信意识和信用水平。

第十一章　温州市：
创建信用监管模式，打造诚信文化品牌

一、创建“信用 + 金改”监管模式

以金融领域信用建设为突破口，创建监管模式，其中有三项举措经过了实践的检验，非常有效，目前已经在全国部分区域加以推广和复制。

一是在全国率先建成民间金融组织非现场监管系统，初步实现了对民间金融市场交易行为的非现场监测，为扩大监管覆盖面、提升监管针对性和有效性奠定了基础。

二是在全国率先推出“农民资产授托代管方式融资”业务，盘活农民闲置的、处于“沉睡”状态的资产，受惠农户达 3584 户，累计激活农村资产 10 亿余元，打通了农村金融服务“最后一公里”。

三是在浙江省率先推出企业授信总额联合管理机制，测算、核定各大银行对企业的授信总额及企业的对外担保总额，有效遏制了过度授信、多头授信导致的贷款超发、滥发等现象。在“信用 + 金改”模式的创新引领下，温州金融生态环境逐步改善，社会信用和银企信心不断回升。2015 年以来，温州全市新增企业债核准 180. 8 亿元，核准数量、核准规模均居浙江省首位；同时作为唯一的地级市被列为全国首批城市停车场专项债券试点创新城市。

二、构筑特色联合奖惩机制

(一) 结合温州实际，落实联合奖惩措施

温州市出台了《温州市企业信用联合奖惩办法》，对18个领域的联合激励对象和27个领域的联合惩戒对象落实行业主管部门及公共事业单位、群团组织、行业服务机构共23项联合激励措施和17项联合惩戒措施；开展“百佳诚信企业”等诚信典型企业评选活动，将纳税信用与信贷融资挂钩，优先为诚信企业提供金融支持。

(二) 在全省率先开展“构建诚信、惩戒失信”专项行动

温州市累计公开曝光“恶意转移资产”“逃废债”等失信案件2920例，打击逃废债类犯罪行为583起，对企图逃废债的单位和个人起到了有效的震慑作用，推动温州不良贷款率从最高时候的4.68%下降到2016年末的2.69%。

(三) 创新建立社会信用体系建设府院联席会议制度

实现司法审判领域失信信息与政府信用信息交换共享，推动建立跨领域、多部门参与的，对司法审判领域失信行为和失信主体实施联合惩戒的机制。2015年以来成功控制人员4162人，司法拘留2842人，将8万余条失信信息导入人民银行征信系统、最高法院失信被执行人名单库，促使10220名失信被执行人自动履行义务或达成和解协议。

三、构建具有全国影响力的诚信文化品牌

(一)“8·8诚信日”品牌效应凸显

2002年8月8日，温州市在全国率先设立以诚信为主题的区域性纪念日——“8·8诚信日”。连续15年，温州市坚持开展一系列形式多样、内容丰富、具有温州特色的诚信主题宣传教育活动，广泛发动群众参与温州

的信用建设，充分发挥新闻媒体的舆论导向作用，营造全社会诚实守信的浓厚氛围。

（二）打造“诚信一条街”文化品牌建设工程

连续两年开展“诚信一条街”活动，打造温州的五马街、人民路“诚信一条街”；举行争做“诚信商家”承诺书签订仪式，商家代表在仪式上做出诚信温商倡议；建立长效管理机制，营造诚实守信商业氛围。

第十二章　惠州市：创新探索出实招，率先应用显实效

惠州市以创建国家社会信用体系建设示范市和广东省的社会信用体系建设试点市为契机，按照“规定动作出经验，自选动作创特色”的原则，遵循“以用促建，联合共建”的理念，在创建“党委统筹部署、政府强势主导、部门紧密配合、县区主动发力、社会积极参与”的社会信用体系建设推进体制机制的基础上，突出创新主线，强化应用主导，彰显惠民主题，推动信用手段的多领域、多渠道实践应用，促进信用理念和措施的“落地”，打通应用的“最后一公里”。目前，已取得初步成效，并受到了各界的充分肯定和广泛关注。

在2012—2015年广东省“两建”考核中，惠州市社会信用体系建设连续四年位居第一，并于2016年5月获评“粤治—治理现代化”2015—2016年优秀案例。在2017年5月20日北京大学中国信用研究中心主办的2017中国信用4·16高峰论坛上发布的《“中国城市信用体系建设评价研究”报告》（蓝皮书）中，惠州市以90分的佳绩在全国被评价研究的城市中并列第三，是广东省唯一进入前三名的城市。惠州市同时荣登“中国信用共建2016年度推荐榜”，与国家工商总局企业监督管理局等11个单位同时获得2016年“信用创新单位”荣誉称号。《人民日报》《光明日报》、新华社、《人民政协报》《中国改革报》等国内主流媒体和广东省信用办多次推介惠州建设应用经验；国内、广东省内近100家单位前往惠州交流经验和做法。

一、创新建立“互联网+信用”的中介超市

2014年，惠州市按照“网络为主，实体为辅”的建设思路，以运用信用手段解决“红顶中介”“中介不中”为目标，在全国范围内率先建立市县一体，实体平台与虚拟空间融合，“宽进”与“严管”有机统一的“互联网+信用”中介超市。

“互联网+信用”中介超市综合运用信用准入和信用监管制度，促使中介机构公平入驻，高效服务、有序竞争。截至2016年12月底，中介超市累计收到全国各地中介机构入驻申请2849宗，其中1400家中介机构成功入驻；中介机构数量较中介超市成立前增长近5倍，涵盖资质专业达到了1598类，其中甲级专业达到了1554类。已成交业务突破10000宗，成交金额达2.7亿元，财政资金节支率达到30%以上。特别是以信用为主要标尺，组合运用“奖、限、停、退”等措施，1031家中介机构享受“绿色通道”优待，443家中介机构因未提供合格的信用报告被要求补正材料，53家中介机构因不良信用记录被挡在门外，发出“信用警告”323次，撤销中选资格近200次，暂停60家企业1~3个月不等的服务资格，近10家中介机构被拉入“黑名单”并清退，达到了“数量增加、质量提升、范围拓宽”的中介机构治理效果，有效解决了“红顶中介”“中介不中”等“顽疾”。

惠州市创新建立中介超市，引起了各界的广泛关注，《人民日报》、新华社、《南方日报》等国内主流媒体多次刊登惠州的建设经验和成效，其2015年还获评“粤治—治理现代化”2014—2015年优秀案例。中央编办、广东省人大依法治省办、广东省纪委，以及湖北省、山西省、山东省等地近100个国家单位和省市单位到惠州市进行了现场考察学习。云南省政府、四川雅安市、福建龙岩市、山东威海市、广东中山市和清远市等近10个省市复制推广惠州经验。其中，云南省在全省范围内复制建成了投资审

批中介超市。

二、创新建立“二维码+信用”的粮油溯源系统

为了加强粮油质量的全程溯源监管，推动信用惠民，惠州市在广东省率先建立粮油二维码溯源系统。通过二维码将粮油食品在生产加工、物流配送、质量检测等各环节中的信息传递给消费者、监管者，运用信用评价方法，全程实行信用监管，让广大群众吃上“信用粮油”。粮油企业一旦失信，其处罚记录不仅会被纳入市公共信用信息管理系统记录，还将被清除出二维码系统。目前，全市共有44家粮油企业的136个产品进驻粮油二维码溯源系统，全市院校食堂使用粮油溯源产品的比例达到80%以上，为广大群众的“舌尖上的安全”筑起一道坚固的“信用防火墙”。

粮油二维码溯源系统从2014年2月投入使用以来，获得了政府和社会的广泛持续好评。2015年3月在广东省粮协三届二次会员代表大会上专题推广惠州的建设经验，河南省信阳市，云南省玉溪市，广东省东莞市、中山市、湛江市、江门市和广州粮食局及粮食系统代表分别到惠州市调研和学习交流，国家粮食局任正晓局长对此也表示了充分肯定，《日民日报》等媒体对相关建设经验和成效进行了报道。

三、创新建立“财政资金+信用”的应用模式

为了抓住政府部门使用信用信息的“牛鼻子”，惠州市创新建立“财政资金+信用”的应用模式，通过财政资金的杠杆作用，调动各部门使用信用信息的积极性和主动性，大力推动各部门应用信用信息。惠州市财政部门制定了专项扶持资金中使用信用信息的激励及惩戒措施，共梳理出涉及10个部门的21项适合使用信用报告的专项扶持资金，实行不良信用记录“一票否决”制，每年涉及的资金总额达1.24亿元。通过实行“一票否决”制，带动信用报告率先在现代产业100强引导资金申报、现代服务

业发展引导资金申请、全民创业资金申请、中小企业扶持资金申请、知识产权专项资金申请等各类财政性资金扶助中进行了应用。目前，政府管理事项中累计使用信用报告或信用记录达 5000 份以上，信用报告或信用记录已经成为市场主体获得政府部门认可的“通行证”，达到了“四两拨千斤”的效果。

四、创新建立“区域对接 + 信用”的横向合作路径

为加强联合奖惩，惠州市结合实际积极推进区域信用合作，通过制度和系统等路径加强与省内各地市的信用信息交流共享，实现更大区域范围内的信用深度合作。

一是制度对接。2013 年以来，惠州市先后与广东省内各市进行了信用建设经验的全方位交流，还与梅州市、河源市等地签订了信用建设合作协议。2015 年，惠州市牵头组织召开了深莞惠与河源市、汕尾市的“3 + 2”区域信用合作第一次联席会议，签署了《“3 + 2”区域信用合作备忘录》，发布了《“3 + 2”区域信用合作宣言》，与深圳市、东莞市、汕尾市、河源市签订了《深圳市　东莞市　惠州市　汕尾市　河源市区域社会信用体系建设合作框架协议》，建立起常态化的交流机制。截至目前，第二次联席会议已在深圳市顺利召开，第三次联席会议即将在东莞市召开。

二是系统对接。在向“信用中国”“信用广东”推送信息的基础上，与深圳、东莞两市实现地税等 38 个部门 97 项信用信息的互查互通。利用“信用惠州网”建立惠州市反走私诚信体系建设信息共享平台。通过数据交换，与深圳海关实现数据共享，进一步加大了对违法（失信）企业的动态监管和惩戒力度。

五、创新建立“税银 + 信用”的融资平台

依托惠州市公共信用信息管理系统，通过建立定期信息交换制度，加强

对小微企业信用信息的记录和整合，搭建多渠道、多形式的“政银担企”融资推荐对接平台，应用纳税信用结果，降低金融机构的营销和管理成本，为纳税信用良好的企业构建有效控制和分散风险的“税银保”合作模式。

2015 年搭建“互联网 + 税收 + 金融—微众税银服务平台”，税务部门可通过该平台实现与签约银行信息的交互对接，利用纳税信用信息，为企业提供信用贷款的在线申请、在线授权、在线评估及在线授信等服务项目，信用贷款最高授信额度为 30 万元。诚信纳税企业可凭良好纳税信用记录办理无抵押、无审批信用贷款，并可直接登录微众税银服务平台获得签约银行提供的贷款。

实现区域内小微企业纳税信用评价信息共享，降低银行信贷风险，为小微企业融资提供新通道。惠州市通过“税银互动”，为 254 户纳税人提供了 34226. 9 万元的贷款。

六、创新建立“志愿者 + 信用”的服务机构

为搭建政府与社会的联系互动纽带，提高社会力量参与信用建设的积极性，惠州市于 2015 年率先成立了首支以“诚信”为主题的志愿者服务队伍——惠州市企业诚信志愿者服务总队，至今已发展和壮大到 17 个分队，共有 300 多名志愿者。

在全市范围内先后开展了 20 多场以“诚信宣传”为主题的大型志愿活动。在此基础上，于 2016 年 9 月成立了全国首个以诚实守信好人名字命名的社区志愿服务站——惠州好人志愿服务站（胡美香站）。惠州好人志愿服务站（胡美香站）以诚信为主题，以惠州市企业诚信建设志愿服务总队为服务主体，立足诚信建设，发挥志愿者自身特长，广泛开展社会信用体系建设知识宣传解读，提供多维度、多样化的服务咨询，涵盖假冒伪劣商品鉴别、工商注册代理、市民服务卡代办、手机临时充电、特殊人群帮扶、报刊阅读、路线指引、雨伞借用、天气预报、安全提醒等便民服务。

目前，该服务站已开展近 10 场便民活动，服务周边市民超过 500 人次，为营造良好的社会信用氛围起到了明显的作用，引起了社会的广泛关注，新华社、《南方日报》《惠州日报》等媒体对此进行了宣传报道。

第十三章　黄石市：深化信用体系建设，打造高效惩戒模式

一、持续推进“精准扶贫+信用创建”，夯实农村信用体系建设基础

黄石市以精准扶贫为突破口，通过做强信用创建细胞、做大信用建设网络、做实信用评价机制，持续推进“精准扶贫+信用创建”，不断夯实农村信用体系建设基础。

一是做强信用创建细胞。建立健全“信用（担保）贷款+创业培训+信用创建”工作联动机制，建立统一的“新型农业经营主体信用信息数据库”，累计为2215户经营主体建立了电子信用档案，对2109户农户完成信用评级，基本实现了经营主体信息查询、信用评价和信息共享。

二是做大信用建设网络。大力推进农村地区“两站”建设，以“两站”为信用建设主阵地。目前，全市153个贫困村全部完成建档立卡工作，建设金融精准扶贫站79个、村级惠农金融服务站1902个。

三是做实信用评价机制。组织开展建档立卡贫困户“六看、五老”信用评价工作，对符合条件的贫困户予以授信，鼓励银行在同等条件下，对“信用村”“信用乡镇”的贫困户提高授信额度。目前，已对1694户完成信用评价，对1156户信用户进行授信，授信总金额达8510.6万元。

二、建立失信行为联合惩戒系统，提高信用查询和惩戒效率

为贯彻落实国务院《关于建立完善守信联合激励和失信联合惩戒制度加快推进社会诚信建设的指导意见》，确保国家部委一系列联合奖惩备忘录落地生效，黄石市基于市公共信用信息平台建立了失信行为联合惩戒系统，将备忘录中的惩戒清单和责任清单嵌入信用信息查询操作程序，可自动获取严重失信法人信息，根据各自职责落实或协助落实责任清单的联合惩戒措施，并实时反映联合惩戒开展情况，实现了“黑名单”信息一处发布、全网共享、一经查询、随即联惩。

截至目前，全市 8250 家被列入异常经营名录的企业，在银行开户、招投标、连锁加盟等方面受到各方限制；24 家失信企业参与“守合同重信用”“文明诚信示范企业”等创建活动受到限制；在登记注册环节对 378 人次“老赖”在担任企业法定代表人、董事、监事等方面进行任职限制；对受到行政处罚的 31 家快递网点创建资格予以否定；13 家企业法人在工商联换届选举中受限，5 家企业被金融机构降低融资授信。

三、推进“信用 + 政务服务”，大力提升政府公信力

黄石市通过转变政府职能，促进政务诚信建设，进一步释放改革红利。2015 年以来，该市相继建立行政审批事项清单、权力清单和责任清单、涉企服务收费清单和中介服务事项清单“五张单子”，依法管好“看得见的手”，用好“看不见的手”，挡住“寻租的黑手”。与清理前相比，市级行政审批事项减少了 125 项，减少比例达 35.4%；取消、暂停了 16 个部门的 55 项行政事业性收费，其中涉企收费 32 项。此外，黄石市还创新性地建立了“3 + X”联审协调服务模式。

实行会商会办、并联审批服务。2016 年以来，共为 58 家企业的重点项目提供了重点帮扶，累计召开项目建设联审协调会议 25 次，组织审批

部门现场踏勘46次，帮助企业协调行政审批事项142个。依法依规减轻企业负担，办理优惠证21个，落实减免金额共计50余万元。最大限度地简化投资审批流程，全力打造全市政务服务“一张网”。

成立大数据管理局、大数据运营公司等专门机构，“智慧政务”平台已于2017年3月正式上线运行，市、县两级基本联通，实现网上申请、网上预约、网上咨询、网上审核、办件查询、网上投诉、意见征集等在线服务功能，有效提升了政务服务效能。真正做到“让数据多跑路，让群众少跑腿”。

第十四章　淮北市：构筑小微企业诚信体系，培育诚信文化

一、构筑信用高地，助推实体经济

安徽省淮北市委、市政府以淮北市成功入选第二批创建国家社会信用体系建设示范城市为契机，积极构建以“信息共享、信用评价、信用培植、信用激励”为主的企业信用体系建设框架，营造了良好的小微企业信用环境，为实体经济健康发展打造了“资金洼地”。2015 年以来，小微企业贷款余额逐年增长，占各项贷款比重逐年增加。

（一）搭建小微企业信用信息服务平台，破解信息不对称难题

淮北市综合运用大数据加工分析，建成基于“数据库 + 网络”的小微企业信用信息服务平台，采集工商、税务、商务等部分市直部门涉企信息，以及银行、小额贷款公司、担保公司、典当行等金融机构的信贷信息、企业生产经营信息等，共计 29 大类信用信息，初步打破了一个个互不相连的信息孤岛。市域内的全部金融机构均可以在平台内免费查询访问，不受时间限制。目前，服务平台已采集 2 万多家小微企业信息，覆盖率达到 95%，累计信息量达 9 万余条；平台信息已融入金融机构对企业的信贷调查、审查、发放与管控的各个环节。下一步，将结合新型智慧城市建设，加快小微企业信用信息服务平台与淮北市信用信息系统的数据交换，实现对上接入国家和省信用平台、对下贯通一县三区、横向连接 50

多个市直部门的立体化信息互联互通互换，进一步破解政银企信息不对称的难题。

（二）构建联合奖惩机制，破解信用缺失难题

淮北市依托小微企业信用信息服务平台，加大对信用等级较高的小微企业的政策扶持和融资培育力度，增加小微企业获得信贷支持的机会，逐步构建起褒扬和激励诚信行为机制与约束和惩戒失信行为机制。20家市直部门联合签订《淮北市构建诚信奖惩失信合作备忘录》，完成了A级纳税人联合激励及工商失信企业联合惩戒合作备忘录的信用信息归集。

淮北市探索将信用报告嵌入行政管理和公共服务的各领域、各环节的有效路径，在资金扶持、税收优惠政策落实、政府采购及招投标、投资项目审批等方面将企业信用作为重要参考依据，为信用状况良好的企业优先提供公共服务便利和融资优惠服务，限制已纳入“黑名单”的企业在融资信贷、政府采购、招标投标等方面的活动。积极争取查询国家和省信息平台中归集信用记录权限，在农产品配额申请，以及申报省级守合同重信用单位和省级示范家庭农场、劳动保障监察等领域应用信用信息，引导市场主体重视自身信用建设。

（三）创新金融业务模式，破解信用增进难题

淮北市积极创新金融业务模式，探索推进企业信用模式创建，加大对讲诚信重信用企业的支持力度。创新新型“政银担”合作模式，把政府、银行、担保机构和企业通过风险分担机制连在了一起，突破了单一风险防控的困局，有效提高了小微企业的融资能力。目前，已累计为企业提供担保28.8亿元。创新“税融通”业务，将纳税人的依法诚信纳税、纳税信誉等级等情况与其融资发展有机结合起来，累计发放贷款3.33亿元。开展道德模范信贷守信工程，推出“道德贷”和“善易贷”，对市级以上的道德模范在银行贷款和授信额度等方面给予倾斜。目前，已授信147户，授信金额为1673万元，为82户发放贷款1089万元。2016年，淮北市作

为创建社会信用体系建设示范城市，直接向国家发展改革委申报发行中小企业集合债15亿元，已向企业转贷9.2亿元，有力地支持了实体经济的发展。

二、厚植诚信文化，绽放诚信之花

安徽省淮北市委、市政府坚持以培育诚信文化为根本，大力推进信用淮北建设。特别是2014年以来，依托创建全国文明城市的契机，创新宣传方式，丰富宣传载体，使诚实守信变为市民的一种行为准则和一种生活方式，为城市转型发展打造了良好的软环境。

（一）注重媒体宣传，传播诚信文化

淮北市将传统方式与现代手段相结合，使用各类媒体力量广泛传播诚信文化，开展常态化宣传。通过悬挂条幅、发放倡议书和资料、摆放宣传展板、电子屏幕循环播放等方式，让群众随处可见信用体系建设的宣传标语。建成以“一网三库一平台”为核心、基于跨部门数据的淮北市信用信息系统，开通“信用淮北”官网、“信用淮北”微信公众号，及时发布更新与信用建设相关的政策法规、“红黑名单”、典型案例、信用动态等，并把信用建设的阶段成果向社会公众公开展示，真正把诚信文化带到群众身边。

（二）加强教育引导，提升诚信意识

淮北市坚持把诚信教育纳入国民教育体系，开展信用进机关、进社区、进家庭、进学校、进企业、进农村的“六进”活动，印制各类诚信教育资料，在各级各类机关和街头开展形式多样的信用宣传教育活动。以“建诚信机关、创诚信校园、塑诚信教师、育诚信学生”为目标，创新开展丰富多彩的诚信教育进机关、进校园、进课堂、进社区、进家庭宣传教育社会实践活动，进一步强化机关、学校、教师、学生、家长五个层级的诚信教育，着力倡导诚实守信的良好风尚。另外，淮北市还开展了信用课

程走进大学生课堂活动，支持人民银行与淮北师范大学联合开设“现代征信学”课程，努力以教育诚信促进社会诚信。下一步，淮北市还会将诚信建设纳入公务员培训和干部进修课程，举办“诚信”社会大讲堂，开办社会信用体系建设工作者培训班，进一步加强公务员诚信、守法和道德教育。

（三）开展主题活动，倒逼诚信建设

淮北市结合“3·15 国际消费者权益日”“6·14 信用记录关爱日”、质量月等系列主题活动，开展“守合同重信用”企业、文明守法诚信经营示范单位、信用乡镇和信用村评定，深化“百城万店无假货”“诚信经营示范店”等活动，组织“诚信餐饮企业”“诚信经营户”等系列诚信建设先进单位和先进个人评选，挖掘各行业中的诚信人物、诚信集体、诚信典型案例，促进行业诚信建设。成立“诚信宣传志愿服务队”，不定期开展“诚信进社区”的主题活动，与社区居民面对面讲解淮北市信用建设的历程、开展了哪些工作、取得了哪些进展，如何查询自身信用、如何查询企业信用等知识，让群众树立“诚信是金”“守信光荣”的理念，使诚信成为市民的行为准则和生活方式。

（四）挖掘文明内涵，营造诚信氛围

充分挖掘优秀淮北历史文化资源，依托二十四孝之一蔡顺“拾葚供母”故事发生地的人文基础、独轮车支援淮海战役的红色基因、建市 57 年来形成的“燃烧自己、温暖他人”的煤城品格等优势，弘扬诚实守信的传统文化。特别是 22 年来，淮北市持之以恒地争创全国文明城市，积极践行社会主义核心价值观，营造诚实守信的社会氛围。截至目前，全市共涌现出 1.3 万名各级各类身边好人，133 位市民入选中国好人榜，每 10 万人中就有 5.9 名入选，居全国首位。淮北市作为全国唯一地级市代表在第十二届中国公民道德论坛上交流发言，形成了“中国好人安徽多、安徽好人淮北多”的好人文化现象。

第十五章　荣成市：完善信用体系，力促监管无死角

一、创新信用建设组织体制

荣成市成立了市委书记、市长“双挂帅”的社会信用体系建设领导小组，于2015年提出建设“信用城市”目标，市委常委会、政府常委会召开30多次会议研究部署信用建设工作，定期研究调度情况，并加强考核通报工作。成立了国内首个由市委直接管理、单独设置的市社会信用管理办公室，编制10人；市直各部门明确分管领导、指定专职或兼职信用管理员，乡镇、街道设立基层信用办，村居成立信用议事会，分级做好信用管理工作，真正实现了有人管、有人抓、有人干。

为围绕确保制度建设的规范性，采取向全社会广泛征求意见、市常委会研究讨论、人大常委会决议等形式，出台了《荣成市自然人信用管理办法》《荣成市社会法人信用管理办法》《荣成市村居组织信用管理试行办法》《荣成市区镇市直部门信用管理试行办法》《荣成市关于在党政管理等领域实施信用管理的实施办法》等35件市级规范性文件，各部门制订信用管理文件共270多件，为社会信用体系建设提供了制度保障。

二、创新政务信用评价机制，提供政务信用产品

当前，社会信用体系建设推进缓慢的一个重要原因是，散布在党政部

门的公共信用信息收集不起来，更遑论形成标准化信用产品。荣成市通过投资建设统一的国内最为全面的社会信用管理系统，将分散在各党政部门、各环节的公共信用信息收集起来，形成了自然人、社会法人、党政机关、村居组织四个基础信用信息数据库，是国内首个设立村居组织数据库的县市。

一些地方社会信用体系建设成效不理想，主要原因是平台建而不用、成为摆设，信息征而未果、失去作用，从而导致社会不认可、群众不敬畏。因此，荣成市结合区域实际，依托四个基础信息数据库，创新实施了“政务信用评级”，由市里统一对全市所有社会成员，包括自然人、社会法人、党政机关、村居组织进行评级。推出具有公共服务性质的信用产品，从普通群众到机关干部、从企事业单位到社会团体，从本地居民到外来人口，每个社会成员都拥有了自己的“政务信用分”和“政务信用等级”。出具的信用报告在全市范围内有效，实现了政务信息向信用产品的质的飞跃，为整个社会信用体系建设奠定了坚实基础。

在具体操作上，实行千分制考核和动态化管理，设定了1000分的基础分值，细化确定了150多项加分项、570多项扣分项。比如，为自然人设定了商务信用、遵纪守法、荣誉奖励等方面的190多项扣分项、51项加分项；为社会法人设定了生产经营、商务合作、信贷纳税等方面的130项扣分项、24项加分项等。根据信用对象的不同行为进行加减分，按照赋分标准划分AAA级、AA级、A级、B级、C级、D级六个等级（分别代表诚信模范、诚信优秀、诚信、较诚信、诚信警示和不诚信），对86种严重失信行为实行直接降级惩戒措施。

为了让信用评价的成效立竿见影，荣成市委、市政府坚持以政务诚信引领社会守信，带头使用信用产品，凡是市里出台的政策性文件，全部标明适用的诚信等级。已出台的《在党员干部和“两代表一委员”管理中强化信用结果运用的意见》，将信用信息应用与干部选拔、评选表彰、发展党员、“两代表一委员”推荐等挂钩，信用等级达不到A级的实行“一票否决”；B级及以下的，不予提名农村党组织成员候选人。凡是岗位招考、评定职称、政府资金补助等社会管理活动，都必须进行信用审查，信用等级为C级、D级的个人，取消相应资格。目前，已出具信用报告1.6万份，提供公务查询8万人次，有超过1600人（企业）因失信被取消发展党员、职称评定、提拔重用、评先选优、项目申报、工程招投标等资格，35人在村“两委”换届时被取消提名资格，26人被取消“两代表一委员”推荐资格。

荣成市在减免费用、降低门槛、优先办理、简化程序、免交押金等领域，积极探索信用结果社会化应用，实行信用等级差别化待遇，引导社会崇尚“信用有价”，先后推出了“个人信用贷”以及“信用骑”“信用阅”“信用医”“绿色通道”“信用购”等守信激励产品。例如，荣成农商行推出的“个人信用贷”，对信用等级在AA级以上的个人放宽授信额度和还款期限，并给予30%的利率优惠；有407位市民已申请成功，授信金额达1.5亿元。在城区公共自行车使用方面，信用等级在AA级以上的市民，可免交150元保证金，且免费骑行时间更长，而B级、C级以及列入“黑名单”的市民，则须负担更高的借用费。荣成市在商务领域推行“信用消费”，不同信用等级的人在购物消费时可以享受不同的优惠待遇，“信用可以当钱花”在荣成市已成为现实。如今在荣成，信用已经成为体现价值的载体，广大市民切实感受到了信用带来的实惠，“信用有价”的导向在全社会逐渐形成。

三、创新开展农村信用体系建设，打通信用建设“最后一公里”

尽管荣成市的信用建设做到了信用对象全覆盖，但由于农村分布广泛且分散，所以市级信用建设对农村不尽孝道、不尽义务、家庭不和谐等违反“四德”的行为“鞭长莫及”。为此，荣成市把信用建设作为加强基层社会管理的创新手段和重要举措，将政务信用体系建设的成功做法延伸到农村，使其覆盖到最基层，打通信用建设“最后一公里”。

2015 年 1 月，荣成市制定了《关于深化社会信用体系建设的实施方案》，在全市 943 个村居实施了农村信用体系建设专项工程，在村居组织、农村干部、农村居民中推行“信用监管”社会治理新模式，为全市 27 万户居民建立起信用档案，记录家庭不和谐，邻里不和睦，不孝敬老人等失信行为，采取“信用记录”这一最有效的记录方法，让每位村民的社会活动留下可追溯、可参考的记录，评价结果与评选诚信示范户、发放福利待遇挂钩，用道德和法治的力量来约束社会成员的行为，有效地化解了社会矛盾、解决了社会问题、改善了社会风气，创新探索出了一条符合农村信用建设的新路子，形成了可复制、可推广的经验做法。荣成市也是全国首家开展农村信用建设工程的县市。

四、搭建系统化的信用管理平台，建立全覆盖的信用管理体系

荣成市坚持先行先试，召开了 14 次专家论证会、研讨会进行规划设计，建设了覆盖全市各层面的信用管理平台。

（一）信用体系覆盖所有行业领域

搭建了以“四库”为载体的信用管理体系，以身份证号码为基础，建立自然人数据库；以统一信用代码为基础，建立社会法人数据库；以组织机构代码为基础，建立党政机关数据库；以行政区划代码为基础，建立村居组织数据库，是国内首个将村居组织纳入信用管理的城市。在此基础上，建设了公共信用网，将四个基础信息数据库与所有部门单位联网，实现了数据的互通共享。

（二）信用对象覆盖所有社会组织成员

依托“四库”，将全市 60.1 万本地居民、14.3 万外来人口、3.5 万个体工商户、1.2 万家企业、140 个部门单位、900 多个村居全部纳入信用管理系

统，每个社会组织及其成员，都有了自己的“信用档案”和“诚信名片”。

（三）信用内容覆盖所有经济社会活动

编制了《社会信用信息征集目录》，对自然人征集遵纪守法、荣誉奖励等240多项内容，对社会法人征集生产经营、商务合作、信贷纳税等150多项内容，对党政机关征集工作落实、政务服务、队伍管理等190多项内容，对村居组织征集班子建设、环境管护、精神文明等80多项内容。目前，共征集基础信息800余万条，信用信息66万条，这些信息既涉及违法违规行为，也包括不文明、不道德行为。

五、推行“信用+工作”管理模式，建立全域化信用监管体系

先后出台了《荣成市关于在党政管理等领域实施信用管理的实施办法》《关于在全市推行信用管理模式的实施意见》，大力推行“信用+工作”管理模式（具体包括“信用+党政机关”“信用+事业单位”“信用+村居组织”“信用+重点领域”“信用+机关干部”“信用+重点人群”“信用+村居居民”“信用+企业”“信用+联合奖惩”等管理模式），将信用嵌入党政管理、社会管理、基层治理等各个领域，让守信者得激励，让失信者受惩戒。

（一）政府信用引领社会诚信

为增强信用体系建设的严肃性和影响力，荣成市出台了《荣成市区镇部门征信管理试行办法》《荣成市村居组织征信管理试行办法》，建立了干部职工岗位评价体系，将党政机关、村居组织、机关事业单位工作人员纳入信用管理范围，以政务诚信示范引领全社会的诚信建设，是国内首个将村居组织纳入征信管理范围的县市。

（二）行业信用带动信用社会化

在社会组织、房地产、出租客运、食品药品、环境保护等42个领域

和律师、会计从业人员、导游等 20 类重点人群中开展信用建设，分门别类建立科学、规范的信用评价机制，形成“以信用促监管、以监管筑信用”的新型管理模式。其中，将学生纳入诚信教育和诚信评价考核体系在国内尚属首次，出租车管理等行业的征信实践在全国具有示范效应，形成了可推广、可复制的经验。

（三）创新实施基层信用建设

荣成市结合县域特点，坚持信用建设一体谋划、统筹推进、信用管理下沉，全面推行农村信用体系建设专项工程，把农村干部、农村居民、休闲农业、渔家乐、海产品生产加工企业等农村社会成员作为信用管理对象，发挥镇街管理和村民自治的优势，把过去一些法律法规管不了的不文明、不道德行为，用信用建设管起来，探索出了一条符合农村信用建设的新路子，形成了可复制、可推广的经验。

（四）部门联动实施信用监管

推行“跨行业信息共享、信用联管”模式，在失信被执行人、食品药品、环境保护等 20 个领域签订联合惩戒备忘录，要求发起部门及时将严重失信信息提供给关联部门参考使用，按备忘录约定进行联合惩戒。例如，荣成市某企业因拖欠税款，被税务部门处罚，信用等级降为 B 级，在年终诚信企业评选中被取消了资格；银行在办理续贷时，通过查询该企业信用报告发现该企业具有违规问题，为防控风险，银行要求追加抵押物后才能续贷，且利息需上浮 20%。目前，相关部门已提报共享失信信息 876 条，对 130 多家失信市场主体实施了联合惩戒。同时，建立了主要负责人参加的信用“红黑名单”发布制度，每月发布一次“红黑名单”和严重失信案例，达到了“一处守信、处处受益，一处失信、处处受制”的效果。

六、建立完善的教育信用管理体系，创新建立学生诚信建设体系

（一）推行教职工信用管理

已出台的《教育系统教职工信用分级分类管理办法》，将教师的日常教学行为，师德表现及社会、家庭道德等方面的表现列入信用管理范畴，学生学业成绩优异或者获得其他表彰的，可获得诚信加分；做出严重违纪或者失信行为的，就会在信用管理中失分。在开展评优评级、职称评定、发展党员、年度考核等工作中均将诚信等级达到要求作为基本条件。教育系统中共有22人因诚信等级达不到A级，被取消了各项荣誉的参评资格。通过评价结果的广泛使用，力求真正使守信者得到激励，失信者受到教育，使讲诚信、守信用成为全市教职工的共同追求。

（二）建立学生诚信建设体系

全市46所中小学校制定出台符合学生特点的《荣成市中小学生信用分级分类管理办法》，将学生信用等级分为优秀、良好、帮扶对象、重点帮扶对象四个级别，对信用等级为帮扶对象级及以下级别的学生，由教师和学生结成帮扶关系，对其失信行为进行针对性教育，直至其改正为止。同时与家长联系，由家长督促其停止失信行为并整改，并且不能参加年终学校及上级的各种评优活动，不能接受贫困生救助金中所涉及的各种补助等。

学校将本校征信体系与教育系统征信建设平台对接，将学生的守信失信信息提报到教育局基础教育科，记入学生档案。在保证信用记录公正性方面，如果当事学生对失信行为认定有异议，可以提交异议申请，学校将进行复议。有了信用记录之后，同学们格外注意自己的行为，自觉讲诚信、讲文明，为自己的未来加分，对于培养全面发展的学生具有极其重要的实践意义。

（三）加强民办考核机构信用管理

荣成市教育局修订完善民办教育机构信用分级分类管理办法及配套文件，完善民办教育机构信用档案，在民办教育学校年检及星级民办培训学校评选过程中使用征信记录，逐步将信用记录作为监管、考核的重要依据。

第十六章　义乌市：开展归集与评价工作，打造“信用义乌”

义乌市是国家首批社会信用体系建设示范创建城市之一，该市紧紧围绕信用“归集、评价、应用”三大环节，积极打造“信用义乌”，让义乌“人人都有信用分”，让信用成为这座城市的通行证。义乌市将社会信用体系作为推动“最多跑一次”的重要支撑性平台，着力构建以信用为核心的新型市场监管机制和政府治理体系，这一做法得到了中宣部、国家发展改革委相关领导的肯定。2016 年 5 月，全国“建设核心价值，构建诚信社会”现场会在义乌市召开；2017 年 3 月，义乌市作为唯一县级市代表在全国信用工作会上做典型发言。

一、统一打造信用共享平台

成立信用办、信用中心和商城征信公司，建成全市统一的信用信息共享平台，基于“行为即信用”“大数据与信用相结合”的思路，不仅全面采集了行政许可、行政处罚、荣誉、评价等级等信用信息，还将纳税额、社保、公积金、水电气缴费、金融信贷等数据纳入采集范围。目前平台已有效归集 52 个政府部门、100 家金融机构的 1078 项信用数据，形成覆盖 30 万法人和其他组织、208 万自然人的 8000 多万条记录的信用数据库。同时依托平台数据建成“信用义乌网”和“信用义乌”移动端，提供企业和个人信用查询、“黑名单”曝光、贸易预警以及电商信用档案等综合服务，目前已累计公开信用信息 850 余万条，曝光“黑名单”信息 1.2 万条。

二、全面开展主体信用评价

在信用数据的基础上出台企业和个人信用评价办法，建立信用评价模型，对企业、个人分别设定了 137 个和 103 个普通加减分项，综合考量失信信息的类别、领域、危害程度和所获荣誉的级别，对得分予以相应加减。同时，在 33 个领域出台了“黑名单”制度，设定了 253 个一票否决项（直接降至最低等级），最终进行综合评价。将全市所有企业、个体工商户和其他组织信用等级分为 A ~ E 级，个人信用在 0 ~ 200 分范围内赋分，对全市所有主体实施实时信用动态评价，通过义乌市信用信息核查平台集中发布，实现“人人都有信用分”，并将此等级（分数）作为政府治理和社会化运用的重要依据。目前，46 个政府部门和 11 家金融机构已开展信用核查，累计核查 2.8 万余次。

三、创新实施事前信用承诺

以信用体系为依托，率先推出信用承诺制审批机制，将其作为“最多跑一次”改革中的一项创新举措。在行政权力和公共服务事项办理中，对信用等级在 B 级以上的企业或信用分在 100 分以上的个人（占比 90% 以上）可通过书面信用承诺，实施“容缺受理”，先行发放证照。根据办理事项性质具体又分为事后监管类和事后补交类，事后监管类是用承诺书替代部分审批材料，事后补交类是承诺在规定期限内补齐相关审批材料。以信用为背书，从根本上简化审批流程，同时将违背信用承诺的主体纳入“黑名单”实施联合惩戒，逐步从审批制向承诺制过渡。以工商登记注册为例，义乌市已制定具体实施细则，对企业住所登记实行承诺制，除负面清单外，企业住所证明一律用承诺书替代。截至目前，累计在 27 个部门做出信用承诺1.4万余次。

四、加快推进事后联合奖惩

“最多跑一次”简化了审批流程，这就要求加强事中、事后监管，实施以信用为核心的分类监管和联合奖惩。义乌市积极打造“2+N”联合奖惩框架体系，市级层面出台了法人和其他组织、个人联合奖惩管理办法，以此为框架，部门层面出台了43个行业领域的联合奖惩实施细则，明确了对不同等级（分数）的主体实施联合奖惩的事项、环节和措施，共制定了104项激励措施和212项惩戒措施，如信用等级E级企业在入驻园区、参与招投标、财政补助、评优评先、金融信贷方面受到限制，信用评分在150分以上的个人道路停车、公共交通享受5折优惠等，让守信者一路畅通，失信者寸步难行。2016年，300多家严重失信企业被限制参与评优评先，70家企业被限制享受财政资金补助等政府优惠，52家企业被限制参与招投标，法院失信被执行人主动履行数同比增长35.3%，通过事后联合惩戒不断倒逼主体事前守信践诺。

附录 全国城市信用状况监测评价部分城市排名

附录1 全国36个省会及副省级以上城市的信用状况监测评价排名（前20名）

2016年全国36个省会及副省级以上城市综合信用指数前20名城市排名如附表1所示。

附表1 2016年全国36个省会及副省级以上城市综合信用指数前20名城市排名

信用排名	城市名称	综合指数	信用排名	城市名称	综合指数
1	北京市	91.20	11	武汉市	84.33
2	上海市	89.40	12	合肥市	83.82
3	重庆市	87.32	13	长沙市	82.62
4	杭州市	87.00	14	海口市	82.46
5	广州市	86.20	15	天津市	81.67
6	南京市	85.89	16	青岛市	81.38
7	深圳市	85.81	17	济南市	81.35
8	沈阳市	85.40	18	昆明市	81.32
9	成都市	84.89	19	福州市	81.11
10	厦门市	84.49	20	西安市	80.91

附录2　全国259个地级市的信用状况监测评价排名（前50名）

2016年全国259个地级市综合信用指数前50名城市排名如附表2所示。

附表2　2016年全国259个地级市综合信用指数前50名城市排名

信用排名	城市名称	综合指数	省份
1	苏州市	84.74	江苏
2	烟台市	84.14	山东
3	温州市	83.76	浙江
4	衢州市	83.71	浙江
5	潍坊市	83.68	山东
6	东莞市	83.61	广东
7	扬州市	83.53	江苏
8	无锡市	83.46	江苏
9	济宁市	83.18	山东
10	台州市	82.97	浙江
11	宜昌市	82.79	湖北
12	威海市	82.73	山东
13	徐州市	82.59	江苏
14	黄石市	82.37	湖北
15	惠州市	82.24	广东
16	鄂州市	82.20	湖北
17	德州市	82.10	山东
18	宿迁市	81.95	江苏
19	嘉兴市	81.85	浙江
20	常州市	81.72	江苏
21	泉州市	81.69	福建
22	衡阳市	81.60	湖南
23	泰州市	81.58	江苏

续表

信用排名	城市名称	综合指数	省份
24	安庆市	81. 54	安徽
25	江门市	81. 49	广东
26	六安市	81. 26	安徽
27	郴州市	81. 23	湖南
28	菏泽市	81. 02	山东
29	肇庆市	80. 94	广东
30	茂名市	80. 79	广东
31	珠海市	80. 66	广东
32	中山市	80. 57	广东
33	清远市	80. 35	广东
34	聊城市	80. 32	山东
35	常德市	80. 24	湖南
36	漳州市	80. 19	福建
37	佛山市	80. 16	广东
38	淮北市	80. 09	安徽
39	阳泉市	80. 02	山西
40	平顶山市	79. 97	河南
41	铜陵市	79. 73	安徽
42	湘潭市	79. 60	湖南
43	营口市	79. 58	辽宁
44	濮阳市	79. 52	河南
45	忻州市	79. 48	山西
46	牡丹江市	79. 44	黑龙江
47	南通市	79. 41	江苏
48	荆门市	79. 34	湖北
49	南平市	79. 30	福建
50	十堰市	79. 25	湖北

附录3 全国361个县级市的信用状况监测评价排名（前50名）

2016年全国361个县级市综合信用指数前50名城市排名如附表3所示。

附表3 2016年全国361个县级市综合信用指数前50名城市排名

信用排名	城市名称	综合指数	省份
1	荣成市	77.90	山东
2	义乌市	76.69	浙江
3	温岭市	71.17	浙江
4	瑞安市	70.71	浙江
5	曲阜市	70.54	山东
6	青州市	70.37	山东
7	绥芬河市	70.28	黑龙江
8	安宁市	69.88	云南
9	石狮市	69.67	福建
10	昆山市	69.62	江苏
11	常熟市	69.58	江苏
12	即墨市	69.55	山东
13	兴宁市	69.53	广东
14	恩平市	69.27	广东
15	宜兴市	69.10	江苏
16	乐清市	69.07	浙江
17	东宁市	69.00	黑龙江
18	明光市	68.86	安徽
19	张家港市	68.71	江苏
20	大冶市	68.60	湖北
21	涟源市	68.50	湖南
22	济源市	68.46	河南
23	化州市	68.43	广东

续表

信用排名	城市名称	综合指数	省份
24	长乐市	68.36	福建
25	鹤山市	68.34	广东
26	慈溪市	68.13	浙江
27	晋江市	68.08	福建
28	满洲里市	67.90	内蒙古
29	江阴市	67.79	江苏
30	贵溪市	67.43	江西
31	台山市	67.27	广东
32	潜江市	67.12	湖北
33	临江市	67.05	吉林
34	岑溪市	66.94	广西
35	胶州市	66.92	山东
36	邹城市	66.88	山东
37	招远市	66.82	山东
38	泊头市	66.65	河北
39	高邮市	66.59	江苏
40	巢湖市	66.55	安徽
41	英德市	66.51	广东
42	浏阳市	66.47	湖南
43	宁国市	66.40	安徽
44	乐昌市	66.36	广东
45	兴义市	66.34	贵州
46	天门市	66.29	湖北
47	禹州市	66.13	河南
48	冷水江市	66.10	湖南
49	太仓市	66.06	江苏
50	巩义市	66.01	河南